Roland Girtler

Rotwelsch

Die alte Sprache
der Gauner, Dirnen und Vagabunden

3. Auflage

Böhlau Verlag Wien Köln Weimar

1. Auflage 1998 © by Böhlau Verlag Ges.m.b.H. und Co. KG
2., erweiterte Auflage 2010 © by Böhlau Verlag Ges.m.b.H. und Co. KG

Bibliografische Information der Deutschen Nationalbibliothek :
Die Deutsche Nationalbibliothek verzeichnet diese Publikation in der
Deutschen Nationalbibliografie ; detaillierte bibliografische Daten
sind im Internet über http://dnb.d-nb.de abrufbar.

Umschlagabbildung : Ansichtskartenmotiv „Wiener Typen: Pülcher"; © WienMuseum

© 2019 by Böhlau Verlag Ges.m.b.H & Co. KG, Wien, Kölblgasse 8–10, A-1030 Wien
Alle Rechte vorbehalten. Das Werk und seine Teile sind urheberrechtlich geschützt.
Jede Verwertung in anderen als den gesetzlich zugelassenen Fällen bedarf der vorherigen
schriftlichen Einwilligung des Verlages.

Einbandgestaltung: Michael Haderer, Wien
Druck und Bindung : General Nyomda, Szeged
Gedruckt auf chlor- und säurefrei gebleichtem Papier
Printed in the EU

Vandenhoeck & Ruprecht Verlage | www.vandenhoeck-ruprecht-verlage.com

ISBN 978-3-205-23241-4

Inhalt

Vorbemerkung – Der Schatz einer alten Sprache 11

Dank an freundliche Leute 16

I. ROTWELSCH UND DIE GESCHICHTE DER GAUNER, DIRNEN UND VAGABUNDEN

Das Wort »Rotwelsch« – sein Geheimnis und sein Zauber . 21
Die Bedeutung des Jiddischen 25
Alte Wörterbücher des Rotwelsch 28
Kultur und Lieder der Vaganten –
Der Landfahrer Paracelsus 44
Die Bewunderung des fahrenden Volkes
in Liedern der Studenten 51
Fahrende Gaukler und Musiker –
Das Überleben auf der Straße 60
Der Werkelmann Franz Schuch und der
Grundsatz der Gegenseitigkeit 63
Die Pilger-Kultur der Bettler,
Ganoven und Scheinheiligen. 66
Der Protestantismus zieht seine Netze enger 70
Typen der Bettler und Ganoven – ihre Tricks 76
Die Bettler von Graz. 93
Die Bettlerin von Hermannstadt und ihre Verwandlung. . 95
Kindererziehung bei Ganoven –
Das Erlernen des Gewerbes 99
»Eheliche« Verhältnisse 104
Umstürzlerische Vagabunden und Wandergesellen. 107
Wanderarbeiter 113

Inhalt

Hausierer und Jenische. 114
Eine alte Hausierer- und Gaunersprache in Münster. . . . 124
Die Karrner von Tirol und Jenische in der Schweiz 126
Die »Kunden« organisieren sich 129
Die Herberge 132
Die Rache der Seßhaften. 137
Gefängnisleben 142
Die stolzen Erben der alten Kultur der Fahrenden 146

II. DIE SPRACHE

Feldforschung zum Rotwelsch bei Vagabunden,
Dirnen und Ganoven 149
    Die Zehn Gebote der Feldforschung. 152
Rotwelsch – die alte Sprache 163
Die Lebensbereiche des Rotwelsch 166
    Feine Leute, Ganoven und anderes Volk. 166
    Arbeiten – die Arbeit der Schinder 170
    Kleidung 171
    Wertgegenstände 172
    Vagabondage, Fortbewegung 173
    Orte der Vagabondage und des Bettelns 176
    Armut und Betteln 176
    Quartier und Wirtshaus. 178
    Streiten, andere hereinlegen, ärgern, ängstigen. . . . 180
    Helfen, beschützen, freuen 182
    Reden, schreiben, lügen und fälschen 183
    Schimpfwörter. 185
    Beschimpfungen und Bedrohungen
    in einem Frauengefängnis 186
    Nahrung und Alkoholika 186
    Drogen 189

Inhalt

Körper 191
Krankheit und Tod 192
Sexualität, Liebe 193
Prostitution 196
Kartenspiele 199
Verbrechen 201
Verbrecher, ihre Waffen und Geräte 203
Arten und Techniken des Verbrechens 204
Polizei und Verhaftung 209
Gericht und Verurteilung 213
Das Gefängnis und seine Kultur 215
Zeichensprache 221
Das Eisenbahn-Rotwelsch 222
Die Kellnersprache 225
Die Musikantensprache 229

III. ZINKEN

Zeichen und Zinken von fahrendem Volk und Ganoven . . 235
    Einleitende Gedanken 235
    Graffiti in Pompeji 235
    Die Gaunerzinken 236
    Moderne Zinken von Gaunern 238
    Graffiti als Hinweise auf Wirtshäuser
    und ähnliche Stellen 240
    Die Zinken von Bettlern 247
    Graffiti in Gefängniszellen und Karzern 248
    Nachbemerkungen 250
Abschließende Gedanken zur Kultur der Fahrenden 252
Literaturverzeichnis 256
Register der Sprache der Gauner, Dirnen und Vagabunden 261
Bildnachweis 278

Roland Girtler

Zur dritten Auflage

Mich freut es sehr, dass mein „Rotwelsch"-Buch nun zum dritten Mal aufgelegt wird, denn wie ich höre, fanden und finden auch ehemalige Ganoven durch das Buch Interesse an der Geschichte ihrer Rotwelsch-Wörter. Dafür sei dem Böhlau Verlag und der Verlagsgruppe Vandenhoeck & Ruprecht gedankt. Insbesondere möchte ich auch Frau Dr. Claudia Macho meinen Dank ausdrükken, da sie diese Neuauflage mit Wohlwollen gefördert hat.

Bei meinen Forschungen unter Stadtstreichern, Dirnen, Ganoven u. a. Volk sah ich, dass das Rotwelsch, die alte Sprache der Diebe, Dirnen und Vagabunden, nicht ausgestorben ist und sich stets erneuert. Ich sah, wie wichtig es für Sozial- und Kulturforscher aber auch für Kriminologen ist, ein Gefühl für die Sprache jener Menschen zu entwickeln, die vom „braven" Bürger als gefährlich, liederlich, faul, sittenlos o. ä. gesehen werden

Die üblichen Studien über kriminelle Randkulturen, wie sie von Kriminalsoziologen, Kriminologen und anderen Experten durchgeführt werden, glänzen zwar durch hervorragende Statistiken und psychologische Erklärungen aller Art, aber in die Tiefe des Lebens und in die Tiefe der Kultur dieser Menschen gelangen sie kaum. Vor Jahren hielt ich in Bremen bei einer Tagung, die von deutschen Kriminologen und Kriminalsoziologen veranstaltet worden war, einen Vortrag über das Rotwelsch, der jedoch bei den anwesenden Damen und Herren wenig Begeisterung hervorrief. Es schien nicht alle zu interessieren, wie wichtig es ist, die Kultur krimineller Gruppen mit ihren Symbolen und Ritualen zu erforschen. Doch Kultur entsteht schließlich überall dort, wo Menschen gemeinsame Ziele, gemeinsame Probleme und gemeinsame Strategien entwickeln, um Erfolge zu erzielen.

Rotwelsch als die klassische Sprache der Gauner, Diebe, Landstreicher und Bettler ist eine spannende Mixtur von Wörtern aus vielen Sprachen, wie der deutschen, der jiddischen, der tschechischen, der italienischen, der Sprache der Roma usw.

Dieses Rotwelsch ist eine „wahre Spitzbubensprache", wie man im 19. Jahrhundert meinte. Sie verdient Beachtung von jedem, der an Sprachforschung interessiert ist, aber auch von jenen, die sich als Soziologen, Kulturanthropologen und Kriminologen mit diversen Randkulturen beschäftigen.

Das Rotwelsch hat auch etwas Poetisches und Heiteres an sich, wie die geneigten Leser dieses Buches merken werden. Sie werden sehen, dass die Gaunersprache stets reich an poetischen Ergüssen war und es auch noch ist.

Die Beschäftigung mit dem Rotwelsch war für mich nicht nur wissenschaftlich spannend, sondern sie brachte mir auch bei einigen ehemaligen Ganoven, Zuhältern und Dirnen großes Ansehen. Dieses vor allem dann, wenn ich ihnen zeigen konnte, dass mit Wörtern, die sie heute noch gebrauchen, wohl eine alte Geschichte verbunden ist. So zum Beispiel dürfte in dem Rotwelsch-Wort Koberin für Bordellwirtin das lateinische Wort *copona* für Wirtin stecken. Jedenfalls taucht dieses Wort bereits im alten Pompeji auf.

Ich glaube weiterhin, dass mir mit diesem Buch etwas Spannendes gelungen ist, das nicht nur Sprachwissenschaftler, Kultursoziologen und Kriminologen interessieren mag, sondern auch jeden, der Freude an der Geschichte von Wörtern besitzt. Ich will es hoffen.

Wien, im August 2018

Vorbemerkung – Der Schatz einer alten Sprache

Das Buch, das ich hier vorlege, handelt vom Schatz einer alten Sprache, wie sie von Ganoven, Bettlern, Dirnen und fahrendem Volk gesprochen wurde und auch heute noch wird. Schon während früherer Forschungen im Wiener »Milieu« bin ich auf diese Sprache gestoßen. Ich merkte bald, daß Dirnen und Vagabunden Wörter verwenden, die voller Poesie sind, zum Teil weit in das Mittelalter zurückreichen und von »guten Bürgern«, zumindest von den meisten, nicht verstanden werden – und auch nicht verstanden werden sollen.

Diese Sprache wird für gewöhnlich als »Rotwelsch« bezeichnet oder auch als »Gaunersprache«, obwohl sie nicht nur von Ganoven gesprochen wird (dazu später mehr).

Das »Rotwelsch« ist, dies wage ich hier zu behaupten, ein ständiger Jungbrunnen für die deutsche Umgangs-, aber auch Hochsprache. So zum Beispiel gehört das Rotwelsch-Wort für »kleines Gasthaus«, »Beisl«, wie man es in Wien kennt, oder »Baize«, wie man in Norddeutschland dazu sagt, bereits zum Wortschatz des »braven Bürgers«.

All jenen – von ihnen gibt es genügend –, die mir vorwerfen, daß ich mich mit solch verrufener Sprache und ihren verrufenen Sprechern beschäftige, sei vorab gesagt, daß ich mich in der besten Tradition sehe. Zu dieser Tradition gehören honorige Leute wie der Dichter des »Deutschlandliedes« Hoffmann von Fallersleben, der Heidelberger Dichter von Studentenliedern Viktor von Scheffel, die mit der Sprache der »kleinen Leute« sich auseinandersetzenden Gebrüder Grimm und der einem guten Schluck nicht abgeneigte Arzt Theophrastus Bombastus Paracelsus von Hoheim.

Ich lade somit alle Leserinnen und Leser zu einem spannenden Unternehmen ein. Bei diesem geht es mir nicht um ein linguistisches Lehrbuch im üblichen Sinn mit einer komplizierten Lautschrift und komplizierten Analysen, sondern um einen aufregenden Zugang in die Welt einer bunten Sprache.

Ich bin daher bemüht – genauso wie es Miguel de Cervantes in seinem Vorwort zu »Don Quijote« festhält –, »in schlichter Weise, mit bezeichnenden, anständigen und wohlgefügten Worten anmutig dahinzuschreiten« (Cervantes, o. J., S. 13). Übrigens fügt Cervantes dieser Überlegung noch etwas hinzu, das ich jedem Kollegen und jeder Kollegin mitteilen möchte. Er meint, man müsse die Gedanken, ohne sie zu »verwickeln und zu verdunkeln«, zum Verständnis bringen und danach streben, daß »beim Lesen der Schwermütige zum Lachen erregt werde, der Lachlustige noch stärker auflache, der Mann von einfachem Verstande nicht Überdruß empfinde, der Einsichtsvolle die Erfindung bewundere, der sinnig Ernste sie nicht mißachte und der Könner nicht umhin könne, sie zu loben« (Cervantes, o. J., S. 13). In diesem Sinn des großen Cervantes habe ich dieses Buch verfaßt.

Von Anfang an war ich von der Sprache der Fahrenden, dem »Rotwelsch«, mit seinen mittelhochdeutschen, jiddischen, tschechischen und anderen Ausdrücken, fasziniert, und ich beschloß, mich näher damit zu beschäftigen, zumal sich eine Kultur immer erst über die Sprache öffnet. Mit Fragebögen und ähnlichen Mitteln erfährt man hingegen so gut wie nichts über die Geheimnisse, die Rituale und Symbole einer Kultur, speziell einer Randkultur.

Zum Wort »Rotwelsch« sei hier lediglich eingefügt – mehr darüber im nächsten Kapitel –, daß es bereits in Berichten des 13. Jh.s auftraucht. »Rotwelsch« bedeutet soviel wie »falsche« oder »betrügerische Sprache«.

Der »Welsche« ist demnach jemand, der eine andere Sprache spricht und dessen Fremdheit darin besteht, daß man seine Sprache nicht versteht. Neben dem schönen Wort »Rotwelsch« werden noch andere Wörter für die Sprache der Ganoven und Fahrenden verwendet. So spricht man auch vom »Jenischen«. Dieser seit 1714

Vorbemerkung

nachweisbare Ausdruck enthält die zigeunerische Wurzel »dsan«, das heißt soviel wie »wissen«.

Das »Jenische« wäre demnach die »kluge Sprache«. Das entspricht durchaus der Einstellung der Ganoven und überhaupt der Fahrenden, die sich für die »Klugen« halten und die »braven Bürger« als »dumm« ansehen.

Für die Sprache der Fahrenden gibt es außer »Rotwelsch«, Gaunersprache und Sprache der »Jenischen« noch andere farbige Bezeichnungen wie Spitzbubenlatein, Schleifersprache (bezieht sich auf die wandernden Scherenschleifer), Schindersprache, Dirnensprache, Stromersprache (Stromer – der Vagabund), Kundensprache (Kunde – Landstreicher), Kochemersprache (jiddisch »chochom« – klug), Hausierersprache und Händlersprache (vgl. Wolf, 1985, S. 10).

Schließlich standen sie alle, die Vagabunden, die Dirnen, die Scherenschleifer, Handwerksburschen und andere Leute, irgendwie in Verbindung. Man traf sich in den Herbergen, Gefängnissen und auf den Straßen. Das »Rotwelsch«, dies läßt sich behaupten, entstand also vor allem auf den Straßen des Mittelalters.

Ich näherte mich dem »Rotwelsch«, der Sprache der Gauner und des fahrenden Volkes, nicht als jemand, dem es bloß um Wörter und ihre Herkunft geht, sondern als jemand, der mit der Sprache jeweils eine ganze Kultur verbindet. Meine Darstellung des »Rotwelsch« erfolgt daher nicht alphabetisch nach Wörtern, wie es sonst üblich ist, sondern nach einzelnen Lebensbereichen der betreffenden Menschen. Auch wird sie notwendigerweise unvollständig sein, schließlich handelt es sich beim »Rotwelsch« um eine lebendige Sprache mit vielen regionalen Unterschieden, die außerdem dauernden Änderungen und Ergänzungen unterworfen ist. Einige Wörter geraten in Vergessenheit, andere entstehen neu.

Zum ersten, für mich lehrreichen Kontakt mit dem »Rotwelsch« kam es, als ich nach einem Motorradunfall mehrere Monate in der Unfallabteilung der Wiener Universitätsklinik verbringen mußte.

Vorbemerkung

Neben mir lag ein damals junger Mann, der gerade dabei war, sich in der Szene der Wiener Halbwelt die ersten Sporen zu verdienen. Ein ihm von einem Konkurrenten verpaßter Herzstich hatte ihn in das Krankenhaus gebracht. Wir wurden zu Freunden, und ich erfuhr durch ihn eine Menge über die Kultur der Ganoven, hörte aber auch Wörter von ihm, die er mir erst in das Hochdeutsche übersetzen mußte. Das waren Ausdrücke aus der Gaunersprache, dem »Rotwelsch«. Einmal meinte er, wenn ich Schwierigkeiten an der Universität hätte, solle ich es ihm sagen (ich machte keinen Gebrauch von diesem Angebot). Der junge Mann übernahm sozusagen den Schutz über mich, und zwar auch gegenüber der Schwester Hermi, einer resoluten Dame. Als sie wieder einmal etwas unfreundlich mir gegenüber war, rief er sie zu sich an das Bett: »Wenn Sie sich weiter so aufführen, dann nehme ich einen Fünfzehner auf mich!« Die Schwester, die das aus dem »Rotwelsch« stammende Wort »Fünfzehner« nicht verstanden hatte, fragte, was das bedeute. Mein Bettnachbar antwortete: »Fünfzehn Jahre Häfen, denn ich haue Ihnen, falls Sie wieder frech sind, die Urinflasche auf den Schädel!« Das Wort Häfen kommt ebenso aus dem »Rotwelsch« und heißt »Gefängnis«. Die Krankenschwester war jedenfalls beeindruckt und ab diesem Zeitpunkt merklich freundlicher zu mir.

Nun begann ich mich für diese sonderbare Sprache der Ganoven zu interessieren. Und als ich aus dem Krankenhaus entlassen wurde, brach ich mein Studium der Jurisprudenz, das mir ohnehin nicht behagte, ab und faßte den Entschluß, mich statt dessen den Kulturwissenschaften zu widmen.

Eine besondere Kenntnis des »Rotwelsch« erhielt ich später durch meine Studien bei Wiener Sandlern, den Vagabunden der Großstadt; und schließlich habe ich in meinem Buch über den ehemaligen Ganoven Pepi Taschner, dessen ich hier ehrend gedenken möchte – er starb vor Jahren bei einem Unfall –, ein Vokabular des in Wien gebräuchlichen »Rotwelsch« angefügt.

Vorbemerkung

Auch in meinem Buch über den Wiener »Strich« findet sich ein, allerdings unvollständiges, Vokabular dieser Sprache. Ebenso habe ich in meinem Buch »Randkulturen – Theorie der Unanständigkeit« ein Wörterbuch der Gaunersprache vorgestellt.

In dem hier vorliegenden Buch baue ich wohl auf meinen früheren Forschungen und Arbeiten auf, gehe jedoch über diese hinaus. So versuche ich, das »Rotwelsch«, wie es im gesamten deutschsprachigen Raum in den Kulturen der Ganoven, Vagabunden und Dirnen noch lebendig ist oder beheimatet war, mit seinen wichtigsten Begriffen zu erfassen. Natürlich gibt es starke regionale Unterschiede im »Rotwelsch«, doch gewisse Wörter und Ausdrücke unter Ganoven ähneln einander im gesamten deutschen Sprachgebiet. Dies hängt nicht nur mit den Wurzeln der Sprache zusammen, sondern vor allem auch damit, daß Ganoven weit herumkommen. So waren in den sechziger und siebziger Jahren Wiener Zuhälter am Strich in Hamburg tätig, was wohl bewirkte, daß typisch norddeutsch klingende Bezeichnungen wie »Freier« oder »Polente« im Wienerischen Eingang fanden. Die Wiener Gaunersprache ist in gewisser Hinsicht nur vor dem Hintergrund der deutschen Gaunersprache zu verstehen, insofern ist sie international. Darauf verweist zum Beispiel das Wort »Fleppe«, welches wohl seit alters her in Wien, aber auch in Norddeutschland verwendet wird und soviel wie »Ausweis« bedeutet.

Das »Rotwelsch« oder die Gaunersprache verweisen schlußendlich darauf, daß Randkulturen eine oft lange Geschichte haben, was gerne übersehen wird.

Vor dem eigentlichen Vokabular des »Rotwelsch« möchte ich im folgenden Überlegungen zu den Wurzeln des Wortes »Rotwelsch« einbringen und einen Überblick über die Forschungsgeschichte der deutschen Gaunersprache, aber auch die Geschichte der Fahrenden geben.

Dank an freundliche Leute

Meine Kenntnis der Gaunersprache verhalf mir zu einem ungewöhnlichen Erlebnis: Ich wurde bei einer Gerichtsverhandlung gegen einen Wiener Bordellbesitzer als Sachverständiger beigezogen. Ich kannte diesen Bordellbesitzer, einen noblen Herrn namens Pepi, schon von früher. Er hatte mich und meine Studenten bisweilen in eines seiner Bordelle eingeladen und uns dort auch großzügig bewirtet (dabei blieb es). Nun war er zu Unrecht, wie es schien, wegen Anstiftung zum Mord angeklagt worden, weil er einem Mann gegenüber angeblich geäußert habe, er solle einen Russen, der sich offensichtlich am Strich etablieren wollte, »umhacken«, was die Polizei mit »erschießen« interpretierte. Der Russe wurde tatsächlich erschossen, und der Bordellbesitzer kam hinter Gitter. Ich wurde nun um ein Gutachten gebeten. In diesem stellte ich fest, daß »umhacken« nicht »töten« heiße, sondern »verprügeln« oder ähnliches. Mein Gutachten wurde bei der Verhandlung verlesen, wobei der Richter meinte, der Bordellbesitzer würde mich wahrscheinlich ins Séparée mit Dirnen einladen. Der Angeklagte erwiderte jedoch empört, daß »der Professor«, also ich, nur aus wissenschaftlichen Gründen und oft in Begleitung von Studenten zu ihm käme. Mein Wissen um Gaunerwörter bewirkte also eine für mich bemerkenswerte Situation, die mir sogar Prestige bei den Menschen am Strich einbrachte.

Dem Herrn Pepi sei hier, wegen seiner Freundlichkeit mir und meinen Studenten und Studentinnen gegenüber, bestens gedankt.

In Verehrung gedankt sei darüber hinaus meiner gütigen Frau Birgitt für ihren Großmut. Sie begleitete mich zu einigen Gesprächen, die ich mit freundlichen Dirnen durchgeführt habe.

Zu Dank verpflichtet bin ich noch vielen Menschen, die mir bei der Erstellung des Vokabulars geholfen haben. So danke ich

Roswitha, einer früheren Dirne, die mir gute Tips gab, aber ebenso meinem alten Freund Edi, der sich in der Wiener und Hamburger Prostituiertenszene betätigte, und seiner Gefährtin Ingrid, die sich in der Welt der Dirnen und Zuhälter sehr klug behaupten konnte. Edi und Ingrid führen heute das Leben solider »Landadeliger« auf einem Gut in Oberösterreich.

Sie verschafften mir wirkungsvolle Kontakte.

Dank gebührt hier auch Herrn Richard, der mich und meine Studenten in seinem Nachtklub stets freundlich bewirtet hat.

Eine kleine Episode sei hier eingefügt, die etwas über die Ehre von Edi und Richard aussagt. Diese beiden verschafften mir den Kontakt zu einer Prostituierten im reifen Alter von sechzig Jahren und zu einem ehemaligen »Häfenbruder«, der über Jahre wegen diverser Raufereien am Strich im Gefängnis einsaß. Das Treffen, zu dem mich der überaus eifrige und intelligente Student der Soziologie Justinus Pieper begleitete, fand an einem Samstagabend im Juni 1998 in einem kleinen Animierlokal im 2. Wiener Gemeindebezirk statt. Die beiden Leute warteten bereits auf mich. Sie waren auch gerne bereit, mir einiges über die Gaunersprache und die Sprache auf dem Wiener Strich zu erzählen. Plötzlich beendete die Dame das Gespräch und forderte den Geschäftsführer des Lokals auf, ihr die ihr angeblich für ihr Erscheinen versprochenen 500 Schilling zu zahlen. Dieser erwiderte jedoch, dies erst in zwei Tagen tun zu wollen. Darüber war die Dame dermaßen erbost, daß ich mich genötigt sah, ihr den verlangten Geldbetrag zu bezahlen. Im nachhinein ärgerte ich mich über meine Großzügigkeit, da ich mich hereingelegt fühlte. Als ich ein paar Tage später Herrn Richard in seinem gepflegten Nachtlokal wegen weiterer Gespräche über die Gaunersprache aufsuchte, setzte sich dieser an meinen Tisch und überreichte mir die 500 Schilling mit der Bemerkung, daß es von meiner Gesprächspartnerin nicht fair gewesen sei, das Geld anzunehmen, denn ich sei sein und Edis Gast gewesen, und einen Gast dürfe man nicht derart behandeln.

Dank an freundliche Leute

Bei der Auffindung von Rotwelsch-Wörtern half mir auch Herr Erwin Rimpser, der sich in der Welt der Prostitution bestens auskennt und der mich in einem dunklen Nachtlokal über das Rotwelsch alter Wiener Ganoven aufgeklärt hat. Ihm sei dafür gedankt.

Gedankt sei auch dem früheren Zuhälter und Entfesselungskünstler Freddy Rabak, der in seinem Buch »Blödsinn«, Wien 1996, einige wichtige Gaunerwörter festgehalten und mir auch sonst Spannendes erzählt hat.

Danken möchte ich an dieser Stelle meinem Studienfreund, dem Urgeschichteforscher Hermann Maurer, der mir eine von dem früheren Bauernfänger und Falschspieler Josef Pazdera 1904 verfaßte Handschrift über die Gaunersprache zukommen ließ. Sie leistete mir wahrlich große Dienste.

Freundlicher Dank gilt auch Herrn Rechtsanwalt Mag. Werner Tomanek, der aufgrund seiner beruflichen und auch sonstigen Beziehungen zu einem wahren Meister in der Beherrschung der Gaunersprache wurde, was seine Klienten sehr zu schätzen wissen. Bekannt wurde er durch die erfolgreiche Verteidigung eines prominenten Wiener Musikers, der wegen einer Drogengeschichte vor die Schranken des Gerichtes kam. Herr Magister Tomanek sah das im zweiten Teil aufgestellte Vokabular der Gaunersprache durch und ergänzte es trefflich. Unterstützt wurde er dabei durch seine liebenswürdige Frau Tina, daher sei auch ihr gedankt. Mit beiden verbrachte ich schöne Stunden beim Bier am Wiener Spittelberg, einer ehedem wegen Prostitution und Raufereien berüchtigten Gegend. Aus einem dieser früheren, übel beleumundeten Lokale soll, wie man sich erzählt, Kaiser Joseph II. hinausgeworfen worden sein, nachdem er sich dort inkognito aufgehalten und mit einer Dirne Verbrüderung gefeiert hatte.

Danken will ich schließlich jenen freundlichen Zeitgenossen, die mich mit einer Vielzahl von Wörtern der Gaunersprache beliefert haben. Sie wußten von meinen Absichten, dieses Buch zu

Dank an freundliche Leute

schreiben, und unterstützten mich wohlwollend. Wie zum Beispiel Frau Christine Rafaei, Psychotherapeutin und angehende Kulturwissenschafterin. Sie sprach mit Insassinnen eines österreichischen Frauengefängnisses und überreichte mir eine schöne Liste von Rotwelsch-Wörtern, die ich in mein Vokabular einarbeiten konnte. Ihr sei hier gedankt. Ebenso Herrn Dipl.-Ing. Ernst Wimmer aus Ansfelden bei Linz. Er sandte mir die eigenhändige, fein säuberliche Abschrift der Rotwelsch-Wörter, die sein Onkel Dr. Karl Wimmer mit Bleistift auf kleinen Notizzetteln festgehalten hatte. Ein ehemaliger Landstreicher hatte sie ihm im Jahr 1940 beim Militär diktiert. Auch auf sie greife ich hier zurück.

Danken will ich an dieser Stelle auch dem Privatgelehrten Wolfram Stauss aus Bisingen in Schwaben, der mir wunderbares Material über die Sprache von Fahrenden und über andere feine Leute zukommen ließ.

Danken möchte ich auch Herrn J. J. Kariger, einem Schriftsteller in Luxemburg, der mir eine schöne Arbeit über die Sprache der Hausierer in Luxemburg zukommen ließ (s. S. 113).

Zu danken ist auch Herrn Dr. Herrn Bernhard Gamsjäger, einem großen Kenner der Musikantensprache, die mit dem Rotwelschen verwandt ist. Er hat mich auf interessante Aspekte der Musikantensprache hingewiesen.

Auch danken will ich Herrn Walter Schwarzmüller aus dem Ennstal. Er machte sich die Mühe, mir Wörter aus der Gefängnissprache aufzuschreiben. Herr Schwarzmüller war wegen Wilderns zu einer längeren Gefängnisstrafe verurteilt worden. Ihm verdanke ich auch einige Stücke, die in dem von mir wissenschaftlich geleiteten Wilderermuseum in St. Pankraz auf dem Weg nach Hinterstoder ausgestellt sind. Danken möchte ich auch Herrn Manfred Herma, der mich auf Wörter aus der Wiener Drogenszene aufmerksam gemacht hat.

Ehrend sei hier auch meines Freundes Dr. Robert Geher gedacht, der ein bemerkenswertes Buch über die Wiener Ganoven verfaßt und sich mit dem Vokabular dieser Leute beschäftigt hat. Eine Kugel aus einem Revolver bereitete seinem hoffnungsvollen Leben ein jähes Ende.

I.

Rotwelsch und die Geschichte der Gauner, Dirnen und Vagabunden

Das Wort »Rotwelsch« – sein Geheimnis und sein Zauber

Wie ich oben schon angedeutet habe, ist das Wort »Rotwelsch« die Bezeichnung für die Gaunersprache schlechthin (vgl. Kluge 1901). Der älteste Beleg für dieses Wort findet sich in einem Passional, einem liturgischen heiligen Buch aus dem Jahre 1250, in welchem unter »Rotwelsch« ganz allgemein geheime arglistige Wörter verstanden werden. Die Verwendung dieses Wortes dürfte jedoch um vieles älter sein (a. a. O., S. 1).

Das Wort »rot« hat eine interessante Geschichte. Im Wörterbuch der Brüder Grimm ist zu lesen, daß »rot« ein gemeingermanisches Wort ist. Als Farbe wohnt dem Rot eine tiefe Symbolik inne, es ist Rot, die Farbe des Blutes, das auch zu einer der Farben der Revolutionen, etwa der von 1848, wurde.

Damals dichtete der deutsche Dichter Ferdinand Freiligrath: »Pulver ist schwarz, Blut ist rot, und golden flackert die Flamme.«

Rot hat etwas mit Umstürzlertum, aber auch mit Geheimnis zu tun. Im Mittelalter sah man in roten Haaren und im roten Bart Zeichen der Falschheit. Daher ist »rot« auch im Sinne von »betrügerisch« zu verstehen. Verwandt ist »rot« wahrscheinlich mit dem Wort »Rotte«, womit – wieder nach Grimm – eine Gruppe bzw. Bande von wilden, aber auch von armen, »bösgesinnten« und »verbrecherischen« Leuten verstanden werden kann, die als Landstreicher, Zigeuner oder Räuber herumziehen (Grimm, Bd. 14, S. 1318).

Interessant ist auch, daß im sogenannten »Liber Vagatorum«, dem aus der Zeit des 16. Jahrhunderts stammenden Buch der Vaganten, auf das noch einzugehen sein wird, das Wort »Rotboß« für Bettlerherberge genannt wird. Demnach wird »rot« mit Bettlern, also mit fahrendem Volk, gleichgesetzt. Für Bettler findet sich im »Liber Vagatorum« von 1510 das Wort »rotten« (s. Kluge, 1901, S. 77). Ähnlich gehören wahrscheinlich auch die Wörter »rottig« für dreckig und »rotzeck« – wörtlich »dreckiger Sack« – für »Arschloch« und »Scheißkerl«, wie sie im alten Niederländischen und speziell im Flämischen vorkamen, hierher. Mit derartigen Worten beschimpften die Flamen die Wallonen. Das Wort »rot« stammt demnach möglicherweise aus dem Niederländischen, von wo es, wie es Rosemarie Lühr behauptet, nach Oberdeutschland – vielleicht durch Bettler und Landstreicher selbst – gelangt sein mag (Lühr, 1996, S. 29). Im Wort »Rotwelsch« gesellt sich der Terminus »rot« zum Wort »welsch«, das, wie oben festgehalten, soviel wie »anders reden« bedeutet.

»Rotwelsch« läßt sich also als »betrügerische Sprache« oder als »Sprache des fahrenden Volkes«, zu dem Bettler genauso gehörten wie Dirnen, Handwerksburschen und Ganoven, übersetzen.

Übrigens ist mit dem Wort »Rotwelsch« der Begriff »Kauderwelsch« verwandt, der sich allerdings auf die für die Niederländer unverständliche italienische Händlersprache bezog (vgl. a. a. O., S. 31).

Das Wort »Rotwelsch« hat also vielschichtige Wurzeln vorzuweisen, die in das Mittelhochdeusche und das alte Niederländische zurückreichen und auf eine alte Kultur der Bettler und Vagabunden hinweisen, die im »rotboß«, der Bettlerherberge, auf andere »rottuns« trafen, die allesamt wohl vom guten Bürger als »rottig« – schmutzig – gesehen wurden. Es gibt noch eine andere Erklärung für »rot«, die von Salcia Landmann stammt. Sie meint, »rot« beziehe sich auf die Sitte der Bettler, sich mit blutähnlicher Farbe zu beschmieren, um Aussatzwunden vorzutäuschen (Landmann,

1988, S. 419). Diese Erklärung erscheint mir allerdings als wenig einleuchtend.

Typisch für das Rotwelsch im deutschen Sprachraum ist, daß es sich von der Sprache der »guten Bürger« deutlich abhebt. Es besteht, wie schon angezeigt, neben jiddischen aus mittelhochdeutschen Wörtern, aus Wörtern der Sprache der Zigeuner, die ab dem 15. Jahrhundert durch Europa zogen, aus Wörtern der Nachbarsprachen, wie dem Französischen, Italienischen und Slawischen, und aus zahlreichen Wörtern der Umgangssprachen, also der verschiedenen deutschen Dialekte.

Dazu kommen noch Wortbildungen, mit denen bestimmte Dinge oder ein bestimmtes Tun in witziger und oft auch poetischer Weise umschrieben werden, wie zum Beispiel »Schmuck« oder »Achter« für Handschellen oder »Trittling« für Schuhe. Dieser typische Sprachwitz soll wohl über die zahlreichen Alltagsprobleme hinweghelfen.

In diesem Sinn bezeichnen Wiener Sandler das Abbruchhaus, in dem sie nächtigen, als »Hotel Abbruch«, wodurch sie sich geradezu heiter über ihre oft jammervolle Situation hinwegsetzen. In derselben Weise begegnen sie den Erniedrigungen, denen sie täglich ausgesetzt sind.

Die französischen Wörter im Rotwelsch stammen wahrscheinlich aus der Zeit der Napoleonischen Kriege, als Franzosenheere Deutschland und Österreich durchstreiften. Ein solches aus dem Französischen herleitbares Wort ist das in der Wiener Gaunersprache heute noch vorkommende »Masen« für Wohnung oder Haus. Das französische »maison« ist hier erkennbar. Auch Wörter aus der Studenten- und Soldatensprache sind wohl in Zeiten, als die Landstraßen in Europa sich mit Vaganten aller Art füllten, in das Rotwelsch übergegangen. Zu diesen Vaganten zählten arbeitslose Magistri, verbummelte Studenten, entflohene Soldaten – vor allem in der Zeit des Dreißigjährigen Krieges –, Spielleute und Gaukler. Sie alle trugen das Ihre zum Rotwelsch der Gauner und Räuberbanden bei. Das Rotwelsch ist demnach eine bunte, lebendige und auch sehr heitere Sprache. Und weil es sich um eine lebende Sprache handelt, die nicht wie das Hochdeutsche schriftlich fixiert ist und keine besonderen starren Regeln kennt, ist sie beständig im Fluß. Daher ist auch das unten angeführte Vokabular notwendigerweise ein unvollständiges, gibt aber dennoch einen Stamm uralter Wörter wieder.

Die Bedeutung des Jiddischen

Zwischen dem Rotwelsch und dem Jiddischen bestehen frappierende Ähnlichkeiten. Darauf haben Peter Wehle und Salcia Landmann besonders hingewiesen.

Tatsächlich sind das Jiddische und das Rotwelsch auf deutschem Boden entstanden. Sowohl in grammatikalischer Hinsicht als auch vom Wortschatz her sind beide Sprachen weitgehend deutsch und durchsetzt mit hebräischen und anderen fremden Elementen (Landmann, 1988, S. 414). Zwar meint Salcia Landmann, im Rotwelsch würde mit der deutschen und der hebräischen Sprache bewußt und planmäßig »Schindluder« getrieben, aber andererseits bekundet sie eine gewisse Achtung gegenüber der »Gaunersprache«, wenn sie meint, das Rotwelsch würde an »Verwegenheit, Kühnheit und Eigentümlichkeit das Jiddische tief in den Schatten« stellen (a. a. O.).

Hebräische Wörter sind charakteristisch für das Jiddische und auch für das Rotwelsch. Diese Tatsache faszinierte die Jiddisch-Spezialistin Salcia Landmann und veranlaßte sie, sich näher mit dem Rotwelsch zu beschäftigen. Sie fragte sich zunächst, warum Rotwelsch, die Sprache der Gauner, derart mit jiddischen Wörtern durchsetzt ist. Dabei kam sie zu dem Schluß, daß es die Kontakte zwischen Vagabunden und jüdischen Kaufleuten oder jüdischen Hausierern in den Herbergen waren, die die Fahrenden und Gauner bewogen, jiddische Wörter zu übernehmen. Es gab aber auch berufsmäßige Berührungspunkte zwischen beiden, da Räuber und Gauner in den Herbergen ihr Diebsgut zu verkaufen trachteten. Und daher wandten sie sich an die jüdischen Händler.

Die Beziehung zwischen der Kultur der Gauner und der der Juden wurde schließlich dadurch enger, daß die Juden im Laufe des Mittelalters und der frühen Neuzeit immer schärfer und erbarmungsloser unterdrückt und verfolgt wurden. Ein kleiner Teil der Juden rebellierte gegen eine solche Behandlung durch bewußte Verletzung der Gesetze und schloß sich Räuberbanden an oder gründete selbst welche. Die Juden hatten keinen Grund – so Landmann –, eine Gesellschaftsordnung zu bejahen, von der sie mißachtet wurden (a. a. O., S. 406f.).

Jedenfalls übte das Jiddische offensichtlich eine Faszination auf das fahrende Volk und die Gauner aus, dank dessen sie sich untereinander in einer Art Geheimsprache verständigen konnten, um Polizisten und andere Leute hineinzulegen.

Rotwelsch war und ist also in den sogenannten Randkulturen zu Hause. Dennoch kam und kommt es vor, daß auch »gute Bürger« Interesse an dieser Geheimsprache der Gauner fanden und sogar in dieser Sprache dichteten, wie Hoffmann von Fallersleben (siehe in einem der nächsten Kapitel), oder bloß so schrieben, um von anderen nicht verstanden zu werden. Ein solches Beispiel bringt der Historiker Robert Jütte. Er erzählt vom Tagebuch des angesehenen Stuttgarter Kaufmanns Gottfried Tobias Ritter aus dem Jahre 1784. Dieses Dokument enthält 115 Rotwelsch-Ausdrücke. Ritter schrieb immer dann in einer Art Rotwelsch, wenn er seinem Tagebuch höchst private Dinge mit intimen Details anvertraute. Als Beispiel dient diese Stelle: »Aso schode vors Laile, nafz dajenu genosent, lavoie jodajent, aach Schule geklopft, abermal eitle nafz, nost mer aach uf befihl, aber met eitel Chariro.« Die ungefähre Übersetzung dieser Tagebuchstelle lautet: »Als Narr vors Bett, Küsse genug gegeben, Brust gegriffen, auch unten gereizt, abermals nur Küsse, sie küßt mich auf Befehl, aber nur mit Kälte« (Jütte 1996, S. 136).

Das eheliche Leben des Herrn Kaufmann dürfte nicht gerade erhebend gewesen sein. Seinen Ärger mit der Frau versuchte er durch diese Rotwelsch-Niederschrift vor ungebetenen Lesern, ebenso wie vor der eigenen Frau, geheimzuhalten.

Sicherlich kannte der unglückliche Kaufmann deshalb das Rotwelsch, weil er auf seinen Reisen mit Leuten zu tun hatte, die aus der Szene der Fahrenden und Gauner kamen. Auch der hochangesehene Paracelsus, der um 1520 als eine Art Marktschreier unterwegs war, gebrauchte Rotwelsch-Wörter in seinen Schriften, wie zum Beispiel das Wort »Brief« für »Spielkarte«, ein Wort, das heute noch Wiener Ganoven verwenden.

Alte Wörterbücher des Rotwelsch

Die deutsche Gaunersprache, die auch in die Wiener Gaunersprache eingeflossen ist, fand schon früh nicht nur das Interesse von Kriminalisten, Polizisten, Vögten und anderen Spezialisten, sondern auch das von ehrenwerten Leuten, die ein literarisches und sogar akademisches Vergnügen beim Studium dieser alten Sprache empfanden; als Beispiel sei der Sprachwissenschafter Kluge genannt, von dem eine ganze Sammlung von Rotwelsch-Texten stammt (Kluge, 1901).

Ich habe schon darauf hingewiesen, daß bereits im 13. Jahrhundert die Sprache der Gauner, das Rotwelsch, erwähnt wurde. In der Folge erschienen immer wieder Bücher mit Vokabularien der Gaunersprache, wie die Wiener Bettlerordnung von 1443, deren offensichtlicher Zweck es war, den Organen der öffentlichen Ordnung, also den Vögten und der Polizei, behilflich zu sein, Bettler und Fahrende verstehen und besser kontrollieren zu können. Im Jahr 1488 erschien eine Schrift des Zürcher Ratsherrn Gerold Edlibach mit dem Titel »Hie stat fokabel des rotwelsch«, in welcher neunundfünfzig Rotwelsch-Wörter enthalten sind.

Das vielleicht spannendste Buch zum Thema Rotwelsch dieser Zeit ist das um 1450 veröffentlichte »Baseler Rathsmandat wider die Gilen und Lamen«. Es erzählt von einer gut durchorganisierten Gaunergilde, die sich auf dem Kolenberg bei Basel eingenistet und dort sogar ihre eigene Gerichtsbarkeit ausgeübt hatte.

Der Begriff »Gile« verweist vielleicht auf die Sitte damaliger Bettler, sich die Haut mit Lehm zu beschmieren, um ein gilbes (!), fahles krankes Aussehen vorzutäuschen, das ihnen wohl das Betteln erleichtern sollte (s. Landmann, a. a. O., S. 418f.). Mit Rotwelsch befaßt sich auch Sebastian Brant in seinem 1494 herausgegebenen »Narrenschiff«. In einem speziellen Kapitel zitiert Brant unter der Überschrift »Von Bettlern« eine Reihe von Rotwelsch-Wörtern, mit denen er das Leben der Bettler und Gauner male-

risch beschreibt. Es heißt da auszugsweise (in den Klammern sind meine Übersetzungen festgehalten):
»... Da treiben sie ihr Bubenwerk.
Ihr Rotwelsch (!) sie im Terich (im Lande) haben,
Ernährn bequem sich von den Gaben;
Jeder Stabil (Brotsammler) ein Hornlütem (Zuhälterin) hat,
Die foppt (lügt), färbt (betrügt), ditzet (stellt sich krank) durch die Stadt,
Wie sie dem Predger (Bettler) Geld gewinne,
Der lugt, wo sei der Johann grimme (wo der Wein gut sei),
Und läuft durch alle Schöchelboß (Wirtshäuser, boß = bais: Haus),
Wo Rübling junen (Würfel spielen) ist recht los;
Hat er besevelt (beschissen) hier und dort,
So schwänzt (macht sich davon) er sich dann wieder fort,
Veralchend (wandernd) über den Breithart (die Heide)
Stiehlt er die Breitfüß (Gänse) und Flughart (Hühner).«

Über die Tricks der Bettler weiß Brant dies zu berichten:
»... Bettler bescheißen jetzt alle Land ...
Der geht auf Krücken im Tageslicht,
enn er alleine ist, braucht er sie nicht;
Dieser kann fallen (wie ein Epileptiker) vor den Leuten,
Daß jedermann möcht auf ihn deuten;
Der borget andern die Kinder ab,
Daß er einen großen Haufen hab,
Belädt einen Esel schwer,
Als wenn er St. Jakobs Pilger wär.
Der geht hinkend, daß er sich muß bücken.
Der bindet sich ein Bein auf Krücken ...«
(Brant, 1494, 1964, S. 223f.)

Die hier angeführten Überlebenstricks sind bisweilen heute noch auf den Straßen zu beobachten.

I. Rotwelsch und die Geschichte der Gauner, Dirnen und Vagabunden

Das berühmteste Buch, das über die Gaunersprache Auskunft gibt, ist der »Liber Vagatorum«, das Buch der Vaganten, welches angeblich auf in Basel durchgeführten Verhören von Ganoven aufbaut. In diesem Buch findet sich nicht nur ein Vokabular der Gaunersprache, sondern auch eine sehr genaue Darstellung der Strategien und Tricks von Bettlern und Ganoven, um ihr Handwerk wirkungsvoll ausüben zu können. Einige dieser Tricks werden, wie ich selbst erfahren konnte, heute noch angewandt. Der »Liber Vagatorum« erschien erstmals um 1510. Der Ausdruck Vagant ist darin sehr weit gefaßt, denn zu den Vaganten zählten auch die herumziehenden Studenten und Magistri und nicht nur Bettler, Gaukler und Gauner. Dieser »Liber Vagatorum« enthält ein Vokabular des Rotwelsch, das sich fast ausschließlich auf jenes des »Baseler Rathsmandats« stützt. Allerdings wurden einige Wörter falsch abgeschrieben oder falsch verstanden, sodaß der »Liber Vagatorum« gegenüber seinem Vorbild eher eine Verschlechterung darstellt. Aber das »Buch der Vaganten« wurde weithin bekannt. 1528 wurde es, diesmal unter dem deutschen Titel »Von der falschen Bettler und Büberei«, noch einmal herausgegeben, und zwar von keinem Geringeren als von Martin Luther, der gegenüber dem fahrenden Volk, den Bettlern und Gaunern eine gehörige Abneigung gehabt zu haben scheint. Davon kündet die Einleitung, in der Luther unter anderem sinngemäß wünscht, daß dieses »Büchlein« überall bekannt werden solle, damit man sehe, wie der »Teufel« – womit das Volk der Bettler und Gauner gemeint ist – in der Welt »gewaltig« regiere. Dieses »Büchlein«, also der »Liber Vagatorum«, solle helfen, klug zu werden, um sich vor den Vaganten in acht nehmen zu können. Luther wollte also offensichtlich durch diese Schrift über die »Vaganten« dem »guten Bürger« die Augen für die Tricks und die Sprache dieser Leute öffnen. Sein Zorn gegen das fahrende Volk muß beträchtlich gewesen sein, denn er hält auch fest: »Ich bin selbst dieses jahr also beschissen ... von solchen lantstreichern und zungendreschern mer (mehr) denn ich bekennen will.« Luthers Haltung, mit der er vor dem Bettler- und Gauklervolk warnen will, entspricht dem aufkommenden Protestantismus mit seiner Vorstellung von der gottgefälligen Arbeit.

In geradezu romantischer Weise greift über dreihundert Jahre später A. H. Hoffmann von Fallersleben, der Verfasser von Kinderliedern wie »Kuckuck, Kuckuck ruft's aus dem Wald«, und »Ein Männlein steht im Walde« sowie des »Deutschlandliedes«, auf den »Liber Vagatorum« zurück und bekundet seine Sympathie für das Rotwelsch.

So schreibt Hoffmann in seinem 1854 herausgegebenen »Weimarschen Jahrbuch« unter dem Titel »Rotwelsch« mit einem Wohlgefallen, das auf den alten Freigeist hindeutet, folgendes: »Rotwelsch ist die Sprache der Räuber, Diebe, Gauner, Landstreicher und Bettler. Rot bedeutet im Rotwelsch Bettler ... Diese Sprache ist ein wunderliches Gemisch von Wörtern aus allerlei Sprachen, zumal aus der hebräischen und den romanischen, zu denen noch viele neue selbstgeschaffene deutsche Wörter hinzugekommen sind, so wie alte, mit denen neue Begriffe verbunden werden.« Mit diesen Sätzen beginnt er seine Überlegungen zur Sprache der Ganoven und verweist in der Folge auf frühere Aufzeichnungen darüber. So erfahren wir, daß bereits im 15. Jahrhundert ein Dithmar von Meckebach, »Canonicus und Canzler des Herzogthums Breslau unter Karl IV.«, sich um die Erklärung von Gaunerworten bemühte.

Hoffmann von Fallersleben überlegt weiter: »Dieses Rotwelsch ist ein Mischmasch, ein echtes Kauderwelsch, eine wahre Spitzbubensprache, das kann niemand leugnen, aber es verdient dennoch alle Beachtung von Jedem, der sich für Sprachforschung und Sittengeschichte interessiert.« (Hoffmann von Fallersleben, 1854, S. 328ff.)

Von den Beispielen aus der Gaunersprache, die Hoffmann aus alten Quellen anführt, sind für das Studium der heutigen Gaunersprache vor allem folgende interessant: »Bohnen« für Bleikugel,

I. Rotwelsch und die Geschichte der Gauner, Dirnen und Vagabunden

»Fuchs« für Gold, »Kies« für Silbergeld, »Kohl« für Erzählung, »Lutscher« für Zucker, »schmollen« für scherzen, »tippeln« für gehen und »acheln« für essen.

Seine Betrachtungen über das Rotwelsch verbindet Hoffmann mit einem Gedicht, das er selbst in der Gaunersprache verfaßte (ich komme später noch darauf zurück).

Zwei Jahre später, also 1856, bringt Hoffmann in den »Weimarschen Jahrbüchern« einen vollständigen Abdruck des »Liber Vagatorum«. Auch davon wird noch die Rede sein. So zeigt Hoffmann von Fallersleben deutlich die Verbindung von alter Gaunerkultur und alter Gaunersprache auf.

Ein besonderes Interesse an der Gaunerwelt und deren Sprache hatte allerdings schon vor Hoffmann von Fallersleben im ausgehenden 18. Jahrhundert ein gewisser Jakob Schäffer, der als »erfolgreichster Räuberfänger seiner Zeit« bezeichnet wird und der erste moderne Kriminalist Württembergs gewesen sein soll (siehe dazu auch bei Rothfuss, 1997).

Ich meine daher auch, daß das 1793 anonym erschienene Buch »Abriß des Jauner- und Bettelwesens in Schwaben« von diesem Schäffer stammt. In dem Titel des Buches heißt es lediglich zum Autor, ohne seinen Namen zu nennen: »Von dem Verfasser des Konstanzer Hanß«. Ich wage meine Behauptung, obwohl auch das Buch, das von diesem »Konstanzer Hanß« kündet, anonym erschienen ist. Allerdings stehe ich da in Widerspruch zu dem schwäbischen Schriftsteller Rothfuss, der behauptet, der Verfasser dieses Buches über den »Konstanzer Hanß« und damit auch des »Abrisses des Jauner- und Bettelwesens in Schwaben« sei ein Waisenhauspfarrer, und zwar ein gewisser Johann Ulrich Schöll, gewesen, der gute Kontakte zu dem Konstanzer Hanß gepflogen haben soll (a. a. O., S. 33).

Ich selbst besitze ein Original des Buches »Abriß des Jauner- und Bettelwesens in Schwaben« aus dem Jahre 1793. In diesem vergilbten Buch steht auf der Titelblattseite neben den Worten »von

Alte Wörterbücher des Rotwelsch

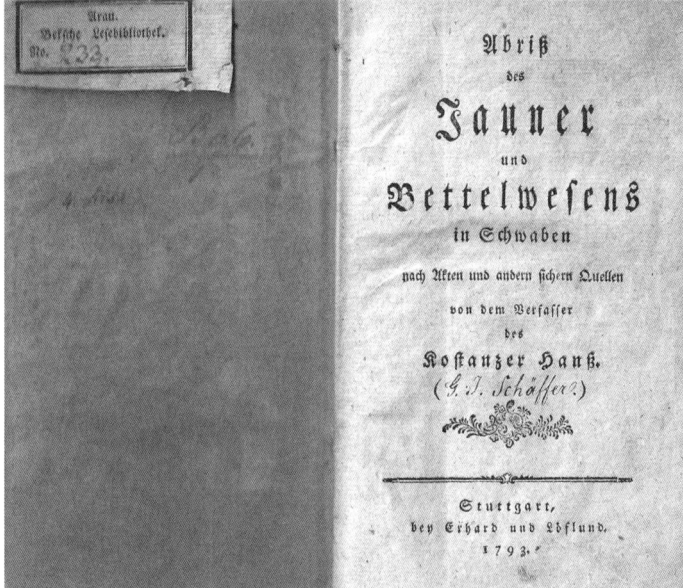

Abb. 1: Das im Besitz des Autors befindliche Exemplar des Werkes »Abriß des Jauner- und Bettelwesens in Schwaben«

dem Verfasser des Konstanzer Hanß« in alter Schrift und in Klammer gesetzt der Name »G. J. Schäffer« (siehe Abb. 1).

Ich bin gewillt anzunehmen, daß der erste Besitzer dieses Buches wohl wußte, daß sich hinter dem »Verfasser des Konstanzer Hanß« der »Räuberfänger« Schäffer verbarg.

Jedenfalls gibt Schäffer in dem genannten »Abriß« eine kriminalsoziologisch und kulturwissenschaftlich höchst bedeutsame und spannende Typologie der Gauner und Bettler sowie einen umfassenden Einblick in ihr Leben samt ihren Gaunereien.

Schäffer war es auch, so ist zu schließen, der in engem Kontakt zu dem berüchtigten Räuber »Konstanzer Hanß« stand. Dieser schwäbische Räuber hieß mit bürgerlichem Namen Johann Baptist Herrenberger, in Räuberkreisen nannte man ihn nach der Herkunft seines Vaters »Konstanzer Hanß«. Dieser Konstanzer

I. Rotwelsch und die Geschichte der Gauner, Dirnen und Vagabunden

Hanß war zu einem wilden Räuberhauptmann im Schwäbischen geworden, der sich vor allem auf das Ausrauben von Pfarrhäusern spezialisiert hatte. Man nahm ihn gefangen, und Schäffer führte als Oberamtmann die Untersuchung gegen ihn. Hanß war geständig, er verriet seine Genossen und erzählte von allerhand Gaunerunterschlüpfen. Ihm war es zu danken, daß ein Brandanschlag auf das Kloster Maria-Einsiedeln verhindert werden konnte. Er zeigte Reue, und Schäffer fand Interesse an diesem Mann, der ihm zu wichtigen Erkenntnissen vom Gaunerleben verhalf. Wahrscheinlich auf Anraten Schäffers verfaßte »Hanß« in der Haft im schwäbischen Sulz ein Wörterbuch der Gaunersprache. Dieses Wörterbuch erschien 1792 als Schrift mit dem Titel »Wahrhafte Entdeckung der Gauner- und Jenischen-Sprache, von dem ehemals berüchtigten Gauner Konstanzer Hanß – Auf Begehren von ihm selbst aufgesetzt und zum Drucke befördert«. Dieses Büchlein, das offensichtlich von Schäffer endredigiert und herausgegeben wurde, war den Kriminalisten Schwabens höchst hilfreich, um den Gaunern, Bettlern und Vaganten auf die Schliche zu kommen. Der Konstanzer Hanß schien geläutert; da er dem Oberamtmann Schäffer von großer Hilfe war, bat dieser den Herzog, den Hanß zu seinem »Hatschier«, seinem Hilfspolizisten, zu machen. Der frühere Räuber wurde dies auch und betätigte sich in der Folge eifrig als Aufdecker von Gaunereien.

In dem Buch vom Konstanzer Hanß wird ein buntes Bild des Rotwelsch gezeichnet. Ein großer Teil der Wörter stammt aus dem Jiddischen; viele Ausdrücke sind ungemein malerisch, sie zeugen vom regen Geist der Ganoven, denen es wohl Spaß machte, Wörter zu erfinden, mit denen sie sich über ihre Welt und die der »braven Bürger« belustigten.

Von den Rotwelsch-Wörtern, die der Konstanzer Hanß festgehalten hat, seien beispielhaft einige hier erwähnt:

Alte Wörterbücher des Rotwelsch

einschabern – einbrechen,
Gemsle – Hemd,
Schulfuchser – Schulmeister,
Kies – Silber,
Pilla – Buch,
Sturm-Kitt – Rathaus,
Baiser – Wirt,
Bembel – Bier,
Bommerling – Äpfel,
Fehlinger – falscher Arzt,
Lau – nein,
Klusterey – Kleider,
Galach – Pfarrer,
Hobogen – Rind,
Streifling – ein Paar Strümpfe,
Kesuv – Silber,
Schiankel – Beamter,
Ballar – Dorf,
krank – gefangen sein,
Latsche (ital.) – Milch,
Liranägel – Bohnen,
Stradekehrer – Straßenräuber,
Pfiffes – Handwerksbursche,
Mette – das Bett,
Lupper – Taschenuhr,
Galacha-Kitt – Pfarrhaus,
Fuchs – Gold,
Feberer – Schreiber,
Dust, Gaske – Kirche,
Baiser-Kitt – Wirtshaus,
Karnet – Käse,
Strade – Weg, Straße,
Kiesle – Beutelschneider,
Tschor-Kitt – Diebsherberge,
Dowre – Tabak,
Spitznase – Gerste,
Bemblet – Schmied,
Sekem – Messer,
Stegem – Sohn, Knabe,
Fladeres – Barbier,
Rost – Eisen,
Mokem – Stadt,
Lek – Gefängnis,
Leham – Brot,
Busa – Grundbirnen
   (Kartoffeln),
Serf – Feuer,
Schnurrer – Bettelleute,
Nikle – Tanzen,
Heine – Löffel,
Elemergluker – Schuhmacher,
gschnellt – geschossen,
Gral – Frucht,
Stupfer – Schneider,
Hamore – Raufhändel.

I. Rotwelsch und die Geschichte der Gauner, Dirnen und Vagabunden

Abb. 2: Gaukler. Nach einem Gemälde von Hieronymus Bosch

Einige Wörter sind auch in der heutigen Gaunersprache enthalten, wohl etwas verändert, aber die gemeinsame Herkunft ist deutlich zu erkennen. So ist das Wort Baiser (Wirt) mit dem Wort »Beisl« verwandt. Und den Ausdruck »Fuchs« für Gold kennen die Wiener Gauner auch. Typisch ist auch die Verwendung des Wortes »Strade« für Straße, wobei die Herkunft aus dem Italienischen klar wird.

Im Kapitel »Schmusereien oder Gespräche« gibt der Konstanzer Hanß ein paar Beispiele für Sätze in der Gaunersprache wieder, wie sie typisch für Ganoven waren.

»Baiser (!), scheften keine Kochern herrles?« (Wirt, sind keine Diebe da?) »Sie steke einander die Fehma.« (Sie geben einander die Hand.) »Schefte Klasse, Kehrum, Schaberbartle (!), Kimmel und Walze und gute Waider bekanum?« (Sind wir auch versehen mit Pistolen, Seitengewehren, Stemmeisen, Pulver und Blei und guten Säcken?) »Went mir ins Bais (!) holche und e' Mälterle Jajem schwäche, und für zwis t'rol Kächelterleam butte.« (Jetzt wollen wir ins Wirtshaus und wollen ein Maß Wein trinken und für zwei Batzen weißes Brot essen.) »Zwis Kochern (!) schefte e'me Bais (!), wo grindige Sochter Z'leili schelte.« (Zwei Diebe sind in einem Wirtshaus, wo etliche Kaufleute wohnen.) »Sie schmusen (!) auf Jenisch (!): Die Sochter hent recht Kies (!) und dofe Lapper, heut leile wehnt m'rs b'Schornen.« (Sie reden auf ihre Sprache: Die Krämer haben recht Geld und schöne Sackuhren; heut Nacht wollen wir sie bestehlen.) »Lau, schmußt (!) der andere: Stradikehrich lau, es scheft schofel wann m'n Stradekehrer krank malocht, so scheft er Kapore.« (Nein, sagte der andere, Straßenrauben tue ich nicht, wenn man einen Straßenräuber einfängt, so hängt man ihn gewiß.) Sogar ein Gaunerlied fügt der Konstanzer Hanß seinem Büchlein an:

>»Ey lustig seyn Kanofer (Diebe)
>Dann sie thun nichts als Schofle;
>Wann sie kenne Randa (Säcke) fülla
>Und brav mit der Sore springa.
>Hei ja! Vi va!
>Grandscharle, was machst du da? ...«

Der Konstanzer Hanß hatte also in Schäffer das Interesse am Gaunerleben und dessen Sprache geweckt. In seinem Buch »Abriß des Jauner- und Bettelwesen in Schwaben« (1793) macht sich Schäffer Gedanken über den Charakter der Gaunersprache, die heute noch bedeutsam erscheinen: »Denn hauptsächlich reden sie (die Gauner) diese Sprache alsdann, wenn sie unter fremden Leuten sind, denen nicht zu trauen ist, und wenn sie einander etwas Geheimes zu sagen haben ... Insofern leistet ihnen ihre Gesellschaftssprache allerdings sehr wichtige Dienste. Sie können mit Hilfe derselben, mitten unter Fremden, einander ungehindert und sicher ihre Gedanken mitteilen, ihre Pläne entwerfen, ihre Operationen bestimmen, einander Nachrichten geben, die für ihr Fach wichtig sind.« (Schäffer, 1793, S. 287f.)

I. Rotwelsch und die Geschichte der Gauner, Dirnen und Vagabunden

Schäffer stellt auch fest, daß die deutsche Gaunersprache ihre Ausdrücke nicht bloß dem Deutschen (Mittelhochdeutschen) und Jiddischen entlehnt, sondern ebenso einer Reihe anderer Sprachen, wie dem Französischen. Auch Studenten, die sich häufig unter das fahrende Volk mischten, leisteten ihren Beitrag:

»Dann es fanden sich unter den Gaunern immer bald mehr bald weniger Franzosen, Italiener und Studenten (!), die das Lateinische verstunden« (a. a. O., S. 296).

Schäffer bringt in seinem Buch ein sehr ausführliches Vokabular, das einige Termini enthält, die an heute noch in der Wiener Gaunersprache auftauchende Wörter erinnern oder mit ihnen identisch sind. Schäffer hält zunächst fest: »Die Gauner haben, so wie die Zigeuner, außer der Landessprache, noch eine andere und eigentümliche, die sie die Jenische nennen« (a. a. O., S. 285). Das Jenische ist bei Schäffer also identisch mit dem Rotwelsch, welches er in neun Typen von Wörtern je nach ihrer Herkunft einteilt.

1. Wörter jiddischer (hebräischer) Herkunft (beispielhaft):
   Gaver – Mann. Kis (!) – Beutel, Geld. Jam – Tag. Kesuv – Silber. Lehem – Brot. Jaim – Wein. Bais (!) – Haus. Kochum – Dieb. Schmier (!) – Wache. Maker – bekannt. Achlen (!) – essen.
2. Wörter französischer Herkunft:
   Feneter – Fenster. Montane – Berg. Mammere – Mutter. Parlen – reden. Grandig – groß, stark.
3. Wörter italienischer Herkunft:
   Strade – Straße. Latsche – Milch.
4. Wörter lateinischer Herkunft:
   Forena – Mehl. Pommerling – Apfel. Patris – Vater.
5. Wörter zigeunerischer Herkunft:
   Jak – Feuer. Tschor – Dieb. Schickse – Mädchen, Dirne. Buschge – Pistole. Balo – Schwein. Gachene – Henne.
6. Dem Deutschen sind hauptsächlich die Verbindungs-, Hilfs- und Beiwörter, ebenso viele Nenn- und Zeitwörter entlehnt,

wobei letztere oft eine andere Bedeutung bekommen haben. Rost – Eisen. Kupfer – Heu. Spitznase – Gerste. Flößling – Fisch. Regieren – binden. Schupfen – tun. Krankmachen – gefangen nehmen. Zopfen – nehmen. Verdupfen – erstechen. Schmieren – hängen. Ausfegen – auspeitschen. Schwächen – trinken.

7. Gaunerwörter, die nach Deklination, Konjugation und Konstruktion nach dem Deutschen geformt sind:
Glanzer – Stern. Hitzling – Sonne, Ofen. Floßart – Wasser. Rauscher – Stroh. Stieling – Birne. Haarbogen – Rindvieh. Strauberv –Haar. Rötling – Blut. Scheinling – Auge. Muffer – Nase. Trittling – Fuß. Weißbirne – Ei. Blättlen – mit Karten spielen.

8. Wörter verschiedener Herkunft (beispielhaft):
Steber – Baum. Raude – Sack. Flebbe (!) – Brief. Pfiffes – Handwerksbursche. Nelle – Galgen. Kerum – Degen. Schwächer –Durst. Nille – Narr. Kaspern (!) – betrügen. Bausen – fürchten. Schmusen (!) – sagen. Niklen – tanzen. Talchen – umbringen. Bestieben – bekommen. Schaberen (!) – ausbrechen. Nopeln – beten.

9. Wörter ohne Rücksicht auf ihre Herkunft (beispielhaft):
Sochter – Krämer. Lek – Gefängnis. Serf – Feuer. Sore – Ware. Mette – Bett. Polter bais (!) – Zuchthaus. Saie oder Moos – Weib. Kibes – Kopf. Bonum (jidd. ponem) – Mund. Hamore – Händel. Kolerig – hungrig. Laker – liederlich, falsch. Kaporem – umbringen (a. a. O., S. 289 ff.).

Schäffer bietet mit diesem Vokabular einen spannenden Einblick in das Leben der Gauner und bemüht sich mit Erfolg damit, diese Kultur am Rande der Welt der »guten Bürger« darzustellen. Von ihm wird später noch einmal die Rede sein.

Aber es gab auch einen weiteren Kriminalisten, der über fünfzig Jahre nach Schäffer ein noch bunteres Bild von der Sprache und der Kultur der Gauner erarbeitet hat. Es ist dies Friedrich Christi-

I. Rotwelsch und die Geschichte der Gauner, Dirnen und Vagabunden

an Benedikt Avé-Lallemant, seines Zeichens Lübecker Polizeipräsident, ein Mann von großer Begabung und großer Originalität. Er brachte 1858 ein Buch in zwei Teilen mit dem Titel »Das deutsche Gaunerrum« heraus, das ein Ergebnis langen Forschens ist. Avé-Lallemant war fasziniert von dem Gedanken, daß in der Gaunersprache das Jiddische eine derart große Rolle spielte. Er machte sich daher daran, Jiddisch und Hebräisch zu studieren, da er hoffte, sich über diese beiden Sprachen der Gaunerkultur wirksam nähern zu können. Hebräisch lernte er bei Rabbinern und Jiddisch bei Juden in einem Vorort Lübecks. Und schließlich meinte Avé-Lallemant, er könne das Rotwelsch nur dann eindeutig erkennen, wenn er auch die jüdischen Gesetze und Rituale kenne. Daher befaßte er sich auch näher mit dem rabbinischen Schrifttum und schlußendlich mit der Kabbala, der jüdisch-mittelalterlichen Mystik in Spanien. Er wurde so zum großen Spezialisten auf diesem Gebiet. Dies ermöglichte ihm festzustellen, daß manche Gaunerzeichen (Zinken, s. u.) auf kabbalistischen Methoden beruhen. Avé-Lallemant fand auch heraus, daß das gesamte deutsche Zauberwesen auf den Prinzipien der jüdischen Mystik basierte, daß aber alle Methoden, die in der Kabbala selbst ihren Sinn hatten, in dem nichtjüdischen Hokuspokus jede vernünftige Bedeutung verloren haben. Avé-Lallemant beschäftigte sich nun vor dem Hintergrund seiner Jiddisch-Kenntnisse intensiv mit der Literatur des Gaunertums, wie mit dem »Liber Vagatorum« und dem »Narrenschiff« von Sebastian Brant. Bei seiner Auseinandersetzung mit den vielen Tricks und Überlebenskünsten der Gauner erklärt Avé-Lallemant sehr eingehend die jiddische und hebräische Herleitung der einzelnen Wörter für Gaunerhandlungen. Beispielhaft seien hier einige solcher Beschreibungen wiedergegeben. Bei diesen fällt auf, daß der Autor sich nicht bloß mit der Wiedergabe der betreffenden Begriffe in lateinischer Schrift zufriedengibt, sondern daß er auch die originalen hebräischen Zeichen dafür aufzeigt (diese können freilich hier nicht wiedergegeben werden).

So schreibt er über »Kassiwe« oder »Kassiwer«, ein Wort, das auch in der Wiener Gauner- und Gefängnissprache weiterlebt und das sich auf den geheimen, mündlichen, aber auch schriftlichen Verkehr der Gefangenen untereinander oder mit anderen in der Freiheit befindlichen Gaunern bezieht (auf diesen Begriff gehe ich später noch einmal näher ein).

Ein anderer interessanter Begriff ist das »Baldowern«; dazu schreibt unser Autor: »Baldower – von Baal, Herr, Besitzer, Mann, Sachkundiger, Künstler ... und Dabar, Wort, Sache usw. bedeutet zunächst: Herr einer Sache, der eine Sache in der Gewalt hat, der ein Unternehmen leitet, daher den Anführer eines Unternehmens, der die Rollen austeilt, die wesentlichste Tätigkeit übernimmt und die Beute verteilt. Da aber diese Leitung eine genaue Kenntnis des Ortes und der Gelegenheit voraussetzt, so hat der Baldower auch ganz besonders die Bedeutung des Ausspähers, Kundschafters erhalten, und baldowern bedeutet daher vorzüglich: eine Diebstahlsgelegenheit ausspähen, erkunden und den Gaunern mitteilen. Zu dieser Bedeutung ist der Ausdruck ›baldowern‹ so wesentlich übergegangen, daß für den primitiven Begriff des Baldowers der eigene Name Behnassematte – von Baal und Masso Umattan, Diebstahl, Diebstahlsobjekt – als Herr, Leiter und Ordner des Diebstahls, Anführer der Genossenschaft und Verteiler der Beute aufgekommen ist und Baldower jetzt nur noch den Ausspäher, Gelegenheitsmacher zum Stehlen bedeutet.

Vollkommen gleichbedeutend mit baldowern ist noch der Ausdruck auskochen, richtiger wohl auskochemen, von Cochom; ein ausgekochter Massematten ist gleich dem baldowerten Massematten, ein vollständig ausgekundschafteter Diebstahl ... Das Baldowern ist die Einführung der praktischen Gaunerkunst in das Verkehrsleben. Es ist der feinste Teil des Gewerbes; es ist Psychologie und Logik der Gaunerei, die beobachtet und Schlüsse zieht, um dann handeln zu können ... Es gibt keinen besseren Topographen und Statistiker als den Gauner. Nicht nur jedes Land, jeden Ort,

I. Rotwelsch und die Geschichte der Gauner, Dirnen und Vagabunden

an dem er nur kurze Zeit verweilt hat, kennt er genau, er weiß auch alle Schlupfwinkel, kennt die Einrichtung jedes Hauses, das er betreten hat, und hat genau Kunde von den Verhältnissen seiner Bewohner ... Sowie ein Gauner an einen Ort kommt, so erkundigt er sich nach allen Personen und Verhältnissen, die er ausbeuten kann. Eine der ersten Fragen im Wirtshaus ist die nach dem Adreßbuch oder Staatshandbuch. ... Ein als sicher gestellter und als ausführbar erkundeter Diebstahl heißt ›ein ausgekochter (ausgekochemeter) Ivlassematten‹« (Avé-Lallemant, 1858, II. Teil, S. 86ff.).

Es ist übrigens bemerkenswert, daß der Begriff »Masematte« von Kollege Klaus Siewert für die von ihm geleitete Arbeitsgemeinschaft, die sich mit dem Rotwelsch einer alten Münsteraner Gaunerkultur beschäftigt, verwendet wird (auf den Begriff Masematte gehe ich später noch näher ein).

Die Sprecher des Rotwelsch werden demnach als »Masematte-Sprecher« bezeichnet (zum Beispiel Siewert, 1994, s. u.). Spannend ist auch, was Avé-Lallemant über »die Kawure« zu erzählen weiß: »Die Kawure (jüdisch-deutsch: kwuro, von keber, Grab, Grube) bedeutet im Jüdisch-Deutschen das Begräbnis, Grab, Grabmal, wird aber in der Gaunersprache für jeden Versteckort und für das Versteckte selbst gebraucht. Kawure legen heißt daher: verstecken, verbergen, verscharren; die Kawure erheben heißt: das Versteckte, Vergrabene hervorholen, herausgraben ... Dieses Kawurlegen geschieht auf die verschiedenartigste Weise. Keinen Teil des Hauses von der Krone des Schornsteins bis zum Brunnen im Keller, keine Wand, keinen Stein, keinen Balken, keinen Fußboden, keine Fußplatte, keinen Abort, keinen Stall, keine Scheune, keinen Stroh- und Misthaufen, kein Kleidungsstück, ja kaum eine Körperöffnung oder Körperhöhlung gibt es, die nicht zur Kawure benutzt werden könnte ...« (a. a. O., S. 91ff.). In der heutigen Gaunersprache werden von jenen Bereichen, die Avé-Lallemant bespricht, unter anderem auch die Begriffe »Hadern« (wahrscheinlich vom deutschen »hadern« – streiten) für Spielkarten und »Chilfern« (jiddisch

Alte Wörterbücher des Rotwelsch

– wechseln) für Geldwechseltrick weiterverwendet. Hier sei lediglich soviel festgehalten, daß Avé-Lallemant bereits Termini bringt und beschreibt, die auch für das heutige Rotwelsch typisch sind.

Diese Rotwelsch-Literatur wird bis heute weitergeführt. Zu ihr gehören u. a. Arbeiten der Polizeidirektion in Wien (1854), von Eduard Nascher (1901), Albert Petrikovits (1922), Peter Wehle (um 1970) und mein Versuch, die Wiener Gaunersprache auf den »neuesten Stand« zu bringen (Girtler, 1983 und 1992).

Für das Studium der Gaunersprache sind schließlich noch zwei große Werke wichtig, nämlich das Buch von Friedrich Kluge mit dem Titel »Rotwelsch« (Straßburg 1901) und das Buch von Siegmund A. Wolf mit dem Titel »Wörterbuch des Rotwelschen« (Hamburg 1985).

Das Buch von Kluge ist im wesentlichen eine Sammlung von Quellen des Rotwelsch. Es ist ein ergiebiges Nachschlagewerk für die verschiedenen, von Kriminalisten und anderen Leuten erstellten Ganovenbücher, in denen man einiges über den Wortschatz von Ganoven erfährt. Bemerkenswert an Kluges Arbeit ist, daß er auch Beispiele aus der Welt der Handwerksburschen und Krämer bringt.

Ein umfangreicheres Wörterbuch ist jenes von Wolf, in dem er, vor allem auf historischen Quellen aufbauend, wie sie unter anderem Kluge bringt, das Rotwelsch in seiner Buntheit darzustellen sucht.

Meine vorliegende Arbeit unterscheidet sich freilich von jenen Wolfs, Kluges und anderer dadurch, daß ich bei meinen Sprachforschungen von aktiven Sprechern ausgehe und meine Quellen daher nicht bloß alte Bücher und Archive sind, sondern eben Menschen, die selbst aus der Welt der Vagabunden und Gauner kommen. Aber dennoch ist Wolfs Buch höchst nützlich hinsichtlich der Erarbeitung der Herkunft von diversen Rotwelsch-Wörtern. Der Großteil der von Wolf gebrachten Begriffe ist allerdings veraltet; überdies scheinen einige nicht der Gaunersprache entnommen zu sein, sondern einzelnen deutschen Dialekten.

Kultur und Lieder der Vaganten – Der Landfahrer Paracelsus

Es ist merkwürdig, daß die am Rande der »guten« Gesellschaft lebenden Fahrenden gerade für intellektuelle Bürger, Dichter und Literaten von oft ungemein großer Faszination sind. Dies hängt wohl mit dem Freiheitsprinzip zusammen, mit dem man Ganoven und Fahrende gemeinhin verbindet; schließlich wissen sie sich der bürgerlichen Ordnung, die sozialen Druck für den einzelnen bedeutet, geschickt zu entziehen.

Gerade im vorigen Jahrhundert, als Bürger, Studenten und Arbeiter die Monarchie bekämpften, sympathisierten Intellektuelle und vor allem Dichter in vielfältiger Weise mit dem fahrenden Volk und den kleinen Ganoven. Der Vagabund wurde zum Symbol der Freiheit und seine Sprache zum Gegenstand gelehrter Abhandlungen. Auf solche wurde ich aufmerksam, als ich begann, den einzelnen Gaunerwörtern nachzugehen. Zunächst bezog ich mich dabei auf klassische Arbeiten, wie auf das von dem bereits erwähnten Friedrich Kluge 1901 herausgegebene Buch »Rotwelsch«. In der Folge stieß ich auf Dichter des vorigen Jahrhunderts, die sich mit dem fahrenden Volk und der Kultur der Ganoven in einer eher romantisierenden Weise beschäftigt haben. Vor allem waren sie angetan von den Liedern der Vaganten des Mittelalters.

Es lohnt sich, auf deren Lieder etwas näher einzugehen, schließlich waren es Lieder, die auf den Straßen entstanden und die wohl auch von anderen Fahrenden benützt wurden, um ihr oft beschwerliches Leben zu beschreiben. Immerhin wurden sie zu Vorbildern der im 19. Jahrhundert entstandenen Wander- und Studentenlieder.

Das Mittelalter war keine starre Gesellschaft, sondern eine höchst mobile. Die Straßen waren voller Menschen, die sich zum Vagabundieren gezwungen sahen. Unter sie mischte sich ein bunter Haufen von Scholaren, die zu ihrem Studium nach Paris, Bologna, Padua, Prag und Wien unterwegs waren. Um zu diesen Universitäten zu gelangen, mußten die Studenten oft weite Märsche auf sich nehmen. Wer sich bilden wollte, war gezwungen, seine Heimat zu verlassen. Dies taten zunächst die Studenten aus den arabischen Ländern, dann die Studenten aus Padua, Paris und Bologna und schließlich jene aus Prag, Wien und den anderen deutschen Universitäten.

Diese umherziehenden Studenten hatten keinen guten Ruf, denn sie genossen die Freiheit der Straßen, die in einem deutlichen Gegensatz zu der Zucht der Klosterschulen und der frühen Universitäten, aus denen sie kamen, standen.

Von den wirklich fleißigen Studenten früherer Jahrhunderte wissen wir heute herzlich wenig. Von jenen allerdings, die bummelnd, singend und ein heiter-wüstes Leben führend durch die Lande und von Universität zu Universität zogen, wissen wir einiges. Sie haben wunderbare Dichter hervorgebracht, die in ihren Liedern das bunte und freiheitsliebende Leben der fahrenden Studenten beschrieben haben. Zu ihnen gehörten wohl auch Kleriker, die sich durch Vagabundieren der bischöflichen Disziplinargewalt entzogen haben.

Daß auch Kleriker sich unter dieses bunte Volk mischten, darauf verweist ein Beschluß der Salzburger Synode von 1291, in dem überlegt wird, welche Maßnahmen man gegen diese vagierenden Geistlichen ergreifen könne (vgl. Jütte, 1980, S. 32).

Durch vagabundierende Kleriker sind wohl auch lateinische Begriffe in das Rotwelsch eingeflossen.

Die abendländische Kultur besaß damals nämlich einen unglaublichen Schatz, der den Magistri und Scholaren ein weites Feld des Geistes eröffnete: nämlich eine Sprache, die überall in Gebrauch war. Es war dies das Latein, genauer das Mittellatein. Die meisten Lieder der Vaganten sind in diesem Latein verfaßt, zu einem Teil allerdings vermischt mit Mittelhochdeutsch. Sie künden von dem weiten Geist, der damals die Universitäten bestimmte. An den Universitäten gab es keine kirchliche Ständetrennung, und der Adel hatte keine Vorrechte.

Die Lieder der Vaganten sind uns aus der im Jahre 1803 im Stift Benediktbeuren entdeckten Handschrift, den sogenannten »Carmina Burana«, überliefert. Es handelt sich dabei um Trink-, Liebes- und Spielerlieder des 12. und 13. Jahrhunderts, die aber auch das harte Leben der Studenten und Magistri beschreiben.

Daß das Studentenleben tatsächlich hart war, davon kündet eine Passage in der Schenkungsurkunde der von Friedrich Barbarossa 1138 gegründeten Universität von Bologna. In dieser geht Barbarossa auf die Schwierigkeiten ein, die die fahrenden Schüler hatten: »Wer sollte sich nicht ihrer erbarmen, wenn sie heimatlos aus Wissensdrang ihren Besitz opfern und arm werden, ihr Leben vielen Gefahren aussetzen und oft vom minderwertigsten Menschen grundlos Tätigkeiten ertragen müssen?«

Das liederliche Leben der Studenten wird wohl auch einer der Gründe gewesen sein, warum 1348 die Universität Prag als die älteste deutsche Universität errichtet wurde. In der Gründungsbulle vom Jänner 1347, ausgestellt von Papst Clemens VI., heißt es nämlich unter anderem: »... auf daß unsere getreuen Untertanen ... es für überflüssig erachten, Wissenschaft suchend die Welt zu durchwandern, fremde Völker aufzusuchen oder im Auslande zu betteln (!) ...« Eine ähnliche Absicht stand hinter der Gründung der Wiener Universität von Rudolf IV. 1365 (siehe dazu näher Girtler, 1991).

Die Studenten sollten es also nicht nötig haben, bettelnd und trinkend umherzuwandern. Dennoch hielt sich dieses studentische Vagantentum bis in unser Jahrhundert.

Der Großteil der Vaganten lebte vom Betteln und Musizieren in Klöstern oder vor mildtätigem Volk. Die Lieder der Vaganten, für deren Vortrag sich die Sänger auf den Straßen und in den Kneipen eine Einladung zum Wein erhofften, geben auch einen Einblick in das bunte Leben der Bordelle und Wirtshäuser.

Kultur und Lieder der Vaganten

Als ich noch Schüler des Klostergymnasiums zu Kremsmünster in Oberösterreich war, meinte übrigens ein alter Pater zu mir, wenn ich einmal zu Fuß durch die Lande zöge und wenig Geld bei mir hätte, sollte ich zu einem Pfarrer gehen und den folgenden alten Vagantenspruch sagen: »Pauper studiosus sum, peto te viaticum.« (Ich bin ein armer Student, ich bitte um eine Wegzehrung).

Die Vagantenlieder sind keinem bestimmten europäischen Gebiet zuzuordnen, entstanden sie doch zu einer Zeit, in der Bildung und Wissenschaft keine Grenzen kannten. Es gab keine nationalen Grenzen, eine Weltkultur bahnte sich an. In Bologna studierte man die Rechte, in Salerno Medizin und in Paris Theologie. Zu den großen vagabundierenden Dichtern dieser Lieder zählen der Archipoeta, der »Primas« Hugo von Orleans, und Walther von Chatillon. Folgt man ihren Liedern, müssen sie ein ziemlich wüstes Leben geführt haben.

In einigen dieser Lieder wird die Freude deutlich, die dem Musikanten eine gütige Spende zu bereiten vermag. Zwei von ihnen seien hier wiedergegeben, zuerst im lateinischen Originaltext und daneben deutsch:

Iocundemur, socii,	Freunde, laßt uns fröhlich sein,
sectatores oti!	die wir uns der Muse weihn!
nostra pangant ora	Laß mit lautem Singen
cantica sonora,	jetzt ein Lied erklingen,
ut laudemus dignos laude	wer den Preis verdient, zu preisen,
virtuosos et carentes fraude!	alle Braven, Tüchtigen und Weisen!
O et o	O und o
cum iubilo	so jubelfroh
largos laudet nostra contio!	feiern wir die Spender mit Hallo!
Ad honorem hospitis,	Unsern Wirtsherrn zu erfreun,
cuius festum colitis,	dessen Fest wir heut erneun,
canite benigne	singet treu und bieder
carmen laudis digne!	eins der schönsten Lieder!
merorem repudiemus	Fort mit unsern Sorgen allen,

et psallentes amnes intonemus:	stimmet ein und laßt Gesang erschallen:
O et o	O und o
cum iubilo	so jubelfroh
largos laudet nostra contio!	feiern wir die Spender mit Hallo!
(Carmina Burana, 1979, S. 364)	

Der edle Gastgeber, dem die Vaganten ein Lied singen und der sie dafür offensichtlich mit Wein freihält, wird gefeiert und bedankt – durchaus in der Tradition bettelnden Musikantenvolkes.

In ähnlicher Weise ist auch dieses Lied aus der »Carmina Burana« zu verstehen:

Numquam erit habilis	Was ein rechter Bursche ist,
qui non mit instabilis	auch des Wanderns nicht vergißt,
et corde iocundo	daß er fröhlich werde,
nun mit vagus mundo	steht er auf vom Herde,
et recurrat	singet Lieder,
et transcurrat	zieht wieder
et discurat	auf und nieder
in orbe rotundo.	diese runde Erde. (a. a. O., S. 599f.)

Die vagierenden Studenten wußten ihre Zuhörer auch mit derben Liebesliedern zu ergötzen, wie das folgende Lied beispielhaft zeigt:

> Er warf mir uf das hemdelin
> corpore detecta
> er rannte mir in das purgelin
> corpore erecta ... (a. a. O., S. 552)

Lieder dieser Art gehörten zum Repertoire der fahrenden und auch musizierenden Scholaren. Jedenfalls hat man sich wohl von ihrer Darbietung manch Silberstück und guten Wein erhofft.

Die von den Vaganten besungene Freiheit richtet sich gegen vielerlei: gegen den Kleinmut des Spießbürgers, des Philisters und

Kultur und Lieder der Vaganten

auch gegen staatliche Macht. Freiheit ist schließlich ein Losungswort der aufständischen Studenten des Jahres 1848.

Und es ist interessant, daß gerade um 1848 Lieder auftauchen, in denen das Vagabundieren als Symbol der Freiheit gepriesen wird.

Die Vaganten des Mittelalters zogen als echte Weltbürger gemeinsam mit Ganoven und Fahrenden durch die Lande, und in ihren Liedern feierten sie ein Freisein von kirchlichen und weltlichen Zwängen. Sie zeigten einen kritischen Geist gegenüber den Machtgelüsten der Bürger. So heißt es in einem Lied, in dem die Bestechlichkeit der Gerichte und die Niedertracht der Reichen angeprangert wird:

Nummus ubi predicat,	Wo der Mammon kühnlich blinkt,
labitur justitia,	kann Gerechtigkeit nicht sein,
et causam, que claudicat,	und die Sache, welche hinkt,
rectam facit curia,	renkt der Richter wieder ein,
pauperem diiudicat	Arme er ins Kittchen bringt,
veniens pecunia	tritt das teure Geld herein.
sie diiudicatur,	Also wird entschieden,
a quo nihil datur;	wer nichts hat, gemieden;
iure sie privatur,	es gibt keinen Frieden
si nil offeratur.	ohne Gold hienieden. (a. a. O., S. 6)

Und in einem Trinklied wird der freie Geist beschworen:

> Ordo noster prohibet semper matutinas,
> sed statim, cum surgimus, querimus propinas;
> illuc ferri facimus vinum et gallinas ...
> (Unserm Orden sind nun mal Metten ganz zuwider,
> nach dem Aufstehn lassen wir uns im Wirtshaus nieder,
> hegen da bei Huhn und Wein herrliche Gefühle ...)
> (a. a. O., S. 640)

Das Freiheitsstreben der Vaganten findet sich auch bei dem bereits erwähnten großen Theophrastus Bombastus Paracelsus von

Hohenheim, einem Mann, dem die Schulmedizin so zuwider war, daß er deren Schriften in Basel öffentlich verbrannte. Paracelsus meinte, man könne beim fahrenden Volk und den alten Frauen mehr lernen als an der Universität. Als Freigeist sympathisierte Paracelsus mit den aufständischen Bauern, die den Salzburger Erzbischof belagerten. Paracelsus starb 1541 wahrscheinlich bei einer Wirtshausschlägerei in Salzburg, worin sich seine vagantische Tradition zeigte.

Geistig verwandt war ihm der frühe Humanist Ulrich von Nutten, der ebenso für die wahre Freiheit des Menschen zur Feder griff. Er kämpfte gegen die Vorherrschaft des Papstes, also gegen die römische Geistesknechtschaft, und er zog, ganz im Sinne des Vagantentums, von Köln nach Rostock, von Wien nach Pavia und zurück. Sie alle hatten beste Kontakte zu kleinen Gaunern und zum fahrenden Volk allgemein.

Die Bewunderung des fahrenden Volkes in Liedern der Studenten

In einer direkten Tradition zu den Vaganten des Mittelalters steht das klassische Studentenlied »Gaudeamus igitur«. Ihm liegen die schwermütigen Lieder der alten Vaganten zugrunde, die im Stil der Antike das fröhlich-ernsthafte Beisammensein und den Wein besangen, die aber auch dazu aufriefen, sich zu freuen, da das Leben kurz ist.

In einem Vaganten-Bußlied von 1267 kommen bereits die Verse »Vita brevis, brevi finietur« und »Ubi sunt, qui ante nos in hoc mundo fuere« vor. Und aus dem 16. Jahrhundert ist ein Frühlingslied »Gaudeamus igitur« bekannt.

In der jetzigen Form ist dieses Lied seit 1791 belegt, als der verbummelte Magister Christian Wilhelm Kindleben (1748–1795) das erste deutsche Studentenliederbuch herausbrachte. Der schlechte Ruf, den Kindleben genoß, dürfte der Grund gewesen sein, sein Buch zu verbieten und ihn von der Universität Halle zu vertreiben. Er starb 37jährig als gescheiterter Literat. Immerhin verdanken wir diesem wenig angesehenen Herrn Magister ein klassisches Lied, das noch heute zur Festkultur akademischer Feiern gehört.

Die Schwermütigkeit des »Gaudeamus igitur« verweist aber auch auf die stete Wanderschaft, auf der sich der Mensch befindet und die früher das Leben der Studenten prägte.

Das »Gaudeamus igitur« ist geradezu ein Symbol für die alte, nationenübergreifende Studentenkultur. So wurde um 1875 ein »Czernowitzer Gaudeamus« gesungen. Über Czernowitz fand das »Gaudeamus« Eingang in ganz Südosteuropa. In Rumänien wurde es zur Zeit des kommunistischen Systems sogar durch eine proletarische Strophe ergänzt: »Vivat alma patria, novus ordo rerum! Vivat proletaria vis, quae regit omnia, vivant et primores!« (Es lebe das nährende Vaterland, die neue Ordnung der Dinge! Es lebe die proletarische Kraft, die alles beherrscht, es leben auch die Führer!)

Das »Gaudeamus igitur« ist mit der vagantischen studentischen Kultur verbunden.

Ich erwähnte schon, daß zahlreiche deutsche Dichter des 18. und 19. Jahrhunderts nicht nur auf die Lieder der alten Vaganten zurückgriffen, sondern mit ihnen auch das Leben des »braven Bürgers« einer Kritik unterzogen.

Eine solche Kritik zeigt sich auch in dem Lied »O alte Burschenherrlichkeit«, in dem es u. a. heißt: »Wo sind sie, die vom breiten Stein nicht wankten und nicht wichen, die ohne Moos bei Scherz und Wein dem Herrn der Erde glichen ...« Der Student weigerte sich, vom Bürgersteig, dem »breiten Stein«, in den Dreck der Straße zu steigen, wenn ihm ein »braver Bürger« begegnete. Der Bürger war es, der ausweichen mußte.

Der Student stellte sich so über den Bürger und identifizierte sich mit all denen, die der Bürger ablehnte: mit den Vaganten, den Herumziehern. Und tatsächlich bestanden ja enge Kontakte zwischen dem wenig angesehenen Volk der Vaganten und den Studenten.

Auf die alte Tradition der Fahrenden berief sich um 1826 auch Joseph von Eichendorff mit seinem Lied von den »Prager Musikanten«, das ich hier wiedergeben will, da es die Kultur der Vaganten zu beschreiben versucht:

»Nach Süden nun sich lenken die Vöglein allzumal,
viel Wand'rer lustig schwenken die Hüt' im Morgenstrahl.
Das sind die Herrn Studenten, zum Tor hinaus es geht,
auf ihren Instrumenten sie blasen zum Valet, zum Valet.
Ade in die Läng und Breite, o Prag, wir zieh'n in die Weite!
Et habeat banam pacem, qui sedet post fornacem.
(Es habe seine Ruhe, wer hinterm Ofen sitzt.)
Nachts wir durchs Städtlein schweifen, die Fenster schimmern weit,
am Fenster dreh'n und schleifen viel schön geputzte Leut'.
Wir blasen vor den Türen und haben Durst genug;
das kommt vom Musizieren; Herr Wirt, ein' frischen Trunk!

Und siehe, über ein kleines mit einer Kanne Weines
venit ex sua domo, beatus ille homo.
(... kommt aus seinem Haus jener gute Mann heraus.)
Nun weht schon durch die Wälder der kalte Boreas,
wir streichen durch die Felder, von Schnee und Regen naß;
der Mantel fliegt im Winde, zerrissen sind die Schuh',
da blasen wir geschwinde und singen noch dazu:
Beatus ille homo, qui sedet in sua domo et sedet Post fornacem
et habeat post bonam fornacem.
(Glücklich jener Mann, der in seinem Haus hinter dem Ofen sitzt und
seine gute Ruhe hat.)«

In Anlehnung an die alte Kultur der Vaganten oder vagierender Musikanten besingt Eichendorff hier musizierende umherziehende Studenten, die mit ihren Blasinstrumenten durch Stadt und Land ziehen und sich durch ihre Musik offenbar ein paar Geldstücke für einen guten Trunk erarbeiten.

Ähnliches geht auch aus einem Lied von Wilhelm Müller, gedichtet um 1820, hervor:
»Mit der Fiedel auf dem Rucken, mit dem Käppel in der Hand,
zieh'n wir Prager Musikanten durch das weite Christenland.
Unser Schutzpatron im Himmel ist der heil'ge Nepomuk,
steht mit seinem Sternenkränzel auf der Prager Bruck.
Als ich da vorbeigewandert, hab ich Reverenz gemacht,
ein Gebet ihm aus dem Kopfe ganz bedächtig hergesagt.
's steht also in keinem Büchel, wie man's auf dem Herzen hat:
Wanderschaft mit leerem Beutel und ein Schätzel in der Stadt!
Wenn das Mädel singen könnte, wär's gezogen mit hinaus,
doch es hat 'ne heisre Kehle, darum ließ ich es zu Haus.
Ei, da gab es nasse Augen, 's war mir selbst nicht einerlei,
sprach ich, 's ist ja nicht für ewig, schönstes Nannerl, laß mich frei. ...
Wenn ich aus der Fremde komme, spiel' ich auf aus andrem Ton,
abends unter ihrem Fenster, Schätzel, Schätzel, schläfst du schon?

I. Rotwelsch und die Geschichte der Gauner, Dirnen und Vagabunden

Hoch geschwenkt den vollen Beutel, das gibt eine Musika!
's Fenster klirrt, es rauscht der Laden, heilige Cäcilia!
All ihr Prager Musikanten, auf, heraus mit Horn und Baß,
spielt den schönsten Hochzeitsreigen, morgen leeren wir ein Faß!«

Der Prager Musikant ist also vagabundierend zu gutem Geld gekommen, das ihm nun erlaubt, mit seiner geliebten Freundin, die angeblich eine heisere Kehle hat, eine prachtvolle Hochzeit zu feiern.

In beiden Liedern wird auf den heiter musizierenden Vagabunden verwiesen, der dank seiner Kunststücke seinen Lebensunterhalt finanziert.

Dieser mit Musik verbundene Geist vagabundierender Leute wurde nicht umsonst in der Zeit der Romantik vor 1848 besungen, als man sich im Metternichschen System einer umfassenden staatlichen Kontrolle ausgeliefert sah. Der Vagabund wurde so zu einem Symbol der Freiheit (siehe das vorhergehende Kapitel), durchaus in der Tradition der alten Studenten, die in ihrem Vagantentum eine Kritik an der Engstirnigkeit des »braven Bürgers« sahen.

Zu jenen Dichtern, die sich im vorigen Jahrhundert, als man für die Freiheit auf die Barrikaden stieg, in ihren Liedern mit diesen Leuten beschäftigten, gehörte auch Nikolaus Lenau, der in seinem Gedicht »Die drei Zigeuner« Gefühl und Bewunderung für die Fahrenden zeigt:

»Drei Zigeuner fand ich einmal
Liegen an einer Weide ...
Hielt der eine für sich allein
In den Händen die Fiedel,
Spielte, umglüht vom Abendschein,
Sich ein feuriges Liedel.
Hielt der zweite die Pfeif im Mund,
blickte nach dem Rauche,
Froh, als ob er vom Erdenrund
Nichts zum Glücke mehr brauche.

> Und der dritte behaglich schlief,
> Und sein Zimbal am Baum hing ...
> An den Kleidern trugen die drei
> Löcher und bunte Flicken,
> Aber sie boten trotzig frei
> Spott den Erdengeschicken.
> Dreifach haben sie mir gezeigt,
> Wenn das Leben uns nachtet,
> Wie man's verraucht, verschläft, vergeigt
> Und es dreimal verachtet.«

Ein anderer Dichter mit Sympathie für die Vaganten war Joseph Viktor von Scheffel, der Heidelberger Dichter, der sich intensiv mit der alten Vagantenpoesie der »Carmina Burana« beschäftigt hat und dessen Lieder zu bekannten Studenten- und Wanderliedern wurden, wie zum Beispiel sein Frankenlied »Wohlauf, die Luft geht frisch und rein, wer lange sitzt, muß rosten.« Dieses Lied schildert einen Vaganten, der schließlich zu einer Einsiedelei gelangt und dort den frommen Einsiedler vermißt, der »derweil bei einer schönen Schnittrin« steht. In dem Lied heißt es dann: »Hurra, die Pforten brech ich auf und trinke, was ich finde. Der heil'ge Veit von Staffelstein verzeih mir Durst und Sünde.«

Scheffel bezieht sich in anderen Liedern ausdrücklich einige Male auf die »Carmina Burana« (siehe z. B. Viktor von Scheffel, S. 149ff.). Sein weiter, weltbürgerlicher vagantischer Geist ließ Scheffel, den fahrenden Studenten aus Heidelberg, weit zu Fuß umherziehen. Dieser Geist zeigt sich auch in folgender seiner Sentenzen:

»Stoßt an: Ein Hoch dem deutschen Reich! An Kühnheit gleich, mög's täglich neu sich stärken. Doch Gott behüt's vor Klassenhaß und Rassenhaß und derlei Teufelswerken.«

Eine besondere Vorliebe für die Leute am Rande der Welt des »guten Bürgers« scheint der bereits erwähnte Hoffmann von Fallersleben gehabt zu haben.

Er entstammt derselben romantischen Tradition, vor der auch Eichendorff, Wilhelm Müller, dessen Lieder von Schubert vertont wurden, und Viktor von Scheffel zu begreifen sind. Man sympathisiert mit den kleinen umherziehenden Ganoven und erfreut sich an der angeblichen Freiheit dieser Leute und deren Ungebundenheit gegenüber der Seßhaftigkeit jener Menschen, die in bravem Gehorsam ihrer Pflicht nachkommen.

Daß Hoffmann von Fallersleben, der im Frühjahr 1816 auf der Hannoverschen Landesuniversität mit dem Theologiestudium begann und sich anschließend der Philologie zuwandte, eine große Sympathie für das fahrende Volk hegte, zeigt sich darin, daß er selbst viel wanderte und nicht wenige Lieder über das Wandern verfaßte. Zum Studium der deutschen Sprachwissenschaft wurde August Heinrich Hoffmann, wie er eigentlich heißt, von keinem Geringeren als von dem großen Germanisten Jakob Grimm angehalten, der wohl auch Interesse an der Sprache des fahrenden Volkes hatte und den Hoffmann auf seiner Wanderung »über Kassel ins Waldeckesche, von da durch den Thüringerwald nach Jena, dann Magdeburg und endlich durch die Heimat nach Göttingen zurück« kennenlernte (Köhler, 1990, S. 8).

Hoffmann von Fallersleben setzte 1819 bis 1821 in Bonn sein Studium der deutschen Philologie fort. Er befaßte sich nicht nur mit den alten deutschen Mundarten, dem Angelsächsischen, Skandinavischen und Englischen, sondern auch mit deutschen Sagen und Märchen.

Sein revolutionärer Geist wurde in dem Lied für Jakob Grimm, den er als von der deutschen Aristokratie mißachtet sieht, deutlich:

»Wenn es unsre Fürsten wüßten,
Was er tat fürs Vaterland,
Legionen Orden müßten
Längst schon schmücken sein Gewand.
Und was ward im Vaterlande
Ihm doch für ein Ehrenlohn?

In den Liedern der Studenten

Nur zu Deutschlands Spott und Schande
Frankreichs Ehrenlegion.«

Hier demonstrierte Hoffmann von Fallersleben seinen weiten Geist und seine Sympathie für den Mann, der sich in geradezu vagantischer Manier darangemacht hatte, in Deutschland nach dem »Schatz der kleinen Leute«, den Märchen, zu suchen.

Hoffmann von Fallersleben, der 1830 Professor in Breslau wurde, begann Volkslieder zu sammeln und bekannte sich zum »Jungen Deutschland«. Er fühlte sich dem fahrenden Dichter Walther von der Vogelweide verbunden und dichtete – so sehe ich es – in dessen Sinn das Deutschlandlied als das Lied eines fahrenden Gesellen, der seine Heimat liebt und dem der Wein schmeckt. Hoffmann von Fallersleben war ein Demokrat, der dem alten Adel kritisch gegenüberstand und sich für die Rechte des kleinen Mannes einsetzte. Er wurde als gefährlicher Dichter betrachtet und vom preußischen Staat entlassen. Als politisch Verfolgter wurde er durch die hannoveranische Polizei aus seinem Heimatort Fallersleben verjagt. Ab 1842 begann er ein unstetes Wanderleben von Ort zu Ort. In diese Zeit fiel sein beginnendes Interesse für die Sprache des fahrenden Volkes und der Gauner. Hoffmann gab in den fünfziger Jahren das »Weimarsche Jahrbuch« heraus, in dem er sich zunächst eher unpolitisch der »Deutschen Sprache, Literatur und Kunst« widmete.

Die »Freiheit« der Fahrenden hatte es Hoffmann von Fallersleben angetan, und geradezu schwärmerisch berichtete er über die »fahrend Schüler«, wie sie im »Liber Vagatorum« beschrieben werden. Hoffmann von Fallersleben beschrieb romantisierend das Leben der Vagabunden und Ganoven. Ich nehme an, daß er bei seinen Wanderungen durch Deutschland enge Kontakte zu fahrenden Ganoven und »Spitzbuben« gehabt hat. Vielleicht inspirierten sie ihn, selbst ein Gedicht in der Gaunersprache, dem Rotwelsch, zu verfassen. Dieses Gedicht ist im »Weimarschen Jahrbuch« von 1854 veröffentlicht worden und lautet:

I. Rotwelsch und die Geschichte der Gauner, Dirnen und Vagabunden

Keris her! Jetzt laßt uns schwadern	(Wein her! Jetzt laßt uns saufen
Um den Funken in der Schwärz	Um das Feuer in der Nacht!
Keris ströme durch die Adern	Wein ströme durch die Adern
Und voll Keris sei das Herz!	Und voll Wein sei das Herz!
Keris her! und laßt sie schlafen,	Wein her! und laßt sie schlafen,
Schreiling, Mussen, Sonz und Hauz!	Kind, Frauen, Edelmann und Bauer!
Keris her! wir wollen bafen.	Wein her! wir wollen zechen,
Weckt uns doch kein Holderkauz.	Weckt uns doch keine Eule.)

(Hoffmann von Fallersleben, 1854, S. 342)

Auf alter vagantischer Tradition beruht auch das von Studenten viel gesungene »Vale Universitas« von Ottokar Kernstock, der Bergpriester in der Steiermark war und von den frühen Sozialdemokraten noch als »Friedensdichter« geachtet wurde. Dieses Lied spiegelt in romantisierend-verklärender Weise das Leben der Landstraße mit ihren herumziehenden Studenten wider. Zwei Strophen seien daraus zitiert:

»Vale universitas, Bursa und Taverne!
Blumen dringen durch das Gras,
und uns lockt die Ferne.
Zwar faßt unser fahrend Gut
leicht ein winzig Tüchlein,
doch was schadt's
was not uns tut,
schafft das Zaubersprüchlein:

Sumus de vagantium	(Wir sind vom zu lobenden
ordine laudando,	Orden der Vaganten und
petimus viaticum	bitten um eine Weg-
paro properando	zehrung und gehen schnell
Und wenn ab das Glück sich kehrt,	weiter.)
unsre Wangen blassen,	
der, der junge Raben nährt,	

In den Liedern der Studenten

wird uns nicht verlassen.
Steht sein Bild am Straßenrand,
traut im Tannenreise,
grüßen wir's mit Mund und Hand,
und dann flehe wir leise:
Sumus de vagantium ...«

Fahrende Gaukler und Musiker –
Das Überleben auf der Straße

Um auf den Straßen zu überleben, entwickelte das fahrende Volk schon seit Urzeiten die verschiedensten Strategien. Seine Mitglieder wurden zu Künstlern der Straße und Musikanten.

Die Geschichte der fahrenden Gaukler und Musiker ist ähnlich lang wie die der Kaufleute und Dirnen. Ihr Spektrum ist weit: Es reicht von Leuten, die auf den Straßen oder in Wirtshäusern musizieren, bis hin zu jenen Künstlern, die auf Königshöfen oder in modernen Konzertsälen Musikstücke gegen gutes Geld zum besten geben. Der Unterschied zwischen ihnen ist ein bloß graduelle. Die wohl ältesten Berichte über fahrendes musizierendes Volk stammen von den Sumerern. Als Spielleute erzählten sie von Göttern und Helden. Sie zogen von Haus zu Haus, von Stadt zu Stadt, um ihre Lieder vorzutragen. Dafür gab es einen guten Braten, einen kräftigen Trunk, etwas Geld und Applaus. Wir wissen von diesen Leuten durch Tontafeln, auf denen bereits aus der Zeit um 2000 v. Chr. über ihr Leben berichtet wird (Chiera 1941, S. 85ff.).

Eigentlich waren es kultische Ereignisse, bei denen Gaukler zum ersten Mal auftraten. Die heutigen Kirchweihfeste erinnern daran. Tatsächlich waren den alten Kultanlagen, wie z. B. Olympia oder Stonehenge, »Rummelplätze« angeschlossen. Es ist anzunehmen, daß als erste Schausteller Leute auftraten, die sich dem Publikum tanzend präsentierten. Von Fechtern, reisenden Schauspielern, Leuten, die Possen reißen, Schwänke und Späße aufführen, mit Puppen spielen oder dressierte Tiere vorführen, berichten römische Autoren (a. a. O., S. 12).

Gaukler und Musikanten haben also ihre Wurzeln in vorchristlicher Zeit. Auch fahrende Frauen traten auf, die als Tänzerinnen, Sängerinnen, Flöten- und Paukenspielerinnen die Zuschauer zu erfreuen suchten (a. a. O.).

Gaukler nützten und nützen Zusammenkünfte aller Art, wie

Schützen- und Kirchweihfeste, um Geld zu verdienen. So wurden auf der Leipziger Ostermesse des Jahres 1630 folgende Spezialisten beobachtet: ein Vater mit sechs Kindern, die mit Laute und Geige musizierend auftraten, ein Weib, das mit den Füßen nähen, schreiben und essen konnte, ein voll behaartes und bärtiges einjähriges Kind, Seiltänzer, Feuerfresser, starke Männer, Taschenspieler und Bänkelsänger (Heigl, 1987).

Die wahren Nachkommen dieser alten fahrenden Tänzer, Sängerinnen und Musikanten sind heute jene Leute, die auf den Plätzen der Städte ihre musikalische Kunst vorführen und auf zugeworfene Geldstücke warten. Sie wollen überleben und bieten etwas an, um entsprechend entlohnt zu werden. Im Sinne des Grundsatzes der Gegenseitigkeit wird gesungen und musiziert, wobei zu Recht eine Gegengabe erwartet wird. Der Unterschied zum echten Bettler besteht darin, daß dieser um eine »milde« Gabe bittet, ohne etwas dafür anzubieten. Sie gleichen sich aber insofern, als beide von der Gunst gütiger Spender abhängig sind, um überhaupt überleben zu können. Bettelnde und musizierende Vagabunden sind schlußendlich Reisende, die auf der ständigen Suche nach einem »gelobten Land« sind, also einem Ort, an dem es sich für kurze Zeit angenehm leben läßt. Dieser Ort kann ein Marktplatz, ein städtischer Hinterhof oder ein Gasthaus sein.

Gerade in schlechten Zeiten waren und sind sie unterwegs und füllen die Straßen. Die Straße war die Heimat der vagabundierenden Spielleute, sie führte zu Bauern und anderen dankbaren Zuhörern, vor denen sie bettelnd musizierten.

Obwohl musizierende Vagabunden sich selbst wohl niemals als Bettler sehen – es ist unvorstellbar, einen Walther von der Vogelweide als bettelnden Sänger zu betrachten –, haben sie mit dem klassischen vagabundierenden Bettler etwas Wesentliches gemeinsam: Nach altem Glauben konnte der fremde Vagabund Gott selbst sein – Zeus oder Wotan. Daher war man stets vorsichtig und spendete den Bettlern reichlich, in der Hoffnung, die Spende würde irgendwann einmal vergolten werden. Das bis heute übliche »Vergelt's Gott!« des Bittenden, der etwas bekommen hat, erinnert an diese alte Vorstellung vom Bettler als dem Gott. Seine Qualität erhält allerdings eine Aufwertung, wenn er auch etwas anbieten kann: Gaukeleien oder eben Musikantenkunst.

Erweist sich der Bettler aber als ein übler Schnorrer, der sich aufdringlich und wenig ehrerbietig gebärdet, so verliert er seine Göttlichkeit, und ihm wird die Tür gewiesen. Denn er nimmt demjenigen, den er um eine Gabe anfleht, seine Ehre, die darin besteht, daß er aus freien Stücken und aus eigenen Gefühlen heraus zum geachteten Wohltäter wird. Es ist also Achtung, die der Gebende für sich erwartet. Wird sie ihm nicht gegeben, so verliert für ihn sein Geschenk an Wichtigkeit und er fühlt sich mißachtet, hineingelegt oder gedemütigt. Für den Bettler ist es nicht leicht, die Rolle des ergebenen Bittenden durchzuhalten. Es ist eine Gratwanderung, auf der er sich befindet, denn nur allzu leicht mag er als aufdringlich angesehen werden.

Bietet er jedoch kleine Dienste an, wie Schuheputzen am Rande der Straße, Zaubereien oder Musik und Gesang, so erhält er eine Qualität, die ihn über den »normalen« Bettler hinaushebt, da er für eine »milde Gabe« eine Gegenleistung erbringen kann. Die große Aufgabe des auf die Güte eines Spenders angewiesenen – bettelnden oder musizierenden – Vagabunden ist es, dem Gebenden seine Dankbarkeit solcherart zu demonstrieren, daß dieser von seiner Edelmütigkeit eingenommen und stolz darauf ist. Der Vagabund vermittelt ihm so das Gefühl, ein wertvoller Mensch zu sein. Die klassischen Musikanten wissen dies auch, ebenso wie die heutigen Vagabunden der Großstadt. Schließlich ist die Übergabe des Geldes auch von hoher Symbolkraft, denn dem Spielmann oder auch dem Bettler wird so nicht nur materiell Gutes getan, sondern er sieht sich auch in seinem Tun gerechtfertigt (s. u.).

Der Werkelmann Franz Schuch und der Grundsatz der Gegenseitigkeit

Mit der Kultur der Fahrenden ist also das Prinzip des Gebens und Nehmens, des »do, ut des« – »ich gebe, daß mir gegeben werde« – verbunden. Dieser Grundsatz der Gegenseitigkeit bestimmt das Leben der Gaukler und Musikanten.

Dadurch, daß der Gaukler oder der Musikant etwas anbietet, ist er kein reiner Bettler mehr. Ich sprach darüber mit dem Wiener Werkelmann Franz Schuch, der während der Sommermonate 1998 im Zentrum Wiens am Stock-im-Eisen-Platz seine Drehorgel betätigte.

Den Begriff Bettler lehnt Franz Schuch für sich mit aller Vehemenz ab, denn er hat etwas anzubieten. Und das weiß er. Daher spricht er bei seiner Tätigkeit von einem Geschäft, das er jeden Tag gegen 10 Uhr vormittags »aufsperrt«, wenn er seine Drehorgel zu seinem Platz in der Wiener Innenstadt schiebt, und das er um 16 Uhr wieder »schließt«, wenn er abzieht.

Tatsächlich ist es auch eine Dienstleistung, die er anbietet und die nach Belieben der Vorbeischlendernden honoriert wird. Er arbeitet, allerdings unverlangt, und es ist kein leichtes Geschäft, dem er in der Öffentlichkeit des Platzes nachgeht. Er dreht die Kurbel seines Werkels, aus dem die »Wacht am Rhein«, ein österreichischer Landler und das heitere Wienerlied »Wien, Wien, nur du allein!« tönen.

Eigentlich ist Franz Schuch Schauspieler und er mußte das Geschäft des Werkelmanns erst erlernen. Ein Kollege, ein Fiakerfahrer, machte ihn darauf aufmerksam, daß es nicht genügt, bloß die Kurbel zu drehen und darauf zu warten, daß ihm jemand ein Geldstück gibt. Er müsse vielmehr mit einem »guten Schmäh« die Passierenden ansprechen und auf sich aufmerksam machen. Dann würden die Leute auch gerne geben. Er müsse gut »webern«, wie in der Sprache der Gaukler und Musiker das freundliche Ansprechen der Umstehenden und Vorbeigehenden genannt wird. Das »Webern« beherrscht Franz Schuch inzwischen. Dazu gehört auch, daß er es sich nicht gefallen läßt, unentgeltlich photographiert zu werden. Tut es jemand doch, so bittet er diesen unmißverständlich und eindringlich, einige Schillinge in seine Geldschale zu werfen.

Es ist eine Art Theater, das hier von Franz Schuch aufgeführt wird, zu dem seine besondere Kleidung mit einer karierten Hose, einer mit Leder besetzten Weste, ein Mascherl um den Hals und auf dem Kopf eine Melone gehören.

Im Stil der alten Musikanten beharrt Franz darauf, daß der Zahlungswillige die Geldstücke, die er geben will, ihm nicht in die Hand drückt, sondern in eine dafür vorgesehene Schale oder in einen Hut legt. Würde er das Geld mit seiner Hand entgegennehmen, so würde dies Unglück bedeuten, wie ihm musizierende Zigeuner erzählten. Am Ende seines Arbeitstages bringt Franz Schuch die erarbeiteten Geldstücke in eine nahe gelegene Wechselstube, um sie in Geldscheine umzutauschen.

Vom Magistrat der Stadt Wien hat Franz Schuch die Erlaubnis, sein »Dienstleistungsgewerbe« auszuüben. Allerdings ist die Erlaubnis nur auf bestimmte Teile des Platzes beschränkt, das Musizieren in unmittelbarer Nähe des Stephansdomes ist verboten.

Um als Werkelmann erfolgreich agieren zu können, benötigt Franz einiges Wissen und eine Vielzahl von Strategien, denn er muß die Aufmerksamkeit der Vorübergehenden erheischen. Zu dieser Kunst gehört das Bedanken. Ist Franz mit dem verabreichten »Honorar« zufrieden, so greift er zum Hut und zieht ihn ehrerbietig und tief vor dem Spender. Ist jedoch die Geldgabe minimal, so lüpft er – mehr oder weniger in Mißachtung – diesen bloß ein klein wenig. Die Passanten sollen also zum Verweilen angelockt und überzeugt werden, der Musikant müsse für seine Darstellung honoriert werden. Dies zu erreichen, ist die Kunst des Werkelmanns, der kein Bettler ist, sondern jemand, der etwas angeboten und somit ein Recht auf Gegengabe hat.

In diesem Sinn verstehe ich auch jene Menschen, die in der Zeit der Armut, wie sie nach dem Zweiten Weltkrieg bis in die fünfziger Jahre fortdauerte, in den Hinterhöfen der Städte ihre Lieder vortrugen. Ich erinnere mich gut an diese Leute, die oft zu zweit oder zu dritt im Hof des Hauses, in dem ich in Untermiete bei einer alten Dame lebte, in einem Halbkreis Aufstellung bezogen und irgendein bekanntes Lied trällerten. Ihr Gesang war nicht unbedingt ausgefeilt, und ihre Lieder waren eher von der simplen Art, wie Wanderlieder oder Soldatenlieder. Bei ihren Gesangsvorstellungen blickten die Sänger mit flehendem Blick nach oben zu den Fenstern. Aus einigen wurden nach der Beendigung des künstlerischen Vortrages in Zeitungspapier eingewickelte Groschen oder Schillingmünzen hinabgeworfen. Es mag sein, daß die Geldspendenden hofften, die »fahrenden Sänger« würden so bald das Weite suchen. Nach dem Empfang des Geldes sahen diese sich nicht bloß genötigt, sondern auch berechtigt, sich zurückzuziehen. Jedenfalls waren sie keine bloßen Bettler, vielmehr wurden sie durch die Entgegennahme des Geldes geradezu zu Geschäftsleuten, die ein mehr oder weniger gutes Geschäft abgeschlossen hatten, ohne sich als Person degradiert zu sehen. Eine ähnliche Funktion spielt das Geld auch für andere Gaukler und für Prostituierte. Sie alle bieten sich mit Charme, Witz und einigem Können geschickt gegen Geld an. Ihr Bemühen um Kunst soll entlohnt werden. Das wissen auch die heutigen Vagabunden der Großstadt.

Der Gaukler und vagabundierende Musikant bietet Außeralltäglichkeit an. Sein Geschäft liegt darin, daß er dem Trott des täglichen Einerlei, dem der »brave Bürger« unterworfen ist, etwas entgegensetzt, das diesen zumindest für einen Moment in eine andere Welt versetzt.

Ihre Außeralltäglichkeit ist das Kapital dieser Menschen. Und deswegen werden sie von den staunenden Seßhaften beklatscht und bezahlt.

Die Pilger-Kultur der Bettler, Ganoven und Scheinheiligen

Auch Pilgersleute gehörten, ebenso wie Bettler und andere Fahrende, zum Leben auf den mittelalterlichen Straßen, für sie baute man Pilgerhäuser und Pilgerhospize. Man wollte es den frommen Leuten leicht machen, zu dem Bestimmungsort ihrer heiligmäßigen Wallfahrt zu gelangen. Vielleicht hoffte man, selbst etwas von dem Segen, der den braven Pilger umgibt oder den er sich erhofft, zu erhaschen. Wenn man es geschickt einzurichten wußte, konnte man als Pilger also gut leben.

Der erfahrene Pilger verfügte daher über ein breites Wissen, das ihm half, als frommer Wallfahrer erkannt und verköstigt zu werden. Da Pilgerschaft ein angenehmes, oft fröhliches und trinkfreudiges Leben versprach, nimmt es nicht wunder, daß auch vagabundierendes Volk bald jene Tricks und Strategien beherrschte, um als echte Pilger zu gelten, die man in jeder Hinsicht unterstützen müsse. Ein eigenes Gesetz, die »Lex peregrinorum«, gewährte darüber hinaus den Pilgern Schutz und einige Vorteile. Dies wußten die Vagabunden des Mittelalters, zu denen auch größere Gauner gehörten, und mischten sich unter die nach Rom, Santiago de Compostela, Jerusalem oder sonstwohin pilgernden Menschen.

Ein Autor schreibt daher, daß die Geschichte der Pilgerschaft zugleich eine Kriminalgeschichte ihrer Zeit sei (Carlen, 1987, S. 221). Und tatsächlich war auch wildes Volk pilgernd unterwegs, entweder, um als wegen eines Deliktes Verfolgte am Pilgerstab nicht erkannt zu werden – man denke hier an König Richard Löwenherz –, oder um sich auf diese Weise schnell und bequem dem Ziel der geplanten Schurkerei zu nähern. Der »gute Bürger« war daher vorsichtig gegenüber dem Pilger. Deshalb unterscheidet eine spanische Quelle um 1600 fünf Hauptgruppen sogenannter Pilger: 1. Pilger, die diesen Namen wirklich verdienen, 2. Landstreicher und Vagabunden, 3. Landarbeiter aus Südfrankreich, 4. französi-

Die Pilgerkultur

sche Hausierer und 5. Ketzer. Von diesen Ketzern kämen die Wohlhabenden aus Neugier nach Spanien, um dieses Land zu sehen, und die Ärmeren als Spione in Pilgerkleidung (a. a. O.).

Man fürchtete speziell jene als Pilger verkleideten Leute, die revolutionäres Gedankengut durch die Lande trugen. Pilger dieser Art wußten sich auch trefflich zu verkleiden. So wird berichtet, daß elsässische Mitglieder der Bundschuhbewegung von 1517 ihre revolutionären Absichten dadurch tarnten, daß sie an ihren Hüten Bilder der heiligen Odila und Unserer lieben Frau von Einsiedeln, das für die Elsässer ein beliebtes Wallfahrtsziel war, anbrachten (a. a. O., S. 222).

Daß der Ruf der Pilgersleute denkbar schlecht war, zeigt sich schließlich darin, daß 1503 der Rat von Santiago de Compostela feststellte, unter dem Deckmantel der Pilgerschaft würden sich Spitzbuben, Betrüger und Taugenichtse herumtreiben. Deshalb verbot der Rat den Pilgern, sich länger als drei Tage in der Stadt aufzuhalten, es sei denn, sie könnten nachweisen, daß sie aus Geschäfts- und anderen Gründen in der Stadt bleiben müßten. Jede Übertretung dieser Bestimmung wurde mit 30 Tagen Gefängnis bedroht, und jene, die als falsche Pilger entlarvt wurden, hatten noch mit anderen Strafen zu rechnen. Im Jahre 1569 wurde die Vorschrift erneuert. Wer sich länger als drei Tage ohne triftigen Grund in der Stadt aufhielt, wurde für vier Stunden an den Pranger gestellt. Daneben gab es aber auch Vorschriften, die echte Pilger nicht zu bloßen Vagabunden herabwürdigen wollten. So erlaubte der Rat von Valladolid 1523 den Pilgern ausdrücklich, auf dem Pilgerweg um Almosen zu bitten, sie durften jedoch weder nach rechts noch nach links mehr als vier Meilen vom »camino derecha« abweichen. Der Text der Verordnung wurde in den Herbergen und Hospitälern und in der Kathedrale von Santiago angeschlagen (a. a. O., S. 223 f.).

Man befürchtete zu Recht, daß nach außen als brave Pilger erscheinende Wanderer tatsächlich lebensfrohe Vagabunden oder fröhliche Bettler waren.

I. Rotwelsch und die Geschichte der Gauner, Dirnen und Vagabunden

Dies wird auch im 1494 publizierten »Narrenschiff« des Sebastian Brant, das schon in einem obigen Kapitel zitiert wurde, deutlich. In dem Kapitel »Von Bettlern« geht er auch auf die falschen Pilger ein, und zwar auf jene Spezialisten, die sich Jakobsmuscheln – die Symbole der Jakobspilger von Santiago – oder auch andere Zeichen an die Hüte steckten, um den Eindruck zu erwecken, sie seien pilgernd an diesen heiligen Orten gewesen. Es heißt dazu im »Narrenschiff«:

»... Bettler bescheißen jetzt alle Land ...
Der geht auf Krücken im Tageslicht,
Wenn er alleine ist, braucht er sie nicht; ...
Der belädt einen Esel schwer,
Als wenn er St. Jakobs Pilger (!) wär ...«

Pilger erschienen als verdächtig, weshalb man Vorschriften obiger Art erließ. Ausdrücklich wird auch im »Liber Vagatorum« auf die Plage der bettelnden Pilger hingewiesen. Darin werden unter anderem die sogenannten »Dutzern« genannt, die bettelnd durch die Gegend ziehen und erzählen, sie wären auf einer Pilgerfahrt, die sie einem Heiligen gelobt hätten.

Das als Pilger herumziehende Volk lebte von der Gutmütigkeit der Leute. Es gab in den orientalischen Kirchen sogar Spezialisten, die ihr ganzes Leben auf Pilgerschaft waren. Noch um die Mitte des 19. Jahrhunderts zogen in Rußland Leute von einer Wallfahrtsstätte zur anderen, genossen christliche Mildtätigkeit und fristeten so ihr Leben.

Da man meinte, Pilgern grundsätzlich mit Vorsicht begegnen zu müssen, gebot die Tiroler Landesordnung von 1532 den sogenannten »Jakobsbettlern«, also jenen, die erzählten, sie würden nach Santiago pilgern, nur bestimmte Straßen zu benützen (a. a. O., S. 223). Die Pilger gehörten zum Bild der Landstraßen, sie kannten die Tricks des Bettelns, hatten beste Kontakte zu Huren aller Art und beherrschten das Rotwelsch. Und es ist bemerkenswert, daß

Die Pilgerkultur

das Wort »Pülcher«, mit dem heute noch in Wien die kleinen Gauner bezeichnet werden, sich vom Wort »Pilger« ableitet.

Gewisse Strategien der falschen Pilgerschaft werden bis heute angewendet. So wollten um 1992 ein paar Polen als Pilgersleute verkleidet illegal über die Grenze nach Italien ziehen, wobei einer von ihnen ein großes Kreuz trug. Grenzbeamte bemerkten jedoch den Betrug und schickten sie zurück. Jene liebenswürdigen Menschen, die sich heute auf Pilgerschaft begeben, stehen also in der besten Tradition munteren Lebens auf der Straße und in den Herbergen. Damit verbindet sich eine freundliche Beziehung zu allerhand buntem Volk, zu dem Priester, Wirte, aber auch Dirnen gehören mögen. Zur Entstehung des Rotwelsch trugen jedenfalls auch Pilger, echte und falsche, Wesentliches bei.

Der Protestantismus zieht seine Netze enger

Ich habe in den vorhergehenden Kapiteln versucht zu zeigen, wie sich während des Mittelalters so etwas wie eine gemeinsame Kultur der Fahrenden und Ganoven entwickelte. Wir haben gesehen, daß die Fahrenden als einigendes Symbol eine einigermaßen gemeinsame Sprache, das Rotwelsch, besaßen, welches als eine Art Geheimsprache vor allem die Obrigkeiten in Unruhe versetzte.

Nun will ich zeigen, wie die Fahrenden mit dem Aufkommen des Protestantismus, mit dem Entstehen eines kleinbürgerlich engen Denkens, zunehmend in Schwierigkeiten gerieten, das Leben auf der Straße einigermaßen zu meistern.

Die Fahrenden erhielten großen Zulauf aus den Dörfern, von Menschen, die nach Mißernten hofften, in den Städten überleben zu können. (In den Ländern der Dritten Welt spielt sich heute übrigens ein ähnlicher Prozeß ab, wenn, wie in Indien, in Armut lebende Bauern ihre Dörfer verlassen und in den Slums von Bombay untertauchen, um bettelnd und stehlend zu überleben.)

In den Städten trafen sie auf alte Traditionen des Vagabundentums und waren bereit, diese zu übernehmen. Die Städte machten den Bauern »frei« von den Willkürlichkeiten der Grundherren und einer wilden Soldateska, wie sie im Dreißigjährigen Krieg das Land tyrannisierte. In einem Bericht dazu heißt es: »Die armen Landleute, all des Ihrigen beraubt, konnten die Habsucht der unmenschlichen Krieger, unter denen sich besonders die Kroaten, Ungarn, Husaren und die Wallonen oder Niederländer und Italiener durch Grausamkeiten aller Art auszeichneten, längst nicht mehr befriedigen, erlagen unter der Marter derselben und verhungerten oder starben an der Pest oder anderen Seuchen, wenn es ihnen nicht gelang, sich irgendwo, in Wäldern oder anderen Schlupfwinkeln zu verbergen. Die Felder blieben unbebaut und wüst, die leeren Wohnungen der Bauern, wenn sie nicht niedergebrannt wurden, dienten Räubern und Mördern oder Wölfen und anderen Raubthieren zum Aufenthalt ...« (Avé-Lallemant, 1858, S. 190) Die Dörfer wurden menschenleer, und die Straßen füllten sich mit Vaganten aller Art: mit hungernden Bauern, Verfolgten, Hausierern, Juden, Zigeunern und anderen. Für diese Herumziehenden war es wichtig, alle Schlupfwinkel, Fluchtwege und Unterkünfte zu kennen, vor allem in der Gegend, die von ihnen regelmäßig durchwandert wurde, dem sogenannten »Strich«. Zwischen den Vagabunden entwickelte sich dabei eine gewisse Solidarität, ein Zusammengehörigkeitsgefühl. Man wußte, daß man aufeinander angewiesen war, vor allem Auskünfte über Plätze brauchte, an denen man in geeigneter Weise betteln, schlafen oder stehlen konnte. Dieser Weitergabe von Auskünften dienten die sogenannten »Zinken«. Das sind Zeichen, die an Häusern, an Scheunen oder an Wegkreuzungen in Form von Strichen oder strichähnlichen Zeichnungen angebracht werden. Aus diesen können die Nachkommenden die für sie wichtigen Nachrichten ersehen (s. u.). Es ist ein kompliziertes Netz, das Bettler und Vagabunden geschaffen haben und das bis heute in Relikten weiterbesteht. Mit dem Aufkommen des Protestantismus wurden die Leute, denen die Straße die Heimat ist, aber einem besonderen Druck ausgesetzt. Während des Mittelalters hatten die Fahrenden und anderes Volk durchaus ihre soziale Position im gesellschaftlichen Gesamtgefüge. Genauso wie es einen König von Gottes Gnaden gab, gab es den Bettler von Gottes Gnaden, der seinen Platz zwar nicht in Schlössern hatte, aber in der Nähe der Kirchen und auf öffentlichen Plätzen, wo er zu Recht auf Almosen hoffte. Sie standen ihm sogar zu, folgte man den Worten Christi, wonach man den Nächsten genauso lieben solle wie sich selbst. Christus selbst wurde, wenn er mit seinen Jüngern umherzog, zum Vorbild aller Vagabunden, für welche regelmäßige Arbeit eine eher unwillkommene Sache ist. Jesus hielt seine Anhänger eigentlich sogar von der Arbeit ab. So riet er Petrus, das Fischen sein zu lassen, ebenso seine Familie, und ihm zu folgen. Jesus und seine Apostel zogen zum Teil zechend, im Stile der Antike und der alten Vagan-

I. Rotwelsch und die Geschichte der Gauner, Dirnen und Vagabunden

ten, durch das Land. Ging der Wein aus, so wurde er vermehrt, jedoch nicht durch die Last der körperlichen Arbeit. Hier zeigt sich eine gewisse Distanz zur Arbeit – eine solche zeichnet nicht nur Aristokraten aus, sondern eben auch die Vagabundierenden, die sich mitunter selbst als »Fürsten der Landstraße« oder ähnlich titulieren.

Diese traditionsreiche Kultur des Vagabundierens fand nun im europäischen Raum mit dem Aufkommen protestantischer Ideen, vor allem des Calvinismus, ein jähes Ende.

Typisch für den Calvinismus ist die Vorstellung von der »gottgefälligen« Arbeit, die den wahren Christenmenschen auszeichnet. Dieser Forderung nach einer »gottgefälligen« Arbeit konnte jedoch das fahrende Volk, auf das der landbesitzende Adel und das ehrbare Bürgertum mit Hohn und Verachtung herabblickten, nicht nachkommen.

Die Reformatoren, allen voran Martin Luther, waren große Gegner des herumziehenden bettelnden, betrügenden und mit allen möglichen Tricks überlebenden Volkes.

Alle jene, die sich ihr Leben auf der Straße verdienen mußten, sei es als Bettler, Gaukler oder als Dirne, konnten dem Anspruch »braver« Protestanten von der »gottgefälligen Arbeit« nicht entsprechen. Sie wurden immer mehr ins Abseits gedrängt. Das Leben der Fahrenden wurde gefährlich. Man hatte Angst vor ihnen, vor allem vor den Bettlern, und wollte sie reglementieren. Dies deutete sich bereits vor 1500 an. Die Einstellung zum bettelnden Volk der Landstraße hatte sich drastisch geändert. Der Bettler wurde als Landplage empfunden, man sah in ihm nicht mehr bloß den Armen. Dies schlug sich vor allem in den diversen Bettlerordnungen dieser Zeit nieder, so etwa in den Bettlerordnungen der Reichsstadt Augsburg. In der Bettlerordnung von 1459 wurde fremden Bettlern bloß erlaubt, drei Tage in der Stadt zu bleiben. Die Verordnung von 1461 schränkte das Betteln noch weiter ein und verbot fremden Bettlern überhaupt das Betreten der Stadt, soweit es sich nicht um Kranke handelte. Aber auch diese durften nur vier Tage innerhalb eines Vierteljahres in der Stadt betteln. Ähnliche Ausnahmebestimmungen galten außerdem für Pilger und verdächtige Arme. Diese durften drei Tage lang um Almosen betteln (vgl. Jütte, 1980, S. 29ff.). Man unterschied aber bereits im ausgehenden Mittelalter sehr wohl zwischen wirklichen Armen und »starken« Bettlern, also Leuten, die gesund und zu einer Arbeit fähig waren. Letztere hatten wenig Chancen, in einer Stadt die Bettelerlaubnis zu erhalten, ihnen riet man, einer Arbeit nachzugehen (a. a. O., S. 37).

In manchen Gegenden wurden Bettler und ähnliches Volk durch gewisse Zeichen öffentlich stigmatisiert. So mußten Dirnen einen Schleier mit grünem Rand tragen, Juden wurden angehalten, einen Spitzhut oder einen Stern zu tragen, Kriminelle erhielten ein Brandmal, und die Bedürftigen wurden indirekt dadurch gekennzeichnet, daß an sie von der Stadt aus Almosenzeichen mit einer Stilisierung des Stadtwappens ausgegeben wurden. Der fremde und arbeitsscheue Bettler, der ein solches Symbol nicht vorweisen konnte, war somit automatisch diskriminiert (a. a. O., S. 38 f.).

Im ausgehenden Mittelalter verhärtete sich also die Einstellung gegenüber Bettelnden und anderem Volk, und die »gute« Gesellschaft sah sich berechtigt, die Fahrenden zu kontrollieren und zu verdammen.

Diese Tradition der Reglementierung der Bettler und Fahrenden war auch bei den katholischen Regenten Karl VI. und Maria Theresia in den österreichischen Landen sehr wirkungsvoll angelegt. Sie übernahmen das protestantische Prinzip von der »Gottgefälligkeit der Arbeit« und damit die Vorstellung, daß jene, die keiner solchen Arbeit nachgingen, zu disziplinieren seien.

Diese guten katholischen Landesherren ließen daher Landfahrende, Bettler und Dirnen bestrafen, verfolgen und verjagen. Bekannt ist der sogenannte »Temesvarer Wasserschub«, bei dem Wiener Dirnen auf Schiffen die Donau hinab in das Banat gebracht wurden. Was das Abschieben von Menschen anbelangte, waren die österreichischen Regenten überhaupt sehr tüchtig. Sie verbannten nicht nur österreichische Protestanten nach Siebenbürgen, sondern schoben auch regelmäßig Bettler und Landstreicher nach Schwaben ab. Man sprach da von dem sogenannten »Österreicherschub«. Dies erwähnt zum Beispiel Schäffer in seinem »Abriß« 1793. Österreich sollte ein Land der »Anständigkeit« werden.

Karl VI. und Maria Theresia übernahmen also die für die Neuzeit typische Neubewertung der Armut, wobei bettelndes Volk zunehmend als Ärgernis empfunden wurde. Jedoch unterschied man, wie schon erwähnt, zwischen arbeitsscheuen und arbeitsunfähigen sowie zwischen fremden und ortsansässigen Armen.

Die ortsansässigen Bettler waren besser gestellt als die vagabundierenden. Erstmals wurde nun das »Heimatprinzip« betont. In der Polizeiordnung Ferdinands I. von 1552 wurde es bereits für die habsburgischen Erblande in dem Sinn festgelegt, daß die Gemeinden eine gewisse Versorgungspflicht für die in ihrem Bereich geborenen Armen zu erfüllen hatten. Dieses »Prinzip«, gemeinsam mit dem »Heimatrecht«, wurde in Österreich übrigens bis 1938 beibehalten.

Bettler, Zigeuner, Arbeitslose, Hausierer, flanierende Prostituierte und Musikanten litten unter dem Mißtrauen der Obrigkeiten, denn als Vagabundierende waren sie nicht leicht kontrollier- und greifbar. Dem Armutsproblem versuchte man daher, um der Sicherheit willen, mit repressiven Maßnahmen zu begegnen, von denen vor allem die herumziehenden Bettler betroffen waren. Sie waren praktisch »vogelfrei«, konnten von jedem straflos getötet werden. Oft brachte man Bettler mit Kirchendiebstählen, angeblichen Hostienschändungen und anderen magischen Praktiken in Verbindung, weshalb sie oft wegen des Verbrechens der Zauberei vor Gericht gestellt wurden. Unter der Folter gestanden dann fast alle die angelasteten Taten (Valentinitsch, 1992, S. 66).

Typisch für den absolutistischen Staat war, daß man die Armen und Vagabundierenden zu »ehrbaren« Leuten zu machen versuchte. Dem diente die Errichtung von Armenhäusern – 1724 zum Beispiel in Graz –, in das von Amts wegen Invalide, Witwen und Waisen eingewiesen wurden, aber auch die Schaffung von Arbeits- und Zuchthäusern. Die Errichtung von Arbeitshäusern (das erste wurde 1603 im protestantischen Bremen eröffnet) sollte der Idee dienen, Leute des fahrenden Volkes zu »bessern« und auf den »rechten Weg« zu führen, eine Absicht, die bis in dieses Jahrhundert den Kontakt zu den Vagabunden bestimmen sollte. So konnte in Österreich bis in die siebziger Jahre hinein jeder, der keinen Beruf nachzuweisen vermochte und der Landstreicherei verdächtig war, in ein Arbeitshaus eingewiesen werden, meist in Verbindung mit einer Verurteilung zu einer Gefängnisstrafe. Man sprach unter Ganoven damals vom »kleinen Binkl«, wenn es zwei Jahre Aufenthalt im Arbeitshaus waren, und vom »großen Binkl«, wenn der Betreffende für vier Jahre ins Arbeitshaus mußte. In diesen Anstalten sollten nicht nur straffällig Gewordene festgehalten werden, sondern überhaupt Leute, die man durch regelmäßige harte Arbeit »bessern« wollte. Auch die Fahndungsmethoden, um die »unanständigen« Vagabunden zu fassen, wurden wirksamer; so wurden richtige Treibjagden nach fahrendem Volk durchgeführt. Die aufgegriffenen Personen wurden nach kriminellen Taten verhört; konnten solche nicht nachgewiesen werden, wurden sie rigoros in ihre »Heimat« abgeschoben.

Bei diesen Bettlerjagden machte die Bevölkerung, vor allem die Bauern, eifrig mit.

Typen der Bettler und Ganoven – ihre Tricks

Um zu überleben, entwickelten die Fahrenden spezielle Tricks der Bettelei, die teilweise bis in die Antike zurückzugehen scheinen (vgl. Weiler, 1988). Gewisse Tricks wurden bis in unsere Tage weitergetragen. Heute sind es vor allem Leute aus den früheren Oststaaten, die sich nach dem Aufbrechen der Grenzen von 1989 in den Ländern des Wohlstandes oft sehr intensiv der Bettelei widmen.

In den alten Büchern über Gauner und Bettler finden sich nicht nur Vokabulare des Rotwelsch, sondern auch Typologien des Bettelns und der Bettler, darunter auch in dem berühmten »Liber Vagatorum«. Dieses Buch der Vaganten gibt einen guten Einblick in die Schlauheit der Bettler und in die Vielzahl ihrer Tricks, die sogar dem ernsthaftesten Wissenschafter ein Lächeln abringen. Es besteht aus drei Teilen:

Der erste Teil des »Liber Vagatorum« erzählt von den »Nahrungen«, der Art des Broterwerbs der Bettler und Ganoven, und kommt auf 28 Tricks; der zweite Teil bezieht sich auf allerlei betrügerische Vorkommnisse, und im dritten Teil finden wir schließlich ein Vokabular der Gaunersprache. Für uns ist in diesem Zusammenhang vor allem der erste Teil wichtig. In meinen folgenden Ausführungen orientiere ich mich an der neuhochdeutschen Übersetzung des in Mittelhochdeutsch verfaßten »Liber Vagatorum«, wie sie in dem Buch von Boelmke und Johannsmeier (Das Buch der Vaganten, 1987) wiedergegeben ist.

Vorab sei festgehalten, daß dieses Vagantenbuch vom Text her nicht zum stillen Lesen, sondern zum lauten Vortrag gedacht ist, weshalb sich zu den hochdeutschen Wörtern auch typische Rotwelsch-Wörter gesellen, etwas, das den Zuhörern wohl gefallen und zur Spannung beigetragen haben mag.

Ich werde mich nun einzelnen Tricks oder Strategien widmen, mit denen die Bettler der frühen Neuzeit den »guten Bürger« hereinzulegen versuchten. Dabei werde ich die wichtigsten Betrachtungen der einzelnen Kapitel wiedergeben, gemeinsam mit den Ratschlägen des »Liber Vagatorum«, wie man sich den verschiedenen Bettlertypen gegenüber zu verhalten habe. Es handelt sich dabei um keine wörtliche, sondern um eine sinngemäße Wiedergabe des »Liber Vagatorum«, die den Leser in die Welt dieses Buches und der Ganoven einführen soll. Eine wörtliche Wiedergabe würde eher Verwirrung stiften. Und außerdem denke ich, daß die im Vagantenbuch aufgezählten Tricks auch für die heutige Situation höchst interessant sein mögen, denn einige davon haben sich, wie wir sehen werden, bis heute erhalten.

Als erster Bettlertyp werden die »*Bregern*« angeführt. Hier handelt es sich um die klassischen Bettler, die bescheiden auftreten und für Gottes Lohn um ein Almosen bitten. Ihnen ist das Betteln unangenehm, und sie zeigen sich sogar bereit zu arbeiten. Nach dem »Liber Vagatorum« könne man diesen Bettlern beruhigt etwas geben. Im zweiten Kapitel kommen die »*Stabüler*« dran, das sind jene Bettler, die mit Frau und Kind über Land ziehen. Ihr Mantel, der »Windfang«, ist »gefetzt«, aus vielen Stücken gearbeitet. Sie betteln bei den Bauern, den »Hutzen«, die ihnen »Lehem dippen«, Brot geben. Sie führen Löffel, Flaschen und allerlei Hausrat mit sich. Seit Kindheit betteln sie. Der Bettelstab ist ihnen in ihren »Grifflingen«, den Händen, warm geworden. Sie mögen und können nicht arbeiten. Aus ihren Kindern werden »Glyden« und »Glydesfetzer«, Huren und Zuhälter, »Zwickmann« und »Kaveller«, Henker und Schinder. Wo sie hinkommen, betteln sie um Gottes, St. Veits oder St. Kyrius willen. Wenn man will, soll man ihnen etwas geben, sie sind halb böse und halb gut; nicht alle sind böse, aber der größte Teil.

Irgendwie erinnern diese Bettler an heutige Sondier oder Pennbrüder, die bei Klöstern um die Klostersuppe betteln und zu diesem Behufe Teller und Löffel mit sich führen. Ich kannte einen Sandler, der sogar Gewürze bei sich trug, um der Klostersuppe einen besonderen Geschmack zu geben.

I. Rotwelsch und die Geschichte der Gauner, Dirnen und Vagabunden

Das dritte Kapitel behandelt die »*Loßner*«. Sie sind Bettler, die erzählen, sie seien viele Jahre in Ketten gewesen; manche tragen sogar die Ketten mit sich, in denen sie gefangen waren. Sie erzählen, sie seien auf Galeeren oder in einem Turm unschuldig angeschmiedet gewesen. Und im Henkershaus, dem »*Dellingerboß*«, hätten sie bei einem Heiligen geschworen und ihm ein Pfund Wachs, ein silbernes Kreuz und ein Meßgewand versprochen. Dieses Gelübde habe ihnen geholfen, die Ketten seien aufgegangen, und sie seien unversehrt von dannen gegangen. Wahrscheinlich haben sie sich die Ketten besorgt oder »fetzen« anfertigen lassen. Oder sie vielleicht »gejnft«, geklaut, in »Diftel«, in einer Kirche von St. Leonhardt. Diesen Bettlern soll nichts gegeben werden, denn sie gehen mit »Foppen«, Lügen, und »Färben«, Betrügen, umher, und unter tausend sagt nicht einer die Wahrheit. Ähnlich versuchen heute Bettler auf öffentlichen Plätzen durch Tafeln Mitleid zu erregen, auf denen zu lesen ist, sie seien eben aus der Haft entlassen worden oder ähnliches.

Das vierte Kapitel widmet sich den »*Klenckern*«. Hier handelt es sich um Bettler, die an kirchlichen Festtagen, wie zum Beispiel am Tag der Kirchweihe, vor den Kirchen sitzen. Ihr Aussehen ist erbarmungswürdig. Ihre Schenkel sind »zerbrochen«, oder ihnen fehlen überhaupt die Füße oder gar die Hände. Manche haben Ketten bei sich liegen und erzählen, sie seien unschuldig gefangen gewesen. Für gewöhnlich haben sie eine Figur eines Heiligen bei sich stehen, in dessen Namen sie mit klagender Stimme betteln. Jedes dritte Wort ist »gefoppt«, gelogen. Dadurch werden die Menschen »besefelt«, beschissen. Manche erzählen, ihre Hand sei im Krieg wegen des Spiels um der »Metzen«, der Huren, willen abgehauen worden. Andere verbinden einen Schenkel oder einen Arm und gehen auf Krücken. Dabei haben sie kein Gebrechen. An dieser Stelle wird auch eine Geschichte von einem Pfarrherrn eingeflochten, zu dem ein solcher »Klencker« mit Krücken kam. Die Muhme des Pfarrers brachte ihm bloß ein Stück Brot, mit dem der Bettler jedoch nicht zufrieden war, er wollte mehr. Die Frau antwortete ihm: »Ich habe nichts anderes!« Darauf begann der Bettler zu schimpfen: »Du Pfaffenhure, willst du den Pfaffen reich machen?« Dann stieß er noch ein paar Verwünschungen aus. Sie weinte, ging zum Pfarrer in die Stube und erzählte ihm von den Beschimpfungen des Bettlers. Der Pfarrer lief aus dem Haus zu dem Bettler, der ließ nun seine Krücken liegen und lief derart schnell weg, daß ihn der Pfarrer nicht einholen konnte. Solche Bettler sind die »allergrößten Gotteslästerer, die man finden kann«, sie haben auch die allerschönsten »Glyden«, Huren, bei sich. Man soll ihnen möglichst wenig geben, sie sind nur »Besefler der Hutzen«, die Bescheißer der Bauern, und aller anderen Menschen.

Ich selbst beobachtete in Hermannstadt, Siebenbürgen, einige Stunden lang eine »alte« Bettlerin, die mit Krücken und hinkend auf der Straße um Almosen bat. Den Schwindel, der damit verbunden war, konnte ich nach Stunden des Beobachtens erkennen. Über diese Bettlerin und ihre Strategie werde ich unten in einem kleinen Abschnitt noch näher berichten.

Das fünfte Kapitel ist den »*Debissern*« oder »*Dopfern*« gewidmet. Hier handelt es sich um Bettler, die von Haus zu Haus gehen und die »Hutzen« und die »Hützin« »bestreichen«, den Bauern und die Bäuerin »reinlegen«. Sie erzählen, sie kämen von einer Kapelle Unserer lieben Frau, wo sie Brüder seien; da die Kapelle arm ist, bitten sie um Flachsgarn für ein Altartuch – tatsächlich verwenden sie es für ein neues Kleid ihrer Hure – oder um Bruchsilber zu einem Kelch – tatsächlich »verschochern« und »verjonen«, versaufen und verspielen, sie dieses – oder um Handtücher, mit denen sich die Priester die Hände trocknen können – tatsächlich verkaufen sie diese. Auch gibt es »Debisser«, die mit Brief und Siegel bei einer verfallenen Kirche betteln oder vorgeben, an einer neuen Kirche zu bauen. Für das Gotteshaus würden sie Geld sammeln. All diesen »Debissern« sollte man nichts geben, denn diese belügen und betrügen. Es gibt aber auch fromme Leute, die von einer Kirche in der Nähe kommen und betteln. Diesen ist nach Bedarf zu geben, »was man will und mag«. Diese »Debisser« erinnern an jene heutigen Spezialisten, die Bettelbriefe verschicken, um angeblich für eine gute Sache, oft auch für die Renovierung oder Erbauung einer Kirche, Geld zu erschwindeln.

Die nächsten sind die »*Kammesierer*«; sie sind Bettler, die als junge Scholaren und junge Studenten ihren Eltern oder ihrem Meister davongelaufen sind. Sie kamen in schlechte Gesellschaft, die »in der Wanderschaft gelehrt ist«. Diese hilft ihnen, das Ihre zu »verjonen, versencken, verkinmmern und verschochern« – zu verspielen, versetzen, verkaufen und versaufen. Und wenn diese Studenten und Scholaren nichts mehr haben, dann lernen sie das Betteln oder »Kammesieren«, nämlich das gelehrte Betteln. Sie lernen, die »Hutzen« zu »besefeln«, die Bauern zu »bescheißen«. Sie erzählen, sie kämen aus Rom und wollten Priester werden. Tatsächlich kommen sie jedoch aus dem »Sonnenboß«, dem Hurenhaus, und werden am »Dollmann«, am Galgen, enden. Der eine nennt sich Acolitus, der andere Epistler, der dritte Evangeliar und der vierte einen »Galch«, einen Pfaffen. Man sei in großen Nöten und bitte die frommen Leute um ein Almosen. Einige schneiden sich, um glaubwürdig zu erscheinen, sogar Tonsuren und geben sich als Priester aus, obwohl sie es gar nicht sind. Diesen Kammesierern solle man nichts geben, je weniger man ihnen gibt, um so besser, denn dann lassen sie vom Betteln ab.

Im siebenten Kapitel sind die »*Vagierer*« an der Reihe. Das sind Bettler oder Abenteurer, die »gelbes Garn« tragen und aus »Frau Venus' Berg kommen« und die die »Schwarze Kunst verstehen«. Sie werden »Fahrend Schüler« genannt. Wenn dieselben in ein Haus kommen, behaupten sie folgendes: Hier kommt ein »Fahrend Schüler« der Sieben Freien Künste, ein Meister – die »Hutzen« zu »besefeln« (die Bauern zu »bescheißen«) –, einer, der die Teufel beschwört bei Hagel, Gewitter und anderen Ungeheuern. Danach sagt er etliche »Charaktere«, Zaubersprüche, auf, macht zwei oder drei Kreuze und spricht:

»Wo diese Worte werden gesprochen
da wird niemand mehr erstochen
es geht auch niemand im Unglück zuschand
nicht hier und nicht im ganzen Land.«

Die Bauern sind froh, daß der Mann gekommen ist, weil sie noch nie einen »Fahrend Schüler« gesehen haben, sie erzählen von ihren Schwierigkeiten und fragen, ob er ihnen helfen könne. Sie würden ihm dafür ein oder zwei Gulden geben. Er, der »Fahrend Schüler«, sagt Ja und »beseifelt«, »bescheißt« so den »Hutzen« ums »Meß«, den Bauern ums Geld. Die Bauern glauben, diese Vagierer können den Teufel beschwören. »Vor diesen Vagierern hüte dich, denn womit sie auch umgehen, es ist alles erlogen.«

Irgendwie erinnern diese Leute an gewitzte Versicherungsvertreter, die ebenso vorgeben, die Menschen vor Unheil bewahren zu können.

Im achten Kapitel werden die »*Grantner*« beschrieben. Diese erzählen im »Hutzen Boß«, Bauernhaus, den Bauern, sie wären mit den »fallenden Siechtagen«, der Fallsucht von Sankt Valentin, belegt und schwören, sie hätten, um gesund zu werden, sechs Pfund Wachs, ein Altartuch und einen Silberling als Opfer versprochen. Dafür würden sie bei frommen Leuten sammeln. Sie bitten um Flachs oder Garn für das Altartuch. Gott und der liebe Heilige behüte für die Gabe den Bauern vor Plagen und Siechtagen.

Es gibt auch welche, die sich vor den Kirchen zu Boden werfen. Diese nehmen ein Stück Seife in den Mund, sodaß der Schaum faustdick herauskommt. Andere stechen sich einen Halm in die Nasenlöcher, so daß sie bluten und es den Eindruck mache, als ob sie die Siechtage hätten. Dazu erzählt der Bettler, er habe St. Veltlin drei Pfund Wachs und eine gesungene Messe versprochen und daher müsse er um Unterstützung bei frommen Leuten bitten. Das Erbettelte wird dann »verjont« und »verschöchert«, verspielt und versoffen, und »verbölts«, verhurt. Manche haben sogar

I. Rotwelsch und die Geschichte der Gauner, Dirnen und Vagabunden

»Bsaffot«, (gefälschten) Brief und Siegel, dabei, um zu zeigen, daß alles wahr ist.

Wer von den Grantnern schlicht und einfach um Gottes willen bettelt, dem sollst du geben, denn mancher Mensch ist »wirklich beschwert mit den schweren Siechtagen der Heiligen«. Aber jene Grantner, die viele Worte gebrauchen und von großen Wunderzeichen sprechen, treiben diese Bettelei schon lange. Ihre Geschichten sind falsch, vor ihnen hüte dich und gib ihnen nichts.

Im neunten Kapitel werden die »*Dützern*« beschrieben. Sie sind Bettler, die erzählen, sie seien lange krank gewesen und hätten darum einem Heiligen eine schwere Pilgerfahrt versprochen. Für diese bräuchten sie jeden Tag drei Almosen. Daher müßten sie von Haus zu Haus gehen, um fromme Menschen zu finden, die ihnen »drei ganze Almosen« geben. Ein »ganzer Almosen« ist ein »Blaphart«, ein Groschen, von diesem brauche der Dützner, so sagt er, drei, damit seine Pilgerfahrt auch etwas nütze. Besonders die Frauen geben eher zwei »Blaphart«, um nicht als unfromm zu gelten. Auf diese Weise kommen die Dützner auf bis zu hundert Groschen. Was sie erzählen, ist alles »gefoppt«, erlogen. Man sagt auch »dützen«, wenn ein Bettler vorgibt, für seine vielen kleinen Kinder einen Löffel Butter zu brauchen, um eine Suppe für sie zubereiten zu können, oder ähnliches. Jenen Dützern soll nichts gegeben werden, die behaupten, sie hätten gelobt, am Tag nicht mehr als drei ganze Almosen zu sammeln. Die anderen sind halb »hund«, halb »lötsch«, halb gut, halb böse. Der größere Teil ist aber böse.

Das zehnte Kapitel behandelt die »*Schlepper*«. Sie sind Kammesierer, die sich für Priester ausgeben. Sie gehen in Begleitung von einem Schüler, der einen Sack nachträgt, in die Häuser und erzählen, sie wären aus dem oder dem Ort und würden von einem bekannten Geschlecht abstammen. Sie wären geweiht und würden in einem bestimmten Ort ihre erste Messe lesen.

Aber dies könnten sie ohne entsprechende Hilfe nicht vollbringen. Und jeder, der sich mit einem Opfer für die Frühmesse im

Advent empfiehlt, aus dessen Geschlecht wird manche Seele erlöst. Sie schreiben auch Bauern und Bäuerinnen in eine Bruderschaft ein, von der sie meinen, der Bischof hätte sie zugelassen. Dafür bekommen sie Garn, Flachs, Hanf, ein Tischtuch, Handtücher oder Bruchsilber. Solche Schlepper sind im ganzen Schwarzwald, im Allgäu bis ins Schweizerland unterwegs, überall dort, wo es wenig Priester gibt und die Höfe weit auseinanderliegen. Diesen Schleppern soll nichts gegeben werden, denn sie sind üble Leute. So soll ein Schlepper Bauern zu seiner ersten Messe in Sankt Gallen eingeladen haben. Diese sind auch tatsächlich dorthin gekommen, aber von ihm und einer Messe war nichts zu sehen. Sie suchten ihn und fanden ihn schließlich im »Sonnenboß«, im Hurenhaus. Er entkam ihnen aber.

Die Nachkommen solcher Schlepper scheinen jene Leute zu sein, die Gutgläubige zwar nicht in eine Bruderschaft einschreiben wollen, ihnen aber klarzumachen versuchen, sie würden gegen gutes Geld in ein eminent wichtiges Buch, wie etwa das »Who is who« heute, aufgenommen werden.

Die »*Zickissen*« sind Gegenstand des elften Kapitels. Es handelt sich hier um Blinde, von denen man drei Kategorien unterscheidet: Die einen sind »von Gottes Gewalt blind«. Sie gehen auf Wallfahrt, und wenn sie in eine Stadt kommen, verstecken sie ihre »Gugelhüte«, ihre Kapuzen – die Zeichen der Blinden –, und erzählen den Leuten, sie seien ihnen gestohlen worden oder sie hätten sie verloren. Auf diese Weise sammeln sie bis zu zehn Kapuzen, die sie dann verkaufen. Andere Blinde, die wegen ihrer Missetaten geblendet wurden, gehen im Land umher, tragen gemalte Täfelchen mit sich, ziehen so vor die Kirchen und tun so, als ob sie in Rom, zu St. Jakob oder sonstwo in der Ferne auf Pilgerfahrt gewesen wären. Dabei erzählen sie von großen Zeichen und Wundern, die geschehen seien. Doch dies ist alles Betrug.

Andere Blinde, die vor zehn oder mehr Jahren geblendet worden sind, binden sich ein blutiges Tüchlein über die Augen und erzählen, sie seien Kaufleute oder Krämer gewesen, die in einem Wald von bösen Leuten überfallen und geblendet worden wären. Man hätte sie an einen Baum gebunden. Zufällig vorbeikommende Leute hätten sie gerettet. Diese Blinden »wandeln mit dem Brache«, sie gehen mit ihrem Gebrechen hausieren. Jeder soll selbst erkennen, ob man ihnen etwas geben will oder nicht. »Mein Rat: Nur den Bekannten.«

Im zwölften Kapitel erfährt man einiges über die »*Schwanfelder*« oder »*Blickschlager*«. Diese Bettler lassen, wenn sie in die Stadt kommen, ihre Kleider in der Herberge; fast nackt und zitternd setzen sie sich dann vor eine Kirche und erzählen den Leuten, sie wären von bösen Leuten beraubt worden. Andere wieder erzählen, sie wären krank gelegen und hätten ihre Kleider versetzen müssen oder man habe ihnen die Kleider gestohlen. Sie sagen dies, damit ihnen die Leute Kleider schenken. Diese »verkimmern«, »verbölens« und »verjonens«, verkaufen, versaufen und verspielen sie.

»Hüte dich vor diesen Bettlern, denn es sind Bubenstücke, und gib ihnen nichts, sei es Frau oder Mann – außer du kennst sie gut.«

Im dreizehnten Kapitel werden die »*Fopper*« und »*Fopperinnen*« behandelt. Diese Bettler, meistens Frauen, lassen sich in Ketten führen, so als ob sie wahnsinnig wären. Sie zerren sich die Schleier und Kleider vom Leib, um so die Leute zu betrügen. Oft erzählt der Begleiter, die oder der Wahnsinnige sei vom Teufel besessen. Um erlöst zu werden, habe er einem Heiligen zwölf Pfund Wachs oder andere Dinge versprochen. Solche Bettler heißen »Fopper, die da dützen«. Es gibt auch »Fopperinnen«, die so tun, als ob sie Beschwerden an den Brüsten hätten. Sie nehmen eine Milz, schälen sie, kehren sie um und legen sie über die Brust, so daß man glauben soll, dies sei die kranke Brust.

Die »*Dallinger*« werden als nächste besprochen. Sie stehen vor den Kirchen und erzählen, sie seien früher Henker gewesen. Daher wollen sie büßen und schlagen sich mit Ruten. Wegen ihrer Sünden wollen sie eine Wallfahrt machen. Sie erbetteln viel Gut damit.

Haben sie dies eine Zeit getrieben, werden sie wieder Henker wie zuvor. Gib ihnen, wenn du willst, es sind und bleiben Buben, die solches tun.

Im fünfzehnten Kapitel sind die »*Dützbetterinnen*« an der Reihe. Diese Bettlerinnen ziehen umher, legen sich vor die Kirchen, breiten ein Leinentuch über sich und setzen Wachs und Eier vor sich hin. Sie tun dies, damit man glaube, sie wären Kindbetterinnen, Wöchnerinnen. Sie erzählen, vor vierzehn Tagen sei ihnen das Kind gestorben. Ihnen solle man nichts geben. So wird von einer Frau berichtet, die 1509 nach Pforzheim gekommen war und dort erzählte, sie habe vor kurzem eine lebendige Kröte geboren. Diese Kröte habe sie zu Unserer lieben Frau zu Einsiedeln getragen, dort sei sie noch lebendig, und man müsste ihr täglich ein Pfund Fleisch geben. Das sei ein Wunder. Nun sei sie auf dem Weg nach Aachen zu Unserer lieben Frau. Mit dem, was sie so erbettelte, ernährte sie einen starken Jungen, der in der Vorstadt in einem Wirtshaus auf sie wartete.

Von den »*Sündfegern*« handelt das sechzehnte Kapitel. Sie sind starke Kerle, die mit langen Messern durch das Land ziehen und erzählen, sie hätten einen in Notwehr »leiblos« getan, umgebracht. Sie brauchten eine Summe Geldes, sonst würde ihnen das Haupt abgeschlagen.

Die »*Sündfegerinnen*« sind Gegenstand des siebzehnten Kapitels. Sie sind die »Krönerinnen«, die Frauen der vorgenannten Kerle, oder »Glyden«, Huren. Sie laufen über Land und erzählen, sie hätten ein loses Leben geführt. Jetzt wollten sie sich bekehren. Daher betteln sie um Almosen um Sankt Maria Magdalena willen – und betrügen damit die Leute.

Die nächsten Bettlerinnen sind die »*Billträgerinnen*«. Sie binden sich Wämse, Flicken oder Kissen unter den Kleidern über den Bauch, damit es den Anschein habe, sie seien mit einem Kind schwanger. Sie erzählen, in den letzten zwanzig Jahren oder mehr hätten sie keines gemacht. Das heißt: »mit der Bulle gehen«.

I. Rotwelsch und die Geschichte der Gauner, Dirnen und Vagabunden

Das neunzehnte Kapitel widmet sich den *»Jungfrauen«*. Hier handelt es sich um Bettler, die Klappen tragen, so als ob sie aussätzig wären, obwohl sie es nicht sind. Das heißt: »mit der Jungfrau gehen«.

Das zwanzigste Kapitel gilt den *»Mumsen«*, Bettlern, die in Kutten gehen und erzählen, sie seien freiwillig Arme. An heimlichen Orten jedoch haben sie ihre Weiber sitzen.

Die *»Über Söntzen Geher«* sind Landfahrer oder Bettler, die erzählen, sie seien wegen des Krieges, des Feuers oder des Gefängnisses vertrieben und beraubt worden. Sie kleiden sich sehr reinlich, so als ob sie edel (adelig) wären. Sie haben »loe bsaffot«, gefälschte Papiere, bei sich.

Sauber gekleidet sind auch die »Kandierer«. Sie geben vor, Kaufleute in Übersee gewesen zu sein. Sie haben einen Brief – einen gefälschten – vom Bischof und erzählen, sie seien beraubt worden. Es heißt: die gehen »übern Klant«.

Die »Veranerinnen« sind Frauen, die erzählen, sie seien getaufte Jüdinnen und nun Christinnen geworden. Sie könnten den Leuten sagen, ob ihr Vater oder ihre Mutter in der Hölle sei oder nicht. Dabei »geilen«, betteln, sie den Leuten Röcke, Kleider und andere Dinge ab.

Die *»Christianer«* und *»Calmierer«*, denen das vierundzwanzigste Kapitel gewidmet ist, sind Bettler, die an den Hüten Zeichen tragen, besonders römische Veronika und Muscheln. Diese Zeichen kaufen sie von anderen Bettlern. Sie sollen vorgeben, daß man schon an diesen betreffenden Stätten gewesen sei, obwohl sie tatsächlich niemals dort waren.

Die *»Seffer«* sind Bettler, die sich mit einer Salbe einschmieren und so vor die Kirche legen. Sie tun so, als ob sie lange krank gewesen wären. Und wenn sie drei Tage später in das Bad gehen, so geht alles wieder ab.

Die *»Schweiger«* sind Bettler, die Pferdemist mit Wasser mischen und sich damit Hände und Arme bestreichen. So erscheinen sie als

Kranke, die Gelbsucht oder eine andere schwere Krankheit haben. Auf diese Weise betrügen sie die Leute.

Die »*Burckhart*« sind Bettler, die ihre Hand in einen Handschuh stecken und sie so in eine Schlinge um den Hals legen. Sie sagen, sie hätten Sankt Antoniens Buße oder verbüßten die Strafe eines anderen Heiligen. Dieser Betrug heißt: »mit dem Burckhart gehen«.

Im letzten Kapitel, dem achtundzwanzigsten, wird von den »*Platschierern*« berichtet. Das sind Blinde, die vor den Kirchen auf Stühlen stehen und die Laute schlagen. Dazu singen sie Lieder von fernen Ländern, in denen sie nie waren. Wenn sie aufgehört haben mit dem Singen, fangen sie zu »foppen« und zu »ferben« an, zu lügen und zu betrügen, wie sie blind geworden sind. Auch die Henker »platschieren« vor den »Difteln«, den Kirchen. Sie ziehen sich nackt aus und schlagen sich selbst mit Ruten und Geißeln wegen ihrer Sünden. Auch sie benutzen die »Fopperei«, »denn der Mensch will betrogen sein, wie du in den vorhergehenden Kapiteln wohl gehört hast, und das heißt Platschierer. Auch die auf den Stühlen stehen und sich mit Steinen und anderen Dingen schlagen und von den Heiligen erzählen, werden gewöhnlich Henker und Schinder.«

Soweit der erste Teil des »Liber Vagatorum«. Er gibt ein buntes Bild menschlicher Erfindungskraft hinsichtlich des Bettelns.

Bemerkenswert ist aber auch der zweite Teil dieses Vagantenbuches. Dieser bietet Anmerkungen zu den vorgenannten »Nahrungen«, den Arten des Broterwerbes. Hier wird nun erzählt, daß von den vorgenannten Bettlern etliche nicht vor dem Haus betteln, sondern hineingingen. Einige Bettler gehen in der Kirche auf und ab, tragen ein Schüsselchen in der Hand und tun so, als ob sie schwer krank wären. Sie fragen die Leute, ob sie ihnen etwas geben würden. Man nennt diese »*Pflüger*«. Andere entleihen am Allerseelentag oder einem anderen heiligen Tag Kinder und setzen sich mit diesen vor die Kirche. Sie geben so vor, viele Kinder zu haben, und behaupten, diese Kinder wären ohne Mutter oder Vater. Um des »Adone«, Gottes, willen solle man ihnen Almosen geben.

Nun wird ein »Exemplum« gebracht: In einem Schweizer Dorf gibt es eine Verordnung, nach der jedem Bettler fünf Heller zu geben sind; dafür darf er innerhalb eines Vierteljahres nicht wiederkommen. Eine Frau nahm einmal diese fünf Heller entgegen. Bald darauf schnitt sie sich jedoch ihr Haar ab und bettelte weiter. Sie kam dabei neuerlich in dieses Schweizer Dorf; wo sie sich mit einem kleinen, in eine Decke gewickelten Kind vor die Kirche setzte. Als man das Kind aufdeckte, sah man, daß es ein Hund war. Die Frau mußte fliehen. Es gibt Bettler, die ziehen sich gute Kleider an und betteln auf den Gassen. Sie treten an die Leute heran und erzählen ihnen, sie seien lange krank gelegen. Und sie seien Handwerksburschen, die alles, was sie besaßen, verbraucht hätten. Sie schämten sich aber zu betteln, man möge ihnen doch etwas beisteuern, damit sie weiterkämen. Diese Bettler nennt man »*Gänsescherer*«.

Andere Landstreicher geben sich als Spezialisten aus, die nach Schätzen graben und solche finden könnten. Haben sie jemanden gefunden, der an einem solchen Schatz interessiert ist, so sagen sie ihm, sie könnten den Schatz erst finden, wenn sie dazu Gold und Silber hätten und viele Messen dafür gelesen würden.

So betrügen sie den Adel und die Geistlichkeit, denn es ist noch nie gehört worden, daß sie auch wirklich etwas gefunden hätten. Man nennt diese Betrüger »*Sefelgräber*«.

Es gibt Bettler, die halten ihre Kinder so, daß diese lahm werden. So können sie die Leute noch besser »bescheißen«.

Andere haben »Fingerli von Konterfei«, falschen Schmuck, gemacht. Sie beschmieren ein Schmuckstück mit Kot und erzählen, sie hätten es gefunden, ob es nicht einer kaufen wolle. Das gleiche geschieht mit Rosenkränzen und anderen Zeichen, die sie unter dem Mantel tragen. Man nennt diese Betrüger »*Wiltiner*«.

Während eines Forschungsaufenthaltes in Siebenbürgen besuchte ich einen Viehmarkt in einem Dorf. Es herrschte ein buntes Treiben. Ich schlenderte über den Platz. Da bückte sich ein Mann vor mir zu Boden, hob etwas auf und drehte sich zu mir um. Ich war neugierig geworden und schaute ihn fragend an. Darauf zeigte er mir einen »goldenen« Ring und deutete an, er habe ihn soeben gefunden. Um 20 DM würde er ihn mir verkaufen. Ich begann zu handeln, und schließlich erwarb ich den Ring um 10 DM.

Ich trage den Ring als Erinnerung an meinem Schlüsselbund. Bis heute weiß ich nicht, ob er echt oder nur ein billiges Stück ist. Jedenfalls erinnert die Strategie dieses Mannes an den obigen Trick mit dem falschen Schmuckstück.

Es treiben sich auch etliche »*Quästionierer*«, Bettelmönche, umher, die das Gut, das ihnen anvertraut ist, wie Flachs, Schleier oder Bruchsilber, übel anlegen. Dort heißt es weiter: »Hüte dich vor den Krämern, die dich zu Hause besuchen, denn du kaufst nichts Gutes, sei es Silberkram, Gewürze oder andere Art. Hüte dich desgleichen vor den Ärzten, die durch die Lande ziehen und Thyriak und Wurzeln feilbieten.«

Zu hüten habe man sich auch vor den »*Jonern*«, Gaunern, die als Falschspieler »auf dem Brieff«, mit den Karten, die Leute betrügen. Sie ziehen mit »gefetzten Brieffs«, mit gefälschten Karten, umher, aber auch mit »Regem«, Würfeln. Über solche »Joner« ist weiter zu lesen: »Und dieselben Knaben kehren bei den Wirten ein, die ›Zum Wanderstab‹ heißen – das bedeutet, daß sie keinem Wirt bezahlen, was sie ihm schuldig sind, und beim Abschied lassen sie gewöhnlich etwas mitgehen.«

Ein Gewerbe gibt es noch unter den Landfahrern, das sind die »*Mengen*« oder »*Spengler*«, die Kesselflicker. Sie ziehen übers Land und lassen ihre Weiber vorauslaufen, die »breien« und »lyren«, bitten und machen an. Einige, aber nicht alle, werden dabei mutwillig und unverschämt. Wenn man diesen nichts gibt, so kann es sein, daß sie mit einem Stock oder Messer ein Loch in einen Kessel stoßen, damit der nachkommende Kesselflicker etwas zu tun hat.

Und am Ende dieses zweiten Teiles des »Liber Vagatorum« heißt es zum Teil in Rotwelsch:

»Dieselben, ›die mengen die Beschuden, die Horchen girig um die Wengel, so sie kommen in des Ostermanns Gisch, daß sie den Garle mögen girig schwachen, als uwer ans gelaufen mag‹ – dieselben betrügen die Edelleute und die Bauern dermaßen, daß sie in den Osterreich-Krug kommen, wo sie den Wein girig in sich hineinschütten, wie Euereins sich vorstellen kann.«

Die im »Liber Vagatorum« geschilderten Bettlertricks bauen auf einer Tradition der Vaganten auf, sind aber auch heute noch gegenwärtig. Versicherungsvertreter, Bettler in den Fußgängerzonen, Werbefachleute und anderes Volk arbeiten mit ähnlichen Strategien, wenn es gilt, Leute gegen gutes Geld etwas einzureden oder sie reinzulegen. Die Tricks scheinen sich auf andere Ebenen verlagert zu haben, in die Büros und noblen Hotels. Aber dennoch existiert diese Kultur der Straße und der kleinen Ganoven noch.

Hinter dem »Liber Vagatorum«, der anonym erschienen ist, scheint jedenfalls ein kluger Kopf zu stehen, der ein tiefes Wissen von der Welt der Fahrenden hatte. Wahrscheinlich gehörte er selbst dieser Welt an.

Auch in dem 1793 von G. J. Schäffer verfaßten »Abriß des Jauner- und Bettelwesens in Schwaben«, das ich oben bereits vorgestellt habe und das offensichtlich eine Anleitung für Kriminalbeamte sein sollte, um »Gauner« und »Bettler« besser kontrollieren und fassen zu können, finden sich allerlei Tricks der Bettler und Ganoven. So ein Buch sei nötig, heißt es in der Einleitung, denn »Betteln und Stehlen« seien zu einem »ordentlichen Handwerk« gworden, bei dem man »planmäßig« vorgehe und die »feinsten Kunstgriffe« gebrauche (Schäffer, 1793, S. IV).

Der Autor deutet damit an, daß es sich bei den fahrenden Leuten um Menschen handelt, die so etwas wie eine eigene Kultur geschaffen haben, zumal in Schwaben sich Landstreicher, Diebe,

Bettler und Zigeuner in »außerordentlicher Menge seit einer langen Reihe von Jahren aufhalten«. Und schließlich heißt es: »Diese politischen Blutegel sind es unstreitig wert, daß man sie näher ins Auge faßt, sich mit den Verhältnissen derselben aufs genaueste bekannt mache und sie, mit den hellsten Farben gezeichnet, dem Publikum zur Schau stelle« (a. a. O., S. VI).

Man erfährt im ersten Kapitel einiges über die »verschiedenen Classen« der Gauner, über Einschleichdiebe, Räuber, Falschspieler, Falschmünzer, betrügerische Geldwechsler, aber auch über »Marktschreyer« und Quacksalber, die betrügerische »Arzneyen« verkaufen. Paracelsus scheint zu den Letztgenannten gehört zu haben. Ihre »Kunstgriffe« beim Diebstahl werden ebenso beschrieben wie ihre Sprache, das Rotwelsch. Es ist unter anderem bemerkenswert, daß die Geldwechseltricks auch heutzutage noch angewandt werden. Heute nennt man ein solches Geschäft auf Rotwelsch »Chilfern« (hebr. chilfer – der Geldwechsler).

Zu den historischen Tricks und Strategien gehören, wie der »Liber Vagatorum« und auch Avé-Lallemant berichten, die diversen Verrenkungen oder das Darstellen von körperlichen Gebrechen durch Beinprothesen oder Krücken, um zu einem frommen Almosen zu gelangen.

Manche Frauen verstehen es heute noch sehr geschickt, sich als mit Kindern gesegnete, schwangere und in bitterer Armut lebende Menschen zu präsentieren. Dem Almosengeber wird damit das Gefühl vermittelt, er habe ein frommes Werk an einem vom Schicksal schwer getroffenen Menschen vollbracht. In diesem Sinn ist auch folgende, von einem Wiener Polizisten berichtete Geschichte zu interpretieren: »Eine Bettlerin pflegte sich mit einem schönen Kruzifix vor Pfandleihanstalten aufzustellen. Sie betrachtete es lange mit frommer Inbrunst und wischte sich dabei die mit Tränen gefüllten Augen. Befragte man sie mitleidig um den Grund ihres Kummers, so antwortete sie traurig: ›Das Letzte, was ich habe! Es war mein Glück, es war mein Talisman! Jetzt muß ich es versetzen, wenn mein armer, kranker Mann nicht verhungern soll!‹ Man bot ihr natürlich gleich Unterstützung an, die sie mit dankbaren Handküssen einstrich. Dann entfernte sie sich – zum nächsten Versatzamt.«

Die Tricks der Bettler und Bettlerinnen sind also vielfältig und einfallsreich. Bis heute.

Die Bettler von Graz

Mit dem Betteln verbindet sich, wie wir gesehen haben, eine alte Geschichte, die heute, und vor allem nach dem Öffnen der Grenzen 1989, aktuell geblieben. So kamen und kommen Bettler aus den Staaten des ehemaligen Ostblocks in Österreichs Städte, um hier zu betteln.

In Wien sitzen sie in manchen Stadtbahnstationen, stumm eine Tafel vor sich haltend, auf der zu lesen ist, daß der betreffende Mensch um eine kleine Spende bittet, weil er kein Geld, Hunger und Kinder habe, oder ähnliches. Diese Bettler sind organisiert, wie auch an den Tafeln zu sehen ist, die alle wahrscheinlich von derselben Hand geschrieben werden.

Eine besondere Bettlerkultur hat sich in Graz etabliert. Dorthin fahren (1998) regelmäßig Roma aus der Slowakei, um hier zu etwas Geld zu kommen. Zunächst empfand die Bevölkerung ihre Art des Bettelns als aufdringlich und beklagte sich bei der Stadtverwaltung, zumal auch beobachtet wurde, daß Bettler und Bettlerinnen in Autos aus den Nachbarstaaten an Ort und Stelle gebracht wurden. Die Klagen der Grazer und Grazerinnen bewirkten, daß sich die Strategie der Bettler änderte und sich ein Priester, der ein Herz für die am Rande der »guten« Gesellschaft lebenden Menschen hat, ihrer annahm. Die Bettler sitzen jetzt stumm mit den diversen Tafeln in der Hand in der Fußgängerzone von Graz und an den Murbrücken. Ihre Haltung beim Betteln gleicht der von Heiligenstatuen in den Kirchen. Manche Bettler knien mit leicht gebeugtem Oberkörper, ihr auf die Vorbeieilenden gerichteter Blick ist dabei von himmlischer Verklärtheit.

Damit diese Roma keine weiteren Schwierigkeiten mit der Polizei haben und einigermaßen unbehelligt von der Bevölkerung betteln können, hilft der erwähnte Priester diesen Leuten vor allem dadurch, daß er für jeden von ihnen eine Art Ausweis ausstellt, den diese am Revers ihres Sakkos oder an ihren Hemden tragen.

Sie erinnern an die Ausweiskarten von Kongreßteilnehmern. Auf diesem ist das Photo des Bettelnden zu sehen und der Hinweis zu lesen, man könne Näheres über ihre »Lebensumstände« bei einer bestimmten karitativen Organisation erfahren. Außerdem schilderte der Geistliche in einer speziellen Straßenzeitung, mit der um Sympathie für Obdachlose und ähnliches Volk geworben werden soll, daß die in Graz bettelnden Menschen aus der Slowakei tatsächlich zu bemitleiden seien: Er selbst habe sich ihre Wohnungen in der Slowakei angesehen, die von der Armut dieser Leute zeugen. Man solle doch freundlich sein zu ihnen, zumal sie immer wieder in ihren Autos den langen strapazreichen Weg auf sich nehmen würden. Sie müßten sogar in Autos übernachten, da sie es nicht schafften, innerhalb eines Tages nach Graz, dem Ort ihrer Erwerbstätigkeit, zu gelangen. Sie bräuchten das Geld, schließlich seien sie als Roma in der Slowakei unterprivilegiert.

Die bettelnden Roma sind dankbar für diese freundliche Unterstützung durch einen Mann der Kirche, der ihnen hilft, ihre wohl klassischen Bettlerstrategien mit Erfolg einzusetzen. Zum Ärger alteingesessener Grazer Bettler, die mit den Neuankömmlingen ihre Probleme haben. Dies konnte ich beobachten, als ein derartiger Neuankömmling einen steirischen Bettler von seinem Platz vor einer Kirche zu vertreiben suchte – ganz im Stile alter Revierkämpfe der Bettler.

Die Bettlerin von Hermannstadt und ihre Verwandlung

Im Mai 1997 führte mich eine Forschungsreise mit Studenten nach Siebenbürgen, wo wir den Spuren der sogenannten Landler, Nachfahren der unter Maria Theresia aus Österreich vertriebenen Protestanten, folgten, die in Dörfern in der Nähe von Hermannstadt ihre Kultur und vor allem ihre aus Österreich mitgebrachte Sprache weitergetragen haben. Während dieses Forschungsaufenthaltes war ich auch einige Male in Hermannstadt. An einem heißen Mainachmittag beobachtete ich am Ende der großen Fußgängerzone der Stadt eine bettelnde alte Zigeunerin, deren Verhalten an die im »Liber Vagatorum« aufgezählten Betteltricks erinnerte. Ihre Aktivität läßt sich in drei Abschnitte gliedern:

I. DER AUFTRITT DER BETTLERIN

Die von mir beobachtete Bettlerin humpelt auf zwei primitiven, niedrigen Krücken, die unter den Achseln ansetzen, umher und spricht die Vorbeigehenden bettelnd an. Bekleidet ist sie mit einer verdreckten, graublauen, blusenartigen Stoffjacke, die Hals und Handgelenke bedeckt. Ein in der Art der Moslemfrauen gewickeltes dunkelblaues Kopftuch verbirgt Stirn und Haare, und sie trägt einen bunten, geflickt aussehenden, in den Farben zwischen Rot und Gold schimmernden Rock, der bis zu den Fußknöcheln reicht. Ihre zarte Gestalt ist vom Alter her zunächst nicht einzuordnen, es mag eine alte Frau oder auch ein junges Mädchen sein. Die nackten Füße stecken in einfachen Plastiksandalen.

Bei längerem Hinsehen merkt man jedoch, daß die Bettlerin überraschend junge Füße hat. Diese erscheinen zwar verkrüppelt, nach außen verdreht, so daß sie beim Fortbewegen nachgezogen werden müssen. Sie erwecken in mir aber trotzdem den Verdacht, daß die Zigeunerin ihren Auftritt nur perfekt inszeniert. Ich beschließe daher, die Bettlerin längere Zeit zu beobachten, weil ich wissen will, wer hinter dieser Person steckt.

2. DIE KUNST DES BETTELNS

Für die Bettelei der Frau sind vorrangig die verkrüppelten Füße wichtig. Sie machen für die Vorbeigehenden die Krücken notwendig und lassen die ganze Person als bemitleidenswertes Geschöpf erscheinen. Durch die niedrigen Krücken, auf die sich die Bettlerin stützt, wirkt die Gestalt gekrümmt, erst so wird der humpelnde Gang mit den verdrehten Füßen möglich. Die Kleidung und die geknickte, mit den Krücken sich weiterschleppende Figur ist perfekt »gestylt«. Die Vorübergehenden sollen nicht daran zweifeln, daß hier ein vom Schicksal geschlagener Mensch um eine milde Gabe bittet. Während des Gehens oder Weiterschleppens klaffen Bluse und Rock, bedingt durch die gekrümmte Gestalt, immer wieder auseinander. Mit einem Griff nach hinten wird die Bluse nach unten gezogen, wobei die eine Krücke umständlich von der anderen Hand gehalten wird.

In dieser Gewandung humpelt oder steht die Zigeunerin in der Mitte des kleinen asphaltierten Weges. Die Passanten müssen an ihr vorbei. Zu ihrer Bettelkunst gehört, daß sie laut irgend etwas jammert, was ich allerdings nicht verstehen kann. Dabei bewegt sie, wenn sie steht, ihre rechte, schaufelförmig gebogene Hand hin und her. Sie signalisiert so, daß die Hand für eine Spende aufnahmebereit sei. Die Leute geben auch gut, vor allem Frauen, meist je eine 100-Lei-Münze. Innerhalb von zehn Minuten scheint sie 1000 Lei oder mehr zu erbetteln, also ungefähr 6000 Lei pro Stunde. In sechs Stunden kann sie so zwischen 36.000 und 40.000 Lei, zirka 10 DM, einstecken, was nicht wenig ist, da ein rumänischer Arbeiter pro Tag nicht soviel verdient.

Nach einiger Zeit, als gerade wenig Leute unterwegs sind, bewegt sich die Bettlerin humpelnd, die Krücken einsetzend, ein paar Meter bergauf, auf eine Wiese hinter der niedrigen Stadtmauer. Vom Weg her, der unter der Wiese vorbeiführt, kann man sie nicht erkennen, dafür aus einiger Entfernung vom Rande eines kleinen Parks. Dorthin begebe ich mich und sehe, daß die Bettlerin sich in die Wiese setzt und das Geld, das sie in einer Tasche an der Jacke gesammelt hat, zählt.

Während des Geldzählens kommt ein junger Zigeuner mit auffallend rotem Hemd vorbei. Er trägt eine schwarze Reisetasche an der Schulter. Wie ich später bemerke, spielt er an einem nahen Platz mit anderen Burschen unter Bäumen ein Geldspiel. Für dieses versorgt ihn wohl die Bettlerin in ihren Pausen mit Münzen. Nach zehn Minuten erscheint sie wieder humpelnd, die verdrehten Füße nachziehend, auf dem Weg und bettelt weiter, erbarmungswürdig auf ihre beiden Krücken gestützt.

3. DAS VERSTAUEN DER KRÜCKEN – DIE VERWANDLUNG

Ich schlendere etwas umher, dabei jedoch die Zigeunerin im Auge behaltend. Gegen 18 Uhr endlich verläßt die Bettlerin wieder umständlich humpelnd, auf die Krücken gestützt den Weg, schleppt sich zur Wiese von vorhin und setzt sich ins Gras.

Zehn Minuten lang tut sie nichts, sitzt nur da. Man hat den Eindruck, sie ruhe sich von ihrer harten Arbeit aus. Nun kommt der junge Zigeuner mit der schwarzen Reisetasche wieder zu ihr. Er fühlt sich unbeobachtet, wirft der Frau die Reisetasche vor die Füße und geht wieder zu seinen Spielkumpanen.

Die Bettlerin, die nach dem Weggang des Burschen noch etwas Zeit verstreichen läßt, nimmt die Krücken und verstaut sie in der Reisetasche. Wieder läßt sie einige Minuten vergehen, dann nimmt sie das Kopftuch ab. Eine schwarze Haarmähne wird sichtbar, die ein junges Mädchengesicht umrahmt. Nun taucht der Bursche auf, setzt sich neben sie und scherzt mit ihr. Beide scheinen zu lachen. Er geht wieder zu seinen Kumpanen bei den Bäumen. Die ehemalige Bettlerin kleidet sich langsam um. Unter der schmutzigen Bluse erscheint ein dunkles, bunt gerändertes T-Shirt mit langen Ärmeln. Dann wird auch der Rock entfernt. Bald sitzt das Mädchen, die frühere Bettlerin, mit einer lilafarbenen Jogginghose in der Wiese. Auch die Sandalen sind verschwunden. An deren Stelle zieren nun weiße Turnschuhe die gesunden Füße. Daß diese gesund sind, zeigt sich, als sie mühelos aufsteht, die Reisetasche nimmt, in der wohl ihre jetzige Kleidung samt Schuhen untergebracht war und in der nun ihre Arbeitskleidung samt den Krücken verstaut ist, und behenden Schrittes zu dem Burschen und seinen Freunden geht. Sie gesellt sich zu ihnen, während diese weiterspielen und zwischendurch mit ihr plaudern.

Ich war Zeuge eines spannenden Schauspiels der Verwandlung einer humpelnden, armen Bettlerin in ein hübsches, gesundes Mädchen geworden, das gut angezogen ist und den Eindruck erweckt, über Geld zu verfügen und sich gute Kleidung leisten zu können. Sie arbeitet wohl hart als Bettlerin, und einige andere scheinen ebenfalls von ihrem Geld gut zu leben. Beeindruckt von der Kunst des Betteln marschiere ich weiter. Noch einmal blicke ich zurück und kann nicht widerstehen, der Bettlerin zuzuwinken. Das Mädchen und die Burschen schauen zu mir und reagieren nicht auf mein Winken.

In dieser Geschichte zeigt sich eine alte Bettlertradition, wie sie in der Anonymität der Städte entstehen konnte. Sie kündet von allerlei Tricks und Täuschungsmanövern, die wohl mit harter Arbeit verbunden sind, aber auch gute Einnahmen versprechen.

Kindererziehung bei Ganoven – Das Erlernen des Gewerbes

Daß das Leben der Vagabunden tatsächlich auf einer traditionsreichen Kultur beruht, zeigt sich auch in anderen Schilderungen wie jenen über den Nachwuchs der Fahrenden. Schließlich ist auch der Ganove daran interessiert, seine Kinder »gut« zu erziehen, bedarf doch der Gauner, ebenso wie Aristokraten und Bürger, einer umfassenden Bildung, um in seiner Kultur akzeptiert zu werden und zu überleben.

Es fällt auf, daß in den alten Berichten über Ganoven die Beziehung zwischen Eltern und Kindern als eine oft sehr intensive geschildert wird. So heißt es in dem bereits zitierten Buch von Schäffer aus dem Jahre 1793: »Die Weiber lieben ihre Kleinen meistens außerordentlich, warten ihrer, besonders wenn sie noch unmündig sind, mit mütterlicher Zärtlichkeit, verwahren sie bei rauher Witterung, pflegen ihrer, wenn sie krank sind, mit möglichster Sorgfalt und unterziehen sich eher den größten Beschwerlichkeiten und Gefahren, als daß sie solche vernachlässigten.« Das Kind wächst, wie es scheint, mit großer Liebe auf, lernt schließlich auch, wie man in der Kultur der Ganoven überleben kann. Darüber ist freilich der Chronist schließlich entsetzt:

»So weit geht alles gut. Aber desto schlimmer steht es, wenn von Erziehung und moralischer Bildung die Rede ist. Nicht genug, daß sie bei ihren Kindern alles versäumen, was im Stande wäre, gute Gesinnungen bei ihnen anzufachen und zu unterhalten: sie arbeiten auch aller Entwicklung guter Triebe entgegen und machen sichs zum Geschäfte, die zarten Gemüter zu verderben, mit dem Gift sie anzustecken, wovon sie selbst angesteckt sind. An Unterricht im Lesen und Schreiben und in der Religion ist bei ihnen nicht zu denken. Das sind Dinge, davon sie meistens selber gar nichts verstehen ...« (Schäffer, 1793, S. 45).

I. Rotwelsch und die Geschichte der Gauner, Dirnen und Vagabunden

Für diese spezifische Kultur sind allerdings typisches Wissen und Fähigkeiten notwendig, die in krassem Gegensatz zu den Vorstellungen von einem »anständigen« Leben stehen. Die Beschreibung dieser Gegenkultur birgt einigen Reiz, denn sie zeigt, daß bestimmte Formen der Kriminalität bzw. abweichenden Verhaltens nicht anlagebedingt sind, wie oft behauptet wird, sondern in einem charakteristischen sozialen Umfeld erlernt werden. In diesem Sinn ist weiter zu lesen:

»Sie [die Kinder] sind bestimmt, einmal zu werden, was ihre Väter und Mütter sind. Auf diesen Zweck wird bei ihnen alles losgearbeitet. Ihre Erziehung ist Anleitung zur Gaunerei. Frühzeitig, so wie sich ihr Verstand und ihre Kräfte entwickeln, werden sie nach Verhältnis ihrer Fähigkeit in allem unterrichtet, was zur Gaunerei gehört.

Man lehrt sie die Gaunersprache, man zeigt ihnen die Handgriffe des Stehlens, man bringt ihnen die Kunst und die Fertigkeit bei, sich zu verstellen, zu schweigen, zu lügen, wo zur Sicherheit Verstellung, Verschwiegenheit und Lügen nötig sind. Man nimmt sie zu kleineren Diebstählen mit, läßt sie Zeugen davon sein, läßt sie, wenn sie den mündlichen und praktischen Unterricht hinlänglich begriffen zu haben scheinen, selbst Proben mit kleinen und minder gefährlichen Diebstählen besonders auf Märkten machen, muntert sie dazu auf, erteilt ihnen Lob, wenn sie einen schlau und glücklich vollbracht haben, schimpft sie, wenn sie zu träg zum Stehlen sind, und zwingt sie auch wohl dazu. Das schlimme Beispiel der übrigen gottlosen Aufführung und Lebensart der Eltern vollendet ihre klägliche Erziehung. Alles, was sie an ihren Eltern sehen und von ihnen hören, hilft dazu, sie zu verschlimmern. Die unzüchtigsten und ruchlosesten Gespräche werden vor ihnen geführt, ähnliche Handlungen vor ihren Augen begangen, Händel und Schlägereien in ihrer Gegenwart angefangen, und nichts von der Vorsicht gebraucht, die lasterhafte Leute im bürgerlichen Leben noch gebrauchen, um ihre Schandtaten vor ihren Kindern zu verbergen. Unter solcher Aufführung wachsen sie heran, und die Früchte zeigen sich sehr frühzeitig. Kinder von sechs bis sieben Jahren sind oft recht treffliche Diebe und tun es im Fluchen, Schwören, in Schimpfreden und rohen Scherzen manchem Alten zuvor, bei dem geringsten Anlaß schlagen sie sich mit ihresgleichen, und kein Mutwille ist, den sie nicht verüben. Selbst die unzüchtigen Handlungen, die sie bei den Erwachsenen sehen, machen sie nach, und man hat schon 14jährige Knaben mit noch jüngeren Mädchen in einem Bette angetroffen. Die Eltern sehen und hören dies alles, ohne Mißbilligung und Bestrafung, oft noch mit Wohlgefallen und lautem Gelächter ... Die Knaben treten (im Alter von 14 Jahren) sofort in die Gesellschaft der Männer ein, von der sie als Kinder ausgeschlossen waren, werden mit zu ihren Saufgelagen und Beratschlagungen und dann auch zu ihren Einbrüchen und Diebsunternehmungen gezogen und bekommen dabei ihre Rollen. Die Mädchen begeben sich von dieser Zeit an auch mit ihresgleichen auf den Strich, fangen ihre Liebschaften an ...« (a. a. O., S. 45ff.).

Auf die Kindheit von Fahrenden und Ganoven geht auch Avé-Lallemant in seinem Buch »Das deutsche Gaunertum« im zweiten Teil ein. Darin stellt er »mit schwerer Sorge« zunächst fest, daß das »Gaunertum großen Zuwachs aus der Zahl von Kindern bürgerlicher unbescholtener Eltern erhält, die daheim weder Familie noch Hort noch Familienzucht haben ...« (Avé-Lallemant, 1858, 2. Band, S. 1).

Demnach fasziniert das Leben auf der Straße auch Kinder aus »besseren Häusern«, die lieber in dieser Welt untertauchen, als unter »guten Bürgern« zu leben. Aber prädestiniert für Bettelei und Vagabondage sind doch die Kinder von Fahrenden, die sehr früh das Gewerbe ihrer Eltern erlernen. Auch darüber berichtet der Autor, entsetzt über eine Gaunerherberge, die er besucht hat, und in der er auf eine Vagabundenfamilie traf: »In einer Gaunerherberge fand ich einmal spät nachts ein Landstreicherpaar in einem elen-

I. Rotwelsch und die Geschichte der Gauner, Dirnen und Vagabunden

den Bett mit Lumpen bedeckt liegen; zu ihren Füßen einen in Lappen gehüllten halbverkommenen Säugling. Neben dem Bett auf dem bloßen Fußboden lagen nebeneinander drei Kinder im Alter von vier bis sieben Jahren, mehr nackt als mit Lumpen verhüllt ... Als Neuling tief erschüttert von dem nicht zu schildernden Anblick, fand ich andern Tags barmherzige Frauen sogleich bereit, die ganze Familie vollständig und warm zu bekleiden. Zwei Tage später wurde die weitergewiesene Familie wieder eingebracht. Die treffliche Kleidung war verkauft, und die erstarrten Kinder trugen wieder die alten Lumpen als Handwerksgerät [zum Betteln, R. G.] der ruchlosen Eltern« (a. a. O., S. 4).

Um ein »guter« und angesehener Vagabund zu werden, bedarf es demnach eines umfassenden Wissens, das in einer harten Schule erlernt werden muß. Zum Manne gereift, ist der so erzogene Sproß aus altem Vagabundengeschlecht – ähnlich wie auch die »feinen Leute« – stolz auf seinen Stand, dem er dank seiner Erziehung nun voll angehört.

Es gibt also so etwas wie einen Stolz des Ganoven. Dies geht unter anderem auch aus den folgenden Sätzen Schäffers hervor, die das Selbstbewußtsein des Ganoven, der sich über den »guten« Bürger stellt, anschaulich verdeutlichen: »Je mehr einer dies [ein großer Gauner] ist, und die angeführten Vorzüge bei ihm sich vereinigen, desto aufgeblasener und übermüthiger ist er, desto mehr verachtet er alles andere neben sich ... Voll von diesem Stolz sehen sie mit einem Blick der Geringschätzung auf jeden, der nicht ist, was sie sind, dünken sich besser als der Bürger, der im Schweiße seines Angesichts und mit Unterwerfung unter die Gesetze sich nährt ...« (a. a. O., S. 256).

Diese Kultur der Kriminalität gibt es allerdings heute nur mehr in Relikten. Eine Erziehung zu bestimmten Formen abweichenden Verhaltens und das Erlernen diverser Strategien zu dessen Durchführung ist jedoch auch heute noch feststellbar. In meinem Buch »Der Adler und die drei Punkte« (Wien 1983) habe ich versucht, die Kindheit und das Leben des Wiener Ganoven Pepi Taschner, eines Herrn der Wiener Unterwelt, der sich beim verbotenen Glücksspiel betätigte, nachzuzeichnen. Dabei konnte ich sehen, wie Pepi in die Kultur der Kriminalität hineinwuchs. Allerdings war es weniger seine alleinstehende Mutter, die ihm den Weg wies, sondern seine Freunde aus der Unterwelt, die ihn allmählich in die Tricks und die Künste einführten, deren Beherrschung für einen Unterweltler von der Art des Pepi Taschner notwendig ist. (Derartige Einführungskurse gibt es nicht bloß in der »Unterwelt«, sondern ebenso in der Geschäftswelt, vor allem dort, wo Korruption gepflegt wird.)

»Eheliche« Verhältnisse

Der große und der »kleine« Ganove, der aus der alten Kultur des fahrenden Volkes, der Diebe, Betrüger, Falschspieler und der Prostitution kommt, ist ebenso wie Menschen aus anderen sozialen Schichten daran interessiert, eine Ehefrau zu finden, die ihm in seiner Tätigkeit als Dieb, Zuhälter oder Marktschreier beisteht. Wie und nach welchen Kriterien die »kleinen« Ganoven früher ihre Liebschaften und Ehefrauen aussuchten, um dadurch ihren »Beruf« wirksam, aber auch einigermaßen elegant auszuführen, schildert Schäffer so: »Den Gegenstand ihrer Liebe wählen sie sich aus der Mitte ihrer Gesellschaft, zuweilen auch aus den Bettelleuten und Vaganten, höchst selten aus dem Bürgerstand; und sie sehen bey ihrer Wahl gerade auf Eigenschaften, welche Leuten von ihrer Lebensart vorzüglich (!) einleuchten müssen. Eine Dirne, die ihnen gefallen soll, muß eine gute Anlage zur Gaunerei und eine gewisse Fertigkeit darin haben; d. h., sie muß schlau, wachsam, aufgelegt und geschickt zum Stehlen, zum Ausspionieren und zur guten Bedienung des Beyschläfers sein. Und besitzt eine nur diese Eigenschaften, so kann sie sicher sein, daß sie genug Liebhaber finden werde. Auch gegen Schönheit sind sie zwar keineswegs gleichgültig ... Aber sie sehen über den Mangel dieses Vorzugs weg, wenn sie nur die ersteren [Eigenschaften] bey einer Person antreffen. Gemeine Gauner nehmens wohl hierin nicht immer so genau ... Aber die Hauptgauner lassen sich selten mit einer ein, die sich nicht durch gaunerische Vorzüge (!) auszeichnet ... Die Dirnen ihrer Seits haben bey der Wahl ihrer Männer und Beyschläfer ähnliche Rücksichten. Der Gauner, dem sie ihre Hand geben sollen, darf nicht eben nur wohlgebildet [vom Aussehen] seyn, sondern er muß hauptsächlich Stärke, Mut und Klugheit besitzen. Ein Feiger, Schwächlicher und Einfältiger ... ist der Verachtung gewiß. Ein Kraftvoller, Beherzter und Verschlagener hingegen darf nie fürchten, daß er wegen einer guten Partie in Verlegenheit kommen werde ... Und je mehr eine selber gaunerische Vorzüge besitzt, desto mehr sieht sie darauf, einen sehr ähnlichen Mann zu bekommen Auch die Eltern und nächsten Verwandten einer Dirne stellen Männern von den angeführten Eigenschaften nach, und thun alles mögliche, um ihr Mädchen bey ihnen anzubringen.« (a. a. O., S. 233ff.)

Allerdings sind die Ehen zwischen diesen Leuten, wie Schäffer schreibt, »fast durchgehend Konkubinate«: »Bey den meisten gilt die beiderseitige Einwilligung für alle Formalitäten, und die Heirat wird sofort für geschlossen angenommen.« Aber auch kirchliche Trauungen kommen vor, jedoch meint Schäffer: »Und selbst auch dann, wann sie sich trauen lassen, bedienen sie sich dazu eines moralisch oder ökonomisch verdorbenen Pfarrers, der sich nicht lange damit abgibt, die Umstände der Verlobten, die sich ihm zur Trauung darstellen, erst näher zu erkundigen, sondern sie ohne weiters kopuliert, wenn sie ihn nur gut bezahlen.« (a. a. O., S. 237)

Es entspricht dieser Ganovenwelt, daß die Ehen oder eheähnlichen Bindungen nicht jenen Bestand haben, der für die bürgerliche oder adelige Welt charakteristisch ist. Dennoch kennen – so Schäffer – auch die Ganoven Hochzeitsrituale: »In dem Fall, daß eine Trauung vorgenommen wird, und das angehende Paar Eltern und nahe Verwandte hat, die mit der Heirat zufrieden sind, werden dann auch, wenn es anders nicht ganz an Vermögen fehlt, gemeiniglich die im bürgerlichen Leben gewöhnlichen Feierlichkeiten veranstaltet. Das neue Paar verlobt sich öffentlich, man kommt in einer Diebsherberge zusammen, hält da eine Mahlzeit, zu der mehrere Gauner von der Freundschaft geladen werden, und macht sich lustig. Das nemliche geschieht noch mehr am Tage der Trauung selbst, und damit die Eheleute recht, wie sichs für Gauner gebührt, in ihren neuen Stand eingeleitet werden, wird oft in der Nacht vor oder nach der Hochzeit irgendwo eingebrochen, um das zusammen zu bringen, was zur Bestreitung des Hochzeitsmahls und der dabey aufzuwendenden Kosten und zur Einrichtung der neuen kleinen Haushaltung nöthig ist.« (a. a. O., S. 237 f.)

I. Rotwelsch und die Geschichte der Gauner, Dirnen und Vagabunden

Diese und ähnliche Beschreibungen weisen auf die harte und entbehrungsreiche, aber auch lebensfrohe Kultur des früheren fahrenden Volkes hin, in welcher »fleißige« Vagabunden und Gauner auch daran interessiert waren, eine tüchtige Begleiterin zu haben.

Vagantinnen leisteten als »Ehepartnerinnen« in den Gaunerbanden oft wertvolle Dienste. Es gab aber auch Frauen, die sich regelrecht zu Bandenführerinnen aufschwangen. Über solche Banden berichtet mein Freund Wolfgang Scheffknecht in seinem schönen Aufsatz »Arme Weiber«. Er schildert dabei, wie Vagantinnen ihr Leben zu meistern hatten und wie sie zu regelrechten Spezialistinnen beim Taschendiebstahl und beim Diebstahl auf Märkten wurden.

Diese Frauen verstanden es trefflich, die Banden zusammenzuhalten. Allerdings standen sie vor dem ständigen Problem, ihre Lebenspartner durch Gefangennahme, Hinrichtung oder zwangsweise Rekrutierung zu verlieren. Wenn jedoch Gaunerbanden eine gewisse Beständigkeit hatten, so war dies gewiß ihren Frauen zu verdanken (Scheffknecht, 1991).

Umstürzlerische Vagabunden und Wandergesellen

In der Zeit um 1848, als Bürger, Arbeiter und Studierende gegen eine alte Gesellschaftsordnung und eine morsche Monarchie auf die Barrikaden stiegen, wurde revolutionäres Gedankengut auch durch Vagabunden verbreitet. Das fahrende Volk verbreitete mit unglaublicher Schnelligkeit Nachrichten, die Zensur und Preßpolizei in den Tagesblättern unterdrückten, bis in die kleinsten Dörfer (Perthes, 1984, S. 16). Dadurch erschien der Vagabund grundsätzlich als suspekt. In diesem Sinne schreibt Perthes über die um 1840 umherziehenden Handwerksgesellen: »Die wandernde Handwerksbevölkerung war zugleich der Herd, auf welchem mancher politische Gifttrank gebraut ward, der von hier aus schnell in weite Kreise des Volkslebens verbreitet wurde ... Jeder einzelne [Handwerksbursche, R. G.] findet jeden Abend einen Kreis auf der Herberge, welchem er die kaum empfangene Lehre verkündet, und am folgenden Morgen schon gehen zehn und zwanzig Missionare des Umsturzes nach allen vier Weltgegenden hin, um am Abend in einer Anzahl verschiedener Herbergen neue Anhänger zu gewinnen; mit steigender Schnelligkeit verbreitet sich die Lehre und die Lust der Revolution unter den Gesellen Deutschlands und wird durch sie in die Werkstätten und Häuser der Meister gebracht. Auf diese Weise ward seit 1840 die Revolution in dem Felleisen [Rucksack, R. G.] wandernder Gesellen von Ort zu Ort getragen ...« (a. a. O., S. 21f.) Der brave Bürger fürchtete, wie es scheint, die Wanderburschen, zu Recht.

Auf revolutionäres Potential deuten übrigens auch die alten Wanderlieder hin, wie zum Beispiel das berühmte »Im Krug zum grünen Krane« von Wilhelm Müller, gedichtet um 1812, zu einer Zeit, als Studenten sich im Namen der Freiheit gegen die Aristokratie zu erheben begannen. Dieses Lied erzählt, wie ein Wanderbursche im Wirtshaus einen Kollegen trifft. Die beiden kennen sich nicht. Sie blicken sich in die Augen, und nun wird ihnen bewußt, daß sie beide Revolutionäre sind. Dann erheben sie das Weinglas, trinken auf das Wohl des Vaterlandes und nennen sich »Herzbruder«.

Der vollständige Text dieses zum Volkslied gewordenen Liedes lautet so:
»Im Krug zum grünen Kranze, da kehrt ich durstig ein,
da saß ein Wandrer drinnen, ja drinnen am Tisch bei kühlem Wein.
Ein Glas war eingegossen, das wurde nimmer leer,
sein Haupt ruht auf dem Bündel, als wär's ihm viel zu schwer.
Ich tat mich zu ihm setzen, ich sah ihm ins Gesicht,
das schien mir gar befreundet, und dennoch kannt ich's nicht.
Da sah auch mir ins Auge der fremde Wandersmann
und füllte meinen Becher und sah mich wieder an.
Hei: was die Becher klangen, wie brannte Hand in Hand:
›Es lebe die Liebste deine, Herzbruder im Vaterland!‹«

Mit dem Umherziehen verband sich eine eigenartige Romantik, die schließlich auch dazu führte, daß der Vagabund als Symbol der Freiheit von Intellektuellen bis heute verherrlicht wird (s. o.). Die Umherziehenden hatten also eine wichtige Funktion. Eine besondere Bedeutung kam dabei wohl den Wandergesellen zu, die als junge Burschen herumzogen, um bei einem Meister die von ihnen erlernte Arbeit auszuüben. Aber es war nicht immer leicht, irgendwo eingestellt zu werden, und so streiften viele dieser arbeitslosen Gesellen durch die Lande und führten in den Herbergen ein bisweilen recht fröhliches Leben, zu dem auch der Alkohol gehörte. Das dafür benötigte Geld erwarben sie durch »Fechten«, ein nobles Wort, mit dem offensichtlich die entehrende Bezeichnung »Betteln« umgangen werden sollte.

Diese Art des Lebensunterhaltes ist bis zum Zweiten Weltkrieg zu beobachten. In früheren Zeiten war es üblich, sich auf Wanderschaft zu begeben, wenn es schlecht mit der Arbeit stand und der

Hunger groß war. So weiß ich aus Gesprächen mit alten Schuhmachermeistern und Bauern, daß in der Zwischenkriegszeit viele bettelnde, »fechtende«, Menschen unterwegs waren. In den Städten, wie zum Beispiel in Wien, hieß es unter den von der Not geplagten Menschen: »Gemma [gehen wir] aufs Land!« Noch in der Nachkriegszeit hoffte man in den Dörfern und bei den Bauern auf ein paar Groschen oder auf Nahrungsmittel. Manche Bauern verschenkten etwas Schweineschmalz, andere gaben Brot. Burschen, die ein Gewerbe erlernt hatten, wie das des Schusters, suchten Werkstätten auf und fragten um Arbeit. Dabei entwickelte sich so etwas wie ein Ritual, denn Arbeit gab es in schweren Zeiten tatsächlich kaum. Die Gesellen sagten den stets gleichen Spruch auf: »Ein wandernder Schustergeselle [oder Bäckergeselle] spricht um Arbeit vor!« Der Meister gab ihnen darauf ein kleines Geldgeschenk. Ein Schuhmachermeister erzählte mir, er habe damals in den dreißiger Jahren eine kleine Schale mit vielen Groschenstükken auf dem Verkaufspult stehen gehabt. Aus dieser erhielten die Burschen jeweils zwei Groschen, mit denen sie dankbar fortzogen, um sich damit eine Kleinigkeit zu kaufen. Diese Art des Bettelns war eine gehobene ehrenhafte Tätigkeit, weshalb die Bezeichnung »Fechten« auch etwas völlig anderes aussagt als »Betteln«.

Mir fiel vor einiger Zeit ein interessantes Manuskript in die Hände, nämlich die handschriftliche, ungefähr 200 Seiten umfassende Aufzeichnung des Tischlergesellen Franz Gansterer aus Kirchberg am Wechsel im südlichen Niederösterreich, der sich 1913 auf die Wanderschaft machte. In fein säuberlicher Kurrentschrift hat der damals 24jährige Geselle seine Erlebnisse und Gedanken festgehalten.

Ein paar Stellen aus dieser aufschlußreichen Schrift seien hier wiedergegeben. Sie beginnt mit den einfachen Worten: »Montag den 26. Mai 1913. Der Vater hat mich begleitet bis auf die Rams und noch ein Stück hinunter, bis zu einer kleinen Marienkapelle. Ich ging dann weiter nach Gloggnitz, frohen Mutes, und habe

Wanderlieder gesungen.« Nun erzählt der Bursche, wie er mit der Bahn nach Wien und dann nach Salzburg fährt. Hier erfährt der Leser etwas über die Bedingungen des Wanderlebens als Geselle: »Zu Mittag habe ich auf der Verpflegsstation für die Wanderburschen gegessen. In mein Arbeitsbuch war die Bewilligung für Reisen in Österreich und Deutschland auf die Dauer von einem Jahr eingetragen, damit konnte ich auf den Herbergen unentgeltlich essen und schlafen, für 1 Tag. Es kam ein Stempelabdruck hinten ins Arbeitsbuch zur Kontrolle. Nächsten Tag mußte man wieder weiter wandern oder Arbeit nehmen.« Die Arbeit interessiert den Burschen offensichtlich nicht, er wandert weiter, zu Fuß. In Berchtesgaden trifft er einen Bäckergesellen, mit dem er nun nach Reichenhall marschiert, wo beide übernachten. Erleichtert schreibt der Geselle: »Hier bekam ich den Bäcker wieder los. Worüber ich froh war, denn anfangs zahlte er mir Bier, dann hatte er kein Geld, dann hätte ich seinen Durst bezahlen sollen.« Jetzt fügt unser Freund zwei Wörter aus dem Rotwelsch ein: »Dann ging er [der Bäckerbursch] schmal machen, das ist fechten [betteln] von Haus zu Haus.« Er wandert weiter, fragt Bauern um ein Nachtlager, das wird ihm zwar nicht gewährt, dafür setzt man ihm Milch und Brot vor. Beim dritten Mal ist er satt. In einer Schutzhütte darf er kostenlos nächtigen. Voller Begeisterung erzählt der Bursche jeweils vom Essen, das ihm in den Gasthäusern kredenzt und bei »Verpflegungsausgaben« der Wanderburschen überreicht wird. Gutes bayrisches Bier trinkt er im Hofbräuhaus, wo er beobachtet, daß die Leute ihren Rettich zum Bier essen und Tabak schnupfen. Unser Freund gelangt nach Augsburg, wo er zu einem Kloster geht; durch eine kleine Tür an der Pforte wird ihm Suppe gereicht, »in welcher allerhand eingebröckelt war«. Dem Leser fällt auf, daß der junge Mann sehr bildungsbeflissen ist und in den Städten, in die er kommt, vor allem Kunstmuseen besucht, die gerade für ihn, den Tischlerburschen, von Profit sein mögen. In Stuttgart steigt er in einer protestantischen Herberge ab: »Dort in der Herberge ›Zur Heimat‹ gegessen. Spätzle mit Kompott und Suppe, hat 40 Pfennige gekostet. Diese Herbergen waren in allen Städten und evangelisch. Man konnte auch übernachten, das Bett zu 25, 30 oder 40 Pfennige. ... In diesen Herbergen wurde auf Ordnung und Reinlichkeit geschaut. Vor dem Schlafengehen mußte man das Hemd ausziehen und umkehren und vorzeigen, damit keine Läuse nicht eingeschleppt würden.« Und nun geht der Geselle genauer auf das Rotwelsch ein, das er als die »Kundensprache« bezeichnet: »Diese [die Läuse] werden in der Kundensprache Bienen genannt, das Hemd heißt ›Staude‹, die Herberge ›Penne‹. Statt wandern sagt man ›dippeln‹ ... Der Handwerksbursche wird ›Kunde‹ genannt, Ausdrücke in der Kundensprache sind noch: ›Fleppe‹ für Wanderbuch, ›Stift‹ für Lehrling, ›Deckel‹ für Gendarm, ›Draht‹ für Geld, ›Kittchen‹ für Arrest, ›Schneidling‹ für Messer, ›schmal machen‹ für betteln, fechten. ›Berliner‹ für Ranzen, ›Winde‹ für Haus, ›Teewinde‹ oder ›Grützkasten‹ für Krankenhaus, ›Häringbändiger‹ für Kaufmann. ›Platt machen‹ für im Freien schlafen, ›schönigeln‹ für arbeiten, ›Schwarzkünstler‹ für Rauchfangkehrer, ›Unvernunft‹ für Wurst, ›Verschönerungsrat‹ für Barbier, ›ken‹ für ja, ›Krauterer‹ für schlechter Arbeiter, ›Bruchbude‹ für schlechte Werkstätte. ›Streiffing‹ für Buchbinder, ›Kopfschuster‹ für Zeitmacher, ›Pappenheimer‹ für Buchbinder, ›Walz‹ für Wanderschaft und noch andere.«

Interessant ist, daß das Wort »Fleppe« hier als Wanderbuch bezeichnet wird. Bei den Hausierern bezieht es sich auf das Hausiererbuch und bei den Dirnen auf die Gesundheitskarte. Aus den Aufzeichnungen geht auch hervor, daß gewisse Traditionen bis heute gepflegt werden, nicht nur in der Sprache, sondern auch in anderen Bereichen. So finden auch heute noch Vagabunden bei Klöstern und anderen kirchlichen Institutionen die Möglichkeit, eine Klostersuppe vorgesetzt zu bekommen.

Die alten Wandergesellen und andere Vagabunden hatten allerdings nicht immer einen guten Ruf. So sollen nicht wenige von ihnen das mühsam erbettelte Geld für Branntwein ausgegeben haben, wie manche Autoren bedauernd feststellen.

An die Geschichte der alten Wandergesellen erinnern heute nur noch die Hamburger Zimmerleute, die angetan mit weiten Samthosen, Samtrock und breitem Hut häufig in den Städten auftauchen. Sie sind wohl die letzten, die noch auf der Walz sind. Innerhalb von zwei Jahren dürfen sie sich ihrer Heimatstadt auf nicht mehr als dreißig Kilometer nähern, ansonsten wird ihnen der Gesellenbrief verweigert. Im Gegensatz zu ihren Vorgängern leiden sie allerdings keinen Hunger und keine Not mehr.

Wanderarbeiter

Die seit der Jahrhundertwende grassierende Arbeitslosigkeit brachte viele Menschen auf die Straße, darunter auch Wanderarbeiter, die dorthin zogen, wo man für eine gewisse Zeit etwas Geld verdienen und eine angenehme Unterkunft finden konnte. Über solche Leute, die auf die Insel Fehmarn zogen, um bei Mäh- und Drescharbeiten mitzuhelfen, schreibt Peter Wiepert. Sein Bericht zeigt gut auf, wie diese Leute damals lebten: »Sie kamen um 1900 meistens schon im Monat Juli, arm und abgerissen, bettelten dann in den Dörfern herum, fischten auch in den nördlichen Binnenseen oder Dorfteichen und ließen häufig Kartoffeln, Möveneier, auch ›Hühnerchens‹ ... mitgehen. ... Die Unterkunft dieser Leute war die alte Wahlersche Scheune, die sie ›Belvedere‹ nannten, oder die alte Wilckensche Ziegelei östlich von der Stadt Burg mit dem weniger ansprechenden Namen ›Schloß Lausenstein‹. Einzelgänger und solche, die etwas zu verbergen hatten, krochen in den Dörfern hier und dort in die Scheunen, doch logierten ›Spezialisten‹ und mit allen Wassern Gewaschene wegen des kribbelnden Ungeziefers in den Massenunterkünften lieber in Gottes freier Natur ...« (Wiepert, 1982, S. 29ff.)

Wanderarbeiter waren auch die berühmten Hobos, die in der Zwischenkriegszeit durch die USA in und auf Eisenbahnwaggons fuhren. Als Erntehelfer suchten viele von ihnen Arbeit und als Nomaden des Schienenstrangs übten sie eine Faszination aus, eine Faszination, der sich auch Jack London nicht entziehen konnte. Er selbst war eine Zeitlang als Hobo unterwegs und schrieb sein berühmtes Buch »Abenteuer des Schienenstrangs«, in dem er das Leben von Landstreichern schildert. Der Name Hobo deutet darauf hin, daß diese Landstreicher tatsächlich zunächst Arbeit als Landarbeiter suchten: Das Wort Hobo ist die amerikanische Abkürzung für einen Burschen (boy), der den Boden hackt (to hoe).

Hausierer und Jenische

Zu den Wandernden zählten auch die sogenannten Hausierer, also jene Leute, die mit vielerlei Waren durch das Land zogen, um so für sich und ihre Familien den nötigen Lebensunterhalt zu verdienen.

So waren 1852 in Preußen allein 19.732 Krämer und Lumpensammler sowie 9917 Musikanten, die in Wirtshäusern aufspielten, unterwegs (Perthes, 1984, S. 16). Die Krämer, oder besser: die Hausierer, hatten eine wichtige Funktion, waren sie es doch, die bestimmte, oft schon heißersehnte Waren bis hin zu entlegenen Bauernhöfen brachten. Damals, in einer Zeit, als die Bauern noch kaum mobil waren, freute man sich über die fahrenden Hausierer. Man nannte sie auch die »Jenischen«, ein Wort, in dem die zigeunerische Wurzel »dsian« steckt, was soviel wie »wissen« bedeutet. Die »Jenischen« sind demnach die »Klugen«, im Gegensatz zu den Seßhaften, die man für weniger klug hielt. (Näheres dazu in den einführenden Kapiteln.)

Es mag wohl sein, daß ein Großteil der Jenischen identisch mit den Zigeunern ist; es scheint mir aber sicher, daß mit den herumziehenden Händlern wohl auch eine Tradition der Zigeuner verknüpft ist, zumindest in sprachlicher Hinsicht.

Diese jenischen Hausierer waren entweder allein oder mit ihren Familien unterwegs. Seit Urzeiten waren sie auf den Straßen zu Hause. Sie bettelten nicht, wie andere Vagierende, sondern boten Dienstleistungen an, um sich und ihre Familien ernähren zu können. Zu ihnen gehörten Kesselschmiede, Korbflechter, Pfannenflicker, Schausteller aller Art, Bärentreiber, Zirkusleute und anderes Volk. Diese wandernden Händler bevölkerten die Straßen. Als Vagierende waren sie der Obrigkeit verdächtig, weshalb die Regenten der verschiedenen Länder stets versuchten, diese Menschen unter Kontrolle zu bekommen.

In Österreich war es vor allem Maria Theresia, eine geradezu erbitterte Gegnerin von Zigeunern, Juden, Andersgläubigen, Dirnen und Vagabunden, die die wandernden Händler registrieren ließ, da ihr auch diese Leute verdächtig waren.

Diejenigen Hausierer, die nicht vorbestraft waren, hatten die Chance, einen Gewerbeschein zu erhalten. Mit diesem sogenannten Hausiererbuch durften sie ihr Wandergewerbe fortan unter dem Auge des Gesetzes ausüben. Sie konnten eigentlich mit allem handeln, von dem sie meinten, die Leute hätten Interesse daran, angefangen von Schuhbändern bis hin zu Teppichen. Sie waren entweder mit einem Ranzen oder auch mit Karren, vor die bisweilen ein Hund gespannt war, unterwegs. Diese Kultur der Hausierer hält sich bis in die Zeit lange nach dem Zweiten Weltkrieg. Heute gibt es wohl noch eine Art Wandergewerbe, das aber wenig mit den alten wandernden Leuten zu tun hat, die zu Fuß und manchmal sogar mit Pferden unterwegs waren und ihre Waren und Künste anboten. Heute sind die Händler mit dem Auto unterwegs und verkaufen in mehr oder weniger seriöser Weise Waren des täglichen Bedarfs.

Für die alte Kultur der Hausierer war nicht nur eine Sprache typisch, die eng mit dem Rotwelsch verbunden ist, sondern auch Tricks des Überlebens auf der Straße. Es scheint, daß die Bewohner ganzer Dörfer in Zeiten der Armut mit ihren Waren auf den Straßen lebten. So ist bekannt, daß arme Leute aus dem Schwarzwald mit in Heimarbeit erzeugten Uhren durch ganz Europa zogen, ebenso wie Zillertaler, die Handschuhe bis hinauf nach Preußen brachten. Es sei hier erwähnt, daß es solche Zillertaler Händler und Sänger waren, die das weltberühmte Lied »Stille Nacht, heilige Nacht« in deutschen Städten sangen und es so bekannt machten. Zunächst meinte man sogar, dieses Lied sei aus dem Zillertal, bis ein preußischer Beamter entdeckte, daß dieses Lied aus dem Salzburgischen stammt.

Es gibt einen lesenswerten Bericht über eine solche Gegend, aus der Hausierer kamen.

I. Rotwelsch und die Geschichte der Gauner, Dirnen und Vagabunden

Casimir Bumiller beschreibt in einem Beitrag zur Heimatgeschichte des Fleckens Jungingen, wie ganze Gemeinden im sogenannten Killertal in der Schwäbischen Alb bei Hechingen vom Hausierhandel lebten. Die kargen Böden und eine rasche Bevölkerungsentwicklung während des 18. und 19. Jahrhunderts bewirkten eine schlechte Ernährungslage und zwangen die Menschen zum Wandergewerbe. Es waren vor allem Wollsachen und Holzgeräte, wie sie in den Dörfern des Tales hergestellt wurden, die die Händler unter die Leute brachten (Bumiller 1993, S. 11ff.). Sie handelten aber nicht nur mit Waren, sondern gehörten auch zu jenen suspekten Leuten, die, ähnlich wie die Handwerksgesellen, Ideen der Französischen Revolution verbreiteten. So soll der Händler Basilius Stoll, der bei seinen Wanderungen bis nach Marseille gekommen ist, in einer Rede 1792 gesagt haben: »Es solle hier auch zugehen wie in Frankreich ... Man werde der Herren Köpfe auch auf den Spießen herumtragen. Der Fürst sei eben selbsten nichts: er sei ein Schuldenmacher, ein Spitzbub, ein Grundbirnen-(Kartoffel-)Fürst« (a. a. O., S. 14).

Einen besonders guten Ruf scheinen die Hausierer nicht gehabt zu haben, schließlich entwickelten sie durch das Wandern einen weiten Geist. In kirchlichen Kreisen waren sie jedenfalls, wahrscheinlich wegen ihres lockeren Lebenswandels, nicht sehr beliebt. Davon kündet die Eingabe eines Dekans an das bischöfliche Ordinariat in Konstanz, in der es unter anderem heißt: »Daß solche Leute (Hausierer), die im Land umherwandern und vielleicht nur an Gewinn denken, schlechten Unterricht in Religion haben und böse Sitten (!) nach Hause bringen, läßt sich vermuten« (a. a. O.).

Daß zunächst vorrangig Männer im Handelsgeschäft tätig waren, mag vielleicht daran liegen, daß man den Frauen das Umherziehen und das Handeln nicht zutrauen wollte. Schließlich gehörten die Hausierer nicht zum fahrenden Bettlervolk, obwohl sie von diesem in sprachlicher Hinsicht einiges übernommen haben. Ihre Waren bezogen die Hausierer wohl direkt bei den Großhändlern, gelegentlich reisten sie den Waren nach. So wird aus dem Killertal

1840 etwa berichtet, daß 16 Personen mit Pferdefuhrwerken nach Donaueschingen fuhren, wo sie dann auseinandergingen. Vorher wurde jedoch gehörig Abschied gefeiert, denn man war doch Monate allein oder in kleinen Gruppen unterwegs.

Bumiller bringt einen spannenden Bericht über die Handelsreisen eines gewissen Paul Müller, der in der Regel von Mitte Oktober oder Anfang November bis in den März des nächsten Jahres hinein durch die Gegend zog. Der große Einkaufsmonat war der November. Dazu begab er sich nach Freiburg, wo er »Erlanger Kappen«, »schlesische Sacktücher«, »Pudelkappen« und »Hamburger Strümpfe« erwarb, die er bis Weihnachten absetzte. Nach einer Weihnachtspause ist er wieder auf der Straße, diesmal sind es seidene Tücher, die er zu den Leuten bringt. Der Kontakt zu seiner Frau und den Kindern bleibt durch Briefe während der Zeit der Handelsreisen aufrecht. Die Frau hat sich um die kleine bäuerliche Wirtschaft und die Kinder zu kümmern.

Der Hausierhandel wurde um die Jahrhundertwende in manchen Familien bereits in der dritten und vierten Generation ausgeübt. Die Art des Handelns und die Absatzgebiete gingen stets auf die Nachfolger über. Jede Familie besaß traditionsgemäß ihren »Strich«. Meist hatten sie ihre festen Standquartiere in Gasthäusern oder auch bei Privatleuten. Zu den Wirtsleuten bestanden jahrelang gute Beziehungen, schließlich waren die Hausierer gerngesehene Gäste, die auch allerhand Neuigkeiten zu übermitteln wußten, was sich in manchen Gegenden politisch tat oder daß es irgendwo zu einem Unglück gekommen war. Von ihren Standquartieren aus trugen sie ihre Waren in der sogenannten »Krätze«, einem Traggestell für den Rücken, zu den Kunden in den Dörfern oder auf die Einzelhöfe. Auch die Kunden bildeten feste Abnehmer, die manchmal ungeduldig auf ihre Hausierer warteten. Man sah die Hausierer aus dem Killertal also nicht als zweifelhafte Vagabundierer, sondern freute sich über ihr Erscheinen und nahm sie freundlich auf (a. a. O., S. 52).

I. Rotwelsch und die Geschichte der Gauner, Dirnen und Vagabunden

Es fällt auf, daß in der letzten Phase des Hausierhandels auch Frauen eine eigenständige Rolle spielten. In einigen Fällen gingen Frauen allein auf Wanderschaft, während der Mann sich um den kleinen Bauernhof zu kümmern hatte. Manchmal jedoch gingen auch beide Eheleute auf Handelsreisen und suchten dabei verschiedene »Striche« auf. Man kann mit Recht behaupten, daß die Killertaler Hausierer echte Kulturträger und Vermittler von Neuigkeiten waren.

Allerdings geht diese Kultur mit dem zunehmenden Wohlstand und der beginnenden Industrialisierung allmählich unter. Auch die typische Hausierer-Sprache, das »Pleisnen« oder »Pleislen«, verschwindet nach und nach.

In dem folgenden Rotwelsch-Vokabular sind einige dieser Pleislen-Wörter eingefügt. Das Wort »Pleisnen« oder »Pleislen« ist wahrscheinlich mit dem niederdeutschen Wort »pleiten« verwandt, das soviel wie »reden« heißt (vgl. M. Lorch, S. 47ff.), vielleicht im Sinne von »anders reden«, in der Bedeutung ähnlich wie der Begriff »Rotwelsch«. Die Killertaler Hausierhändler bedienten sich also einer Sprache, die auf der Straße und im Kontakt mit dem fahrenden Volk aller Art entstanden ist. Davon künden jene Wörter, die auch in anderen Rotwelsch-Dialekten beheimatet sind, wie zum Beispiel das Wort »Pink« für »Mann«. In Wien nennt man den Kellner »Binkl«, und ähnlich nennen die alten Hausierer den Wirt den »Zottels-Pink« (siehe das Vokabular).

Heute gibt es nur mehr wenige der alten Hausierer. Eine Gruppe von ihnen hat sich vor dem Zweiten Weltkrieg in Loosdorf bei St. Pölten in Niederösterreich niedergelassen. Ihre Mitglieder zogen als Kesselschmiede, Pfannenflicker, Schausteller oder sogar als Regenschirmmacher durch die Lande und wurden Jenische genannt.

Die heutigen Nachkommen der Jenischen in Loosdorf sind mit Bauern und Bäuerinnen verheiratet, einige haben sogar studiert. Echte Jenische gibt es keine mehr, aber ihre Nachfahren erinnern

Hausierer und Jenische

sich der alten Kultur der Straße. Ihre Eltern und Großeltern waren noch vom März bis in den Oktober hinein als Straßensammler unterwegs. Oft führten sie einen Karren mit, vor den ein Hund gespannt war. Im Gegensatz zu den Jenischen aus dem Killertal scheinen die Loosdorfer Hausierer wenig Ansehen genossen zu haben, waren doch die Waren, die sie durch die Gegend schleppten, eher unansehnlicher Natur. Während die einen Seidentücher und ähnliches mit sich führten, waren die anderen bloß darauf aus, Felle, Tierhaare und Lumpen zu ergattern, die sie gegen kleinere Sachen wie Schuhbänder, Nadeln und Kämme einhandelten. Auf den Lagerplätzen sammelte man diese Sachen. Interessant ist, daß der Lagerplatz als »Funkplatz« bezeichnet wurde. Darin ist das alte Rotwelschwort »Funckart« für Scheiterhaufen enthalten. Waren genug Lumpen und ähnliches gesammelt, begab sich das Familienoberhaupt zum nächsten Juden – solche waren in jeder größeren Ortschaft ansässig – und verkaufte diesem die Lumpen und Felle. Die Händler machten dabei ein doppeltes Geschäft, denn sie gaben für die gelieferte Ware nur einen Teil ihres Wertes in Geld, den Rest erhielten die Sammler als Kleinwaren wie Zwirn und Nadeln. Diese konnten von den Jenischen nun wieder dazu verwendet werden, um Lumpen und ähnliches einzutauschen Jansky, o. J.).

Das Leben der Jenischen spielte sich auf den Lagerplätzen ab – auch hierin unterscheiden sie sich von den Händlern aus dem Killertal, die es vorzogen, in Gasthäusern zu nächtigen und diese zu ihren Standorten zu machen.

Im Laufe der Zeit, um die Jahrhundertwende, lernten die Jenischen um und wurden Scherenschleifer, Uhrmacher und Korbflechter. Aus Straßensammlern waren echte Wanderhändler geworden, von denen einige sich sogar ein Pferd mit Planwagen zulegen konnten. Der Loosdorfer Lehrer Franz Jansky zitiert in seinem Band Erinnerungen zweier alter Jenischer. Ein Mann erzählt, wie sie jedes Jahr im März mit ihrem Planwagen, vor den zwei Pferde gespannt waren, von ihrem kleinen Haus losfuhren. Der Wagen war beladen mit Tuchenten, Polstern, Decken, Eßgeschirr und anderen Dingen, zu denen die Waren kamen, mit denen man zu handeln gedachte. Zunächst fuhr man zu einem Lagerplatz, wo die Mutter kochte und wo man im Freien schlief. Während des Tages ging man in die Dörfer, um die Waren zu verkaufen. Der Bericht schließt mit den Worten: »Es war ein wunderbares Leben, das wir, die wandernden Jenischen, geführt haben. Durch Hitler aber wurde es 1938 beendet.« Romantisch verklärt ist auch der Bericht einer alten jenischen Frau. Sie erzählt von den Festen, die spontan gefeiert wurden, wenn sich zwei jenische Gruppen trafen. Man teilte das Essen untereinander und hielt fest zusammen, stand außerhalb der bürgerlichen Normen und hatte eine eigene Moral. Als Außenseiter wurde man von den »Gadaschi«, den Nichtjenischen, gemieden oder auch verachtet. Obwohl das Leben im Freien oft hart war, denkt die Frau gerne an diese Zeit des Umherziehens zurück: »Ich würde die heutige bequeme, moderne Zeit eigentlich sofort gegen die alte eintauschen.« Dem Lehrer Jansky ist es übrigens in Loosdorf durch seine Broschüre gelungen, Interesse an der Kultur der Jenischen zu entfachen. Sogar Jenischkurse soll Herr Jansky schon abgehalten haben, und ein Gendarm des Ortes bemüht sich um die Pflege alter jenischer Kultur.

Von den Wörtern, die Jansky zitiert, ähneln einige Wörter der Wiener Gaunersprache oder überhaupt dem allgemeinen Rotwelsch, wie zum Beispiel : »Fleppn« für Hausierbuch, »Beis« für Wirtshaus, »wamsen« für schreien, »Schicks« für Frau (abwertend), »schmeun« für reden und »schrenkn« für sperren. Das Wort »Schmäh« ging übrigens aus dem jiddischen Wort »schmeun« hervor, wie ich unten noch einmal betonen werde.

Auch liegt mir eine Veröffentlichung über das Jenische im Luxemburgischen vor. In den dort festgehaltenen Wörtern des Rotwelsch zeigt sich ebenfalls das Band der Straße, auf dem einzelne Wörter des Rotwelsch von Händlern und Vagabunden weitergegeben wurden. Diese Abhandlung verfaßte der luxemburgische

Heimatforscher Joseph Tockert, sie erschien in den Vierteljahresblättern für luxemburgische Sprachwissenschaft, 1937–1938, und wurde 1989 wieder aufgelegt. Sie bezieht sich speziell auf das Jenische, wie es die Wanderhändler von Weimerskirch, einem Vorort der Stadt Luxemburg, einmal sprachen. In Weimerskirch zählte man um 1900 noch vierzig Familien, die als fahrende Händler unterwegs waren. Spezialisiert waren sie auf den Tauschhandel von »Kramwaren« – zu denen Porzellan, Textilien, Kurzwaren, aber auch Obst gehörten – gegen altes Eisen, Lumpen und Knochen. Ähnlich wie die Jenischen von Loosdorf waren auch sie »Lumpenkrämer«, die man im Luxemburgischen »Lakerte« nannte. Ihre Sprache bezeichneten sie als »Lakerschmus« – in diesem Wort steckt der Rotwelschausdruck »schmusen« oder »schmeun« für reden – oder einfach als »Jenisch«. Keinesfalls wollten diese Wanderhändler, wie Tockert betont, daß ihre Sprache mit der der jüdischen Viehhändler und der Zigeuner in einen Topf geworfen wird (Tockert, 1989, S. 6), obwohl zweifellos Übereinstimmungen bestehen oder bestanden.

Es soll, so Tockert, übrigens ein Österreicher gewesen sein, der den Lumpenhandel in Weimerskirch eingeführt hat. Und ein deutscher Jude errichtete das erste Magazin, an dem die gesammelten Lumpen, Eisenstücke und Knochen abgegeben werden konnten. Das Geschirr, das die Jenischen für ihren Tauschhandel benötigten, bezogen sie von einzelnen Töpfereien im Umkreis von Luxemburg und Trier. Bei diesem Geschirr handelte es sich für gewöhnlich um Ware minderer Qualität, die mit Fehlern behaftet und daher billig war. Nicht umsonst benannte man daher die Ware dieser Wanderhändler als »Schund« oder »Schond«. Die »Kramhändler« waren oft monatelang auf Kirtagen und Messen unterwegs. Mit Körben und Schubkarren zogen sie umher, die besseren Kramleute sogar mit Wagen und Pferden. Ihr Gebiet war das des Rheins bis Köln, in die Eifel hinein, an die Mosel, an die Saar und in den Schwarzwald. Manche kamen sogar bis Ungarn. Jeder dieser Wanderhändler hatte sein Gebiet, das er zweimal im Jahr, im Sommer und im Herbst, »abkloppte« (a. a. O., S. 8).

Die Hausierersprache der Weimerskircher gehört, wie Tockert feststellt, ähnlich wie das Rotwelsch der Metzer, Lothringer und anderer zu den westlichen Ausläufern des mitteldeutschen Rotwelsch (a. a. O., S. 9). Auch das luxemburgische Jenisch zeichnet sich durch Witz und blumige Derbheit aus, die typisch für andere Rotwelsch-Dialekte ist – dazu einige Beispiele:

So wird urinieren und regnen gleicherweise mit »bachelen« bezeichnet. »Beinen« und »beugen« heißt sprechen, reden. »Beschonten«: mit Kot beschmutzen, anschmieren. »Botten«: essen. In »botten« steckt das alte Rotwelsch-Wort »butten« für essen. Der »Putzen« ist der Polizist. »Putzen« erinnert an Putz, das sich von Popanz, wie man den Bettelvogt (eine Art Polizei) spöttisch nannte, ableitet. »Dichten« bedeutet betteln. Der »Fehl« ist das Taschenmesser. Das Wort »Feitl« ist also nicht nur im Oberösterreichischen beheimatet, es leitet sich vielleicht von dem Namen »Weit« ab. »Fonkes« ist das Feuer – siehe das Rotwelsch-Wort »Funken«.

»Gatsch« ist der Mann, »Hautz« der Vater, Großvater, Bauer – im »Liber Vagatorum« wird vom »Houtz«, dem Bauern, gesprochen. »Kaffer« ist ebenso der Bauer, »Kibbes«, der Kopf; »Kittchen«, das Gefängnis; »Klaft« die Kleidung – vergleiche »Kluft«; »kreisen«, verstehen; »Kusch«, kleines Haus; »manken«, betteln; »Bloss«, Frau und Mutter; »Nilles«, Sack; »passen«, kaufen; »plattfeissen«, tanzen – findet sich schon im »Liber Vagatorum«; »Raipert«, Tasche – siehe »ripart« im »Liber Vagatorum«; »Schmull«, Mund; »Schnall«, Suppe – die Wiener Sandler sagen zur Klostersuppe »Schnalze«, leitet sich wohl von schnallen, das ist geräuschvoll schlürfen, ab; »Schond« oder »Schontes«, Kot (Scheiße); »schliff dech!«, paß auf und geh fort – vergleiche »schupf dich«; »Spackel«, Penis; »Stört«, Knabe – vergleiche »Stift« für Kaufmannslehrling; »Stroumen« und »stromen«, laufen: »Stromer«, Handwerksbursche; »Trappen«, das Pferd; »verzenken«, den Weg bezeichnen – vergleiche »Zinken« für Zeichen der Fahrenden an Wegkreuzungen, Häusern und anderem; »verankern«, verkaufen – siehe »verjankern« im Wienerischen; »Zaster«, Geld – im Zigeunerischen »säster« für Eisen.

Die hier beispielhaft wiedergegebenen Wörter aus dem luxemburgischen Jenischen verweisen gleichermaßen auf die Kultur der Fahrenden wie – gleich anderen Hausierersprachen – auf eine alte Kultur der Straße. (Auf die spannende Arbeit Tokerts hat mich der luxemburgische Schriftsteller J.J. Kariger hingewiesen. Dafür sei ihm gedankt.)

Eine alte Hausierer- und Gaunersprache in Münster

Eine Hausierer- und Gaunersprache wurde auch in Münster in Westfalen gesprochen. Im Gegensatz z. B. zu Wien gibt es in Münster jedoch keine Gruppen mehr, in denen diese Sprache gesprochen wird. Einige schriftliche Quellen haben sich jedoch erhalten, wie ich erfahren habe, die auf Rotwelsch-Wörter verweisen. Studentinnen und Studenten der Universität Münster haben unter Anleitung von Herrn Klaus Siewert einige Wörter und Sätze dieser Sprache gesammelt. Herr Siewert hat darüber einiges publiziert (z. B. Klaus Siewert 1994). In Anlehnung an ein altes Rotwelsch-Wort bezeichnet Siewert diese münsteranische Sondersprache als »Masematte« und jene Leute, die es sprachen und vielleicht noch sprechen, als »Masematte-Sprecher«. Mit »Masematte«, das eigentlich wörtlich »Handel und Wandel« und in der Tradition der alten Ganoven »Diebstahl« bedeutet (siehe Wolf, 1985, S. 209), will Siewert wohl symbolisch auf die alte Kultur der Fahrenden und kleinen Gauner sowie deren Sprache verweisen.

So brachte er auch einige Bücher mit Texten von Autoren heraus, die in »Masematte« Gedichte und sogar Kabarett-Texte geschrieben haben. Münster dürfte überhaupt ein guter Boden für die Aufnahme und die Weitergabe alter Masematte-Wörter sein. Eine vor allem intellektuelle Bürgerschaft bemüht sich – durchaus ähnlich wie es Hoffmann von Fallersleben im vorigen Jahrhundert tat –, die Sprache der Händler und Gauner »romantisierend« weiterzutragen (siehe dazu: Klaus Siewert, 1994).

Einige Wörter daraus seien hier gebracht, um die Beziehung zu anderen Rotwelsch-Dialekten zu veranschaulichen:

So heißt »Ponum« das Gesicht, ein Wort aus dem Jiddischen, das im Wienerischen als »Ponem« auftaucht. Und »Gallach« ist der Priester, so auch in anderen Rotwelsch-Sprachen. »Mischpoke«, ein jiddisches Wort, ist das Volk, auch in Wien bekannt. »Beis« ist das Haus in Münster; genauso gibt es in Wien das kleine Gasthaus,

Eine alte Hausierer- und Gaunersprache in Münster

die Schenke: das »Beisl«, welches in Masematte »Piesel« genannt wird. Genauso wie in Münster das »Piesel« hat auch in Wien das »Beisl« heute eine romantische Verklärung für den »guten Bürger« und den braven Studenten erfahren.

»Tiftel« ist in Masematte die Kirche, ein uraltes Rotwelsch-Wort, das bereits im »Liber Vagatorum« vorkommt. Und »schmusen« heißt reden, es erinnert, wie oben schon erzählt, an das wienerische »Schmäh«. »Jovel« bedeutet schön, »schickern« trinken, es scheint mit dem wienerischen »Tschechern« verwandt zu sein. »Schofel« ist gefährlich oder ungut. Auch dieses Wort kennt der Wiener Gauner. »Krajöhln« heißt schreien. In Wien sagt man »kraköln«. »Dippeln« oder »tippeln« bedeutet gehen oder laufen. In Wien gab es den Biertippler. »Bekneistern« heißt begucken, und der »Kower« ist der Wirt. Der Wiener Ganove spricht vom »Koberer«. Der Bezug zum Mittelhochdeutschen, der auch im wienerischen Rotwelsch enthalten ist, zeigt sich in der Masematte-Sprache unter anderem darin, daß das Wort für Frühling »Lenz« heißt.

Die Karrner von Tirol und
Jenische in der Schweiz

Auch in Tirol sind Jenische seßhaft geworden. Man nannte sie dort Karrner, wohl weil sie mit Karrenwägen, in denen ihre Waren lagen, unterwegs gewesen sind.

Waltraud Kreidl von der Universität Innsbruck hat sich in zumindest zwei Aufsätzen mit diesen vagabundierenden Leuten beschäftigt. Sie waren als Schirm- und Pfannenflicker, Scheren- und Messerschleifer, als Hausierer und Korbflechter auf den Straßen zu sehen.

Vor den Einachswagen, den sie mit sich zogen, war oft auch ein Hund gespannt. Meist blieben sie zwei, drei Tage mit Frauen und vielen Kindern in einer Ortschaft, boten ihre Dienste an und zogen dann weiter. Die Ursache ihrer Nichtseßhaftigkeit wird wohl, ähnlich wie bei den luxemburgischen und Killertaler Hausierern, in der Armut einer ganzen Gegend gelegen sein. Die Landwirtschaft war bei kargen Böden, wie sie auch für das Tiroler Bergland typisch sind, wenig ergiebig, und man hatte oft große Familien zu ernähren. Bis 1938, wie Waltraud Kreidl schreibt, zogen die Karrner, die man auch Jenische, Laninger oder Dürcher nannte, auf den Straßen Tirols von Ort zu Ort. Vom oberen Inntal, wo man den Winter in einfachen Behausungen, in Baracken oder kleineren Hütten, verbrachte, ging es zu Frühlingsbeginn nach Nassereith, weiter zum Fernpaß und in das Reuttener Becken. Von dort strahlten sie fächerförmig in den schwäbischen und oberbayrischen Raum aus. Eine andere Wanderbewegung verlief über den Arlbergpaß in den Walgau und in das Rheintal. Waltraud Kreidl bringt beispielhaft Einblicke in das Leben einer Familie und zeigt auf, wie hart das Leben dieser Fahrenden war. Noch in den fünfziger Jahren schnitt der Vater im Winter Birkenreiser und band daraus Besen, die die Frau am nächsten Tag von Haus zu Haus gehend verkaufte. Dabei kam es vor, daß man ihr schimpfend »Karrnerin«,

»Zigeunerin« oder »Besenbinderin« nachschrie. Daneben bettelten sie und die Kinder bei Bauern. Das Leben der Karrner war kein leichtes. Ab Ende der sechziger Jahre wurden sie allmählich seßhaft (Kreidl, 1990, siehe auch Paul Rösch, 1990. Auch Heide Schleich, ebenfalls von der Universität Innsbruck, beschäftigt sich in ihrer Diplomarbeit mit den Resten der alten Jenischen und ihrer Sprache in Tirol).

Die Geschichte der Jenischen ist damit aber noch nicht zu Ende. Hier und da gibt es noch einige, die durch die Lande ziehen und ihre Dienste anbieten. Zu diesen gehören bis in unsere Zeit Schweizer Familien, die in Wohnwagen vom Frühjahr bis Herbst als Scherenschleifer, Altwarenhändler oder in ähnlicher Funktion unterwegs sind. Diese Fahrenden gründeten 1973 eine »Radgenossenschaft der Landstraße«, eine Art Interessengemeinschaft, die ihnen bei den Dingen des täglichen Lebens hilft, zu denen Gewerbefreiheit, Schulpflicht, Standplätze und ähnliches gehören. Nach Waltraud Kreidl soll es noch fünftausend von ihnen geben. Und diese sind daran interessiert, ihre alte Kultur und ihre alte Sprache nicht untergehen zu lassen. Dieser Absicht dient eine eigene Stiftung, die mit den schönen Worten »Naschet Jenische!« – »Steht auf, Jenische!« – bezeichnet ist. Diese Stiftung und die erwähnte »Radgenossenschaft« sind wohl als Antwort auf die jahrzehntelange Unterdrückung und Diskriminierung der Schweizer Jenischen zu sehen. Sie haben Schreckliches mitgemacht, wie ich im nächsten Kapitel noch zeigen werde.

Alles in allem ist die Faszination des Jenischen, also des Rotwelsch, das den gesamten deutschen Sprachraum durchzieht, bis heute ungebrochen.

Nach Jahren der Wanderschaft haben sich Jenische in die verschiedensten Regionen zurückgezogen: Ihre Nachkommen erinnern sich wohl noch ihrer vagierenden Vorfahren und ihrer Sprache, wie sich in Loosdorf zeigt. Diese würde aber bald verschwunden sein, gäbe es nicht Leute wie Klaus Siewert, Waltraud

Kreidl, Paul Rösch, Heide Schleich und Franz Jansky, die das Jenische, die Sprache der Fahrenden, aufzeichnen und weitertragen. Ihnen gebührt höchstes Lob.

Die »Kunden« organisieren sich

Vagabondage und Obdachlosigkeit beherrschen bis in dieses Jahrhundert hinein das Leben auf den Straßen über Land, aber auch das in den Städten.

Zwar wurden die Vagierenden als asozial bezeichnet und in die Nähe der Kriminalität gerückt, dennoch konnten sich Landstreicher, Wanderkünstler, Hausierer und Wanderarbeiter recht gut behaupten. In den zwanziger Jahren schließlich kamen ein paar intellektuelle Landstreicher auf die Idee, die »Kunden«, also die Leute der Landstraße, zu organisieren. Sie gründeten, angeführt von einem gewissen Georg Gog, einem Künstler-Vagabunden, die »Internationale Bruderschaft der Vagabunden« und hielten 1929 zu Pfingsten sogar einen Kongreß in Stuttgart ab. Zu diesem erschienen die unterschiedlichsten Typen von Landstreichern. So war ein alter arbeitsloser Hofrat, der auf der Straße lebte, genauso unter ihnen wie junge Burschen, die mit dem Umherziehen ein gutes Maß an Romantik verbanden. Sogar ausländische Zeitungen berichteten über dieses wohl einmalige Ereignis.

Zu diesen Vagabunden gehörten freilich vor allem Intellektuelle, die sich als fahrende Literaten und Arbeitervagabunden das Ziel gesellschaftlicher Veränderungen auf die Fahnen geheftet hatten. Sie gründeten sogar zwei Zeitschriften, von denen die eine »Der Kunde« (1927–1930) und die andere stolz »Vagabund« (1931) hieß. Mit ihnen wollte man »den apathischen Landstreicher zum klassenbewußten Revolutionär erziehen« (s. auch Kopecny, 1980, S. 175).

Allerdings war es nicht leicht, die Vagabunden zu politisieren. So schrieben Stuttgarter Zeitungen in Zusammenhang mit dem Pfingstkongreß, daß die eigentlichen Vagabunden oder Kunden bei dem Treffen nur schwach vertreten waren. Die meisten Teilnehmer, so hieß es, gehörten einer gesellschaftlich höheren Schicht an, also eher intellektuellen Kreisen oder der Wandervogelbewegung.

I. Rotwelsch und die Geschichte der Gauner, Dirnen und Vagabunden

»Politisch kam«, wie es in einem Bericht heißt, »diesem Treffen nicht die Bedeutung zu, die die einzelnen radikalen Redner, die kühne, meist kommunistische Ideologien predigten, im Sinn gehabt hatten, ist doch der echte Vagabund nicht organisierbar. Um dem Kongreß einen besonderen Anstrich zu geben, waren übrigens auch Leute wie der später mit den Nationalsozialisten sympathisierende Knut Hamsun, Maxim Gorki und Sinclair Lewis eingeladen. Kaum einer der Geladenen erschien jedoch tatsächlich« (Generalstreik ein Leben lang – Vagabundentreffen in Stuttgart 1929, In: Wohnsitz Nirgendwo, 1982, S. 211). Dennoch muß dieser Kongreß für die Teilnehmer ein großes Erlebnis gewesen sein. Man traf sich und hielt lange Reden. Besonders engagiert zeigte sich dabei Georg Gog, der fest glaubte, die Leute der Landstraße zu Marxisten machen zu können. Er war auch der Herausgeber der Zeitschrift »Der Kunde«, die den Zweck hatte, die Heimatlosen zu erfassen und ihnen zugleich soziales Bewußtsein beizubringen. Es sollte ein Zusammengehörigkeitsgefühl der Vagabunden hergestellt werden. Die Zeitschrift lag in allen Herbergen auf. Die Kunden, also die Menschen der Straße, erfuhren im »Kunden« auch, wo man gut »fechten«, also betteln könne, wo man freigiebig sei und wo nicht, wo es Klöster und andere kirchliche Einrichtungen gebe, bei denen der Landstreicher mit Erfolg um Essen oder ein paar Groschen betteln könne. Auch Streitgedichte und Vagabundenpoesie fanden sich im »Kunden«. Mit der politischen Linie konnten sich jedoch nicht alle identifizieren, so auch nicht Hermann Hesse, den Gog um ein Gedicht für den »Kunden« gebeten hatte. Hesse schickte zwar ein Gedicht, meinte aber in dem Brief an Gog unter anderem: »Der ›Kunde‹ gefällt mir zum Teil, nur die alte marxistische Betrachtungsweise, die keinen Feind kennt als den ›Bürger‹, ist mir ungenießbar« (zit. in: K. Trappmann, 1982, S. 223f.).

Auch heute noch gibt es sie, die Menschen auf der Straße, die als Penner oder Sandler in den Großstädten »unpolitisch« zu überleben suchen. In meinen Büchern »Vagabunden der Großstadt«

Die »Kunden« organisieren sich

und »Randkulturen« versuche ich, das Leben dieser Menschen einigermaßen einzufangen. Nach Schicksalsschlägen und Gefängnisaufenthalten bietet die Straße die Chance, Kontakte zu Menschen zu finden, die dasselbe Los zu tragen haben und oft auch dem Alkohol verfallen sind. Wohl gibt es heute öffentliche Institutionen, die diesen Menschen helfen und sie unterstützen, aber dennoch ist die Straße ihr Zuhause.

Die Herberge

Durch die gemeinsame Sprache besteht zwischen den Vagabunden ein enges Netz. Dieses ist notwendig, um zu Informationen zu gelangen, die für das tägliche Überleben wichtig sind.

Von großer Bedeutung für den Austausch von Informationen – zum Beispiel darüber, wo man gut und billig essen könne, wo am besten zu »fechten« (betteln) oder wo eine geeignete Schlafstelle zu finden sei – sind übel beleumundete Kneipen, aber auch – bis heute – die Herbergen.

Herbergen waren stets wichtig für das Leben der Wandergesellen und anderer umherziehender Leute. Die Herberge trug das alte Ganovenwort »Penne«. Von diesem Ausdruck leitet sich der heute noch verwendete Ausdruck »Penner« für Stadtstreicher ab. Herbergen scheint es in früheren Zeiten in jedem Dorf gegeben zu haben. Sie sind am besten mit den alten Schihütten vergleichbar, wie ich sie noch aus den sechziger Jahren kenne. Typisch für diese Hütten war ein großer Raum, in dem die Wandernden gegen billiges Geld über Nacht bleiben konnten. In den modernen Jugendherbergen wird diese Tradition, allerdings etwas verfeinert, weitergeführt. In den alten Herbergen muß es wild zugegangen sein, wie ein gewisser Rochol 1885 über eine »Centralpenne« berichtet: »Hier am Kreuzungspunkt der beiden Wege liegt einsam ... ein umfangreiches Gasthaus, ehemals ein stets besuchter Ort, früher auch Posthaltestelle, jetzt ein landaus, landein bekannter Zufluchtsort für Fechtbrüder, Gaukler, für Besenbinder, Hausierer, Topf- und Kesselflicker, Zigeuner, Spitzbuben und alles fahrende, heimat- und arbeitslose männliche und weibliche Volk überhaupt ... Von außen nimmt sich das mächtige Gebäude noch recht stattlich aus und läßt den im Innern schon herrschenden Verfall nicht ahnen Schwarzgeräucherte Wände, alte Tische und Bänke ... bilden die ganze Einrichtung. Der Fußboden ist dicht mit Stroh bedeckt, und darauf liegt reihenweise Mann an Mann

Abb. 3: Der Erlebnisbericht Emil Klägers

dicht gedrängt. Die Tische sind in einer Ecke dicht zusammengeschoben ... Zerlumpt sind sie alle zusammen, der eine mehr, der andere weniger. Der Ofen ist in der einen Ecke von oben bis unten mit Fußlappen, einigen Strümpfen, Tüchern und etlichen Röcken zum Trocknen behangen. Der Fuseldunst, die Ausdünstung von 50–60 Menschen, der Geruch der trocknenden Kleider, die qualmende Lampe – welch' eine grauenhafte Atmosphäre! Die Schläfer liegen sämtlich barfuß, mit dem ausgezogenen Rock haben sie sich zugedeckt; das Schuhwerk liegt unterm Kopf. In diesem Schuhwerk wird abends als relativ sicherstem Platz für die Dauer der Nacht erstens die vor dem Schlafengehen nochmals gefüllte Schnapsflasche und dann (wenn noch vorhanden) Messer, Kamm, Taschenspiegel, Geldbeutel und Schnupftuch aufgehoben ...« (Rochol, 1885, 1984, S. 26f.). Wie wild es in dieser Herberge zugeht, kann man auch aus dem weiteren Bericht dieses Autors erfahren. Einem Wandergesellen werden die Stiefel gestohlen und sofort heimlich an den Hausknecht des Hauses weiterverkauft. Die meisten der Männer trinken schweren Branntwein und machen sich auf die Wanderschaft. Der Alkohol dürfte damals, genauso wie bei den modernen Stadtstreichern, bereits von großem Reiz gewesen sein, dem nur wenige widerstanden. Um die Alkoholabhängigkeit zu bekämpfen, gründete die Heilsarmee Herbergen, in denen Wandersleute die Chance der »Besserung« erhielten. Von einer solchen Philanthropie war auch ein gewisser Professor Perthes in Bonn getragen, der sogenannte »Herbergen zur Heimat« eröffnete, in denen die Gäste angehalten wurden, vom Alkohol Abstand zu nehmen. Über eine solche Herberge berichtet der Amerikaner Josiah Flynt Willard, der in Deutschland um 1890 das Leben der Vagabunden studierte, indem er selbst zum »Tramp« wurde. Bei seinen Streifzügen erfuhr er, mit welchen Tricks die »Chausseegrabentapezierer« – ein Spitzname für Vagabunden – vorgingen, um zum Beispiel in noblen Häusern erfolgreich zu betteln. Er erzählt auch von den Ritualen des Begrüßens der »Kunden« und von der »Herberge zur Heimat«. Hier erwähnt er auch, daß man dort die Landstreicher zu Abend- und Morgenandachten anhalten würde, was diese jedoch verachten würden. Herbergen dieser Art unterscheiden sich danach grundlegend von den gewöhnlichen Herbergen, die dieser Autor als »Trampnester« bezeichnet. Über den Aufenthalt in einem solchen »Nest« schreibt er dies: »Niemals werde ich meine erste Nacht in diesem Trampnest vergessen. Ich teilte mit einem alten Bettler ein Bett, das lange schon vor uns anderen Bewohnern [offensichtlich Läuse, R. G.] anheimgefallen war, und diese fielen über uns her, als ob wir Franzosen wären. Und der Gestank in dem Schlafraum erinnerte an den eines Schweinestalles. Sich darüber zu beklagen, wäre aber nutzlos gewesen; denn wir hatten nur zehn Pfennig bezahlt, und dafür kann man nicht allzu viel verlangen. Außerdem fragte der Wirt nicht nach Legitimationspapieren, und das war ein Vorteil ... Trotzdem war ich nur zu froh, als ich früh morgens aufbrechen konnte« (Willard, 1904, 1984, S. 49ff.).

Ein ähnlicher Bericht über solche Herbergen, auch Asyle genannt, in denen man um wenig Geld nächtigen konnte, stammt auch von Friedrich Kläger. In seinem Buch »Durch die Wiener Quartiere des Elends und Verbrechens« (1908) beschreibt dieser Autor, der selbst mit Vagabunden durch die Lande zog, sehr eingehend das Leben der in einem solchen Asyl Nächtigenden. Sein Buch beginnt er übrigens mit den Worten: »Dieses Buch ist den Elenden gewidmet, den Verdammten der Gesellschaft, den Lumpen von Schicksals Gnaden.« Und weiter heißt es da: »Es [das Buch] ist nicht von den fleißigen zögernden Händen des Gelehrten gefügt und meidet die kühlen Wege der Theorie, die in die Unendlichkeiten papierener Reflexionen münden. Es bringt Wirklichkeiten von heute und gestern, lebendiges Leid, das besteht, und physischen Jammer rund um die fortschrittstrunkene, prahlerische Hochkultur der Großstadt.«

Kläger beschreibt die Enge eines Quartiers, in dem bis vierzig Personen nebeneinander auf engen Betten schlafen konnten und dafür pro Nacht und Bett ein paar Kreuzer zu zahlen hatten. Zur stickigen Luft kamen das Geflüster der Leute und die Bekundungen sich am Boden wälzender Liebender.

Kläger erkundet auch das damals um 1908 neu erbaute »Männerheim« in der Meldemannstraße im 20. Wiener Gemeindebezirk, in dem auch Hitler damals eine Zeit gewohnt haben soll. Kläger ist überrascht von diesem Heim, denn es bietet Ordnung und Sauberkeit. Gegen ein paar Kreuzer kann man sich hier waschen und in einer Schlafkabine angenehm nächtigen. Bis heute hat sich hier nichts geändert. Im »Männerheim« in der Meldemannstraße begegnet Kläger entsprechend verkleidet, um nicht als Schriftsteller erkannt zu werden, übrigens einem kauzigen Vagabunden, der ihm etwas aus seinem Leben erzählt, was Kläger dankbar aufnimmt. Auch er wird von dem Vagabunden um seine Herkunft befragt. Kläger erfindet nun eine großartige Geschichte über sein Leben, wobei er sich bemüht, im Wiener Dialekt zu reden. Als er fertig ist, zeigt sich sein Kumpan hoch erfreut und beichtet ihm endlich, daß er ein Journalist sei, der für eine Zeitung etwas über ihn schreiben wolle. Die Geschichte passe großartig in seinen Artikel. Nun muß auch Kläger zugeben, daß er ebenfalls so etwas wie ein Journalist sei, der sich verkleidet habe, um etwas über das Männerheim zu erfahren (Kläger, 1908, S. 80f.). (So kann es auch einem Sozialforscher ergehen.)

Eindringlich beschreibt übrigens auch Egon Erwin Kisch die Nacht in einem Elendsquartier der Vagabunden.

Für mich war es bei meinen Forschungen unter Wiens Sandlern interessant zu sehen, daß es in den Abbruchhäusern, in denen diese Leute unerlaubterweise heute zu nächtigen pflegen, wohl ähnlich zugeht wie seinerzeit in den beschriebenen Massenquartieren.

Die Rache der Seßhaften

Seit jeher fühlten sich die Seßhaften durch die Nichtseßhaften verunsichert. Vagabunden präsentierten eine andere Art des Überlebens und stellten damit die Werte des »braven Bürgers« in Frage. Dadurch irritiert, nahmen diese Rache an den Vagabunden, das heißt, sie begannen sie eingehend zu kontrollieren, ganz im Sinne von G. Schäffers »Abriß des Jauner- und Bettelwesens in Schwaben« (1793), wie ich es in einem vorhergehenden Kapitel bereits beschrieben habe.

Schon in der frühen Neuzeit ging der Seßhafte mit aller Gewalt gegen die Vagabundierenden vor. Sie waren suspekt geworden, denn sie waren nicht einzuordnen. Insgeheim beneidete man sie freilich um ihre »Freiheit«.

Der »brave Bürger« und gute Christ wollte sie nicht, die Fahrenden, zu denen auch die vagierenden Studenten gehörten, da ihre Lebenseinstellung in krassem Widerspruch zu den »christlichen«, durch den Protestantismus bestimmten Vorstellungen stand. (Obwohl, dies habe ich schon einmal erwähnt, Christus selbst zu den Fahrenden gehörte, der seine Apostel aufforderte, ihre Arbeit sein zu lassen und ihm zu folgen. Gemeinsames Essen und Trinken, das auch die Fahrenden lieben, wird bei Christus als wichtiger angesehen als sture Arbeit, die sich gegen den Menschen richtet. Schließlich ruft Christus den Pharisäern zu, daß die Dirnen und die Zöllner, die kleinen Gauner eher in den Himmel kommen als sie, die Pharisäer.)

Es mag sein, daß es die protestantische Ethik ist, die das Verhalten der Seßhaften gegenüber den Fahrenden während der letzten zweihundert bis dreihundert Jahre bestimmte. Zu den Gegnern der Fahrenden, vor allem der Zigeuner, gehörte aber auch Maria Theresia, die ganze Familien auseinanderriß und ihnen die Kinder nahm, weil sie meinte, diese könne man noch auf den rechten Weg führen. Diese Tendenz wurde in der Schweiz bis in die jüngste

Abb. 4: »Plattenbruder« – Mitglied einer Wiener Gaunerbande

Vergangenheit weitergeführt. Dörfer, in denen Vaganten, zu denen freilich auch jüdische Händler gehörten, lebten, wurden »gesäubert«, wie zum Beispiel um 1610 Karlsberg in der Pfalz. Die Fahrenden wurden einer verschärften Meldepflicht unterzogen, und das Paßgesetz trug das Seine dazu bei, den Vagabundierenden das Leben schwerzumachen. Ein Teil der Fahrenden wurde in Arbeitshäuser gesperrt, ein anderer durch Gendarmen einer dauernden Aufsicht unterstellt. Wieder andere fühlten sich zur Auswanderung gezwungen.

Zwischen der ansässigen Bevölkerung und den Vaganten wuchs das Mißtrauen. Man wollte mit den umherziehenden und oft bettelnden Leuten nichts mehr zu tun haben.

Und auch die Arbeiterbewegung distanzierte sich von der Lebensweise der Vaganten, die verdächtig erschienen, kleine Gesetze zu brechen und die Menschen zu belästigen. Viele Vaganten zogen in die Städte und brachten auch ihre Sprache mit. Die Kluft zwischen den Seßhaften und den wenigen übriggebliebenen Vaganten

Abb. 5: Vagabund der Großstadt

wurde tiefer, je mehr der »gute Bürger« meinte, er allein sei das Maß aller Dinge. Die Vagierenden wurden als asozial bezeichnet und in die Nähe der Kriminalität gerückt.

Dem »braven Bürger« und den Gewaltigen des Staates erschienen diese Menschen grundsätzlich als gefährlich und »unanständig«, da ihr Lebensstil von der allgemeinen Ordnung abweicht. Und daher versuchte man von Staats wegen, die »Plage« der Vagabondage durch verschiedenste Maßnahmen einzudämmen.

Auf diese Weise wurden – in der Tradition das Protestantismus (siehe oben) – Arbeitshäuser errichtet, in die man straffällige oder sonstwie als »abnorm« eingestufte Vagabunden steckte. In Österreich gab es die Einrichtung des »Arbeitshauses« bis in die siebziger Jahre; erst dann erkannte eine liberale Gesetzgebung die Einweisung in ein Arbeitshaus als menschenunwürdig.

Es gab aber auch Bestrebungen, die nicht arbeiten wollenden und trinkfreudigen Vagabunden als psychisch abnorm zu erklären, eben weil sie dem »normalen« Bürger suspekt erschienen. Ganz

I. Rotwelsch und die Geschichte der Gauner, Dirnen und Vagabunden

in diesem Sinn hieß es 1905 in der Zeitschrift »Archiv für Kriminalanthropologie und Kriminalistik«: »Afrika hat seine Heuschreckenschwärme, seine Springböcke, Amerika seine Moskitos – Deutschland hat seine Stromer (Vagabunden)« (zit. in: Wohnsitz Nirgendwo, 1982, S. 107). Daraus leitete man die Berechtigung ab, diese Leute in Anstalten medizinisch zu behandeln. Auch auf einem »Weltkongreß für Soziale Psychiatrie«, der im Mai 1991 in Hamburg stattfand, wollten Spezialisten durch diverse statistische Untersuchungen nachweisen, daß Vagabunden psychisch krank seien. Ich widersprach solchen Studien, indem ich auf die Kultur des Vagabundentums verwies und dieses als eine, wenn auch elendige Möglichkeit, das Leben zu meistern, schilderte.

Zumindest bis zum und im Zweiten Weltkrieg definierte man Vagabunden als abartig, gefährlich und asozial. Dies genügte, um ihnen ihr Menschsein abzusprechen. Eine diesem Denken gefällige Psychiatrie machte sich mitschuldig daran, Vagabunden in die KZs und ähnliche Anstalten zu stecken und als »lebensunwert« zu töten.

Auch in der Schweiz war man nicht zimperlich mit dem fahrenden Volk, den Jenischen. Dort fielen Hunderte jenische Kinder einer Aktion zum Opfer, die zum Ziel hatte, die Lebensweise vagabundierender Menschen, die man gerade in der puritanischen Schweiz nicht wollte, zu unterbinden. Die Aktion, bei der Kinder ihren Eltern weggenommen wurden, um sie zu »ordentlichen Menschen« zu machen, lief unter dem Namen »Hilfswerk Kinder der Landstraße« und wurde von Pro Juventute mit Unterstützung der Behörden durchgeführt. Das Programm lief bis 1973.

Es geht zurück auf Psychiater vom Schlage eines Josef Jörger aus Chur, der in abweichendem Verhalten, darunter auch im Vagabundismus, eine Art Erbkrankheit sah. Er stellte die Forderung auf, verwahrloste Jenische zu sterilisieren und die Kinder von ihren Eltern zu trennen. Dadurch sollte die Weitergabe des »krankhaften biologischen Erbgutes dieser minderwertigen Menschen« verhindert werden. Diese Vorschläge fielen in der Schweiz auf fruchtbaren Boden. Zweitausend Kinder wurden ihren Eltern entrissen, manche schon als Säuglinge, und in Heime oder an Pflegestellen gebracht. Den Kindern wurde erklärt, ihre Eltern seien liederlich und haltlos und sie würden sich nicht um sie kümmern. Man wollte also die Kultur der alten Jenischen brechen. Erst Anfang der siebziger Jahre wurde dieses »Hilfswerk« durch die Presse einer Kritik unterzogen und geschlossen. Man kann von Glück reden, wenn es heute noch an die fünftausend Jenische in der Schweiz gibt. In ihrer bereits erwähnten Interessengemeinschaft, der »Radgenossenschaft der Landstraße«, versuchen sie, ihre Probleme zu meistern. Sie versuchen, an ihre alte Kultur anzuknüpfen, und das ist auch gut so (s. Kreidel, 1990).

Auch heute tauchen noch Gutachten auf, mit denen Menschen aus alter fahrender Kultur diskriminiert werden. So bringt Waltraud Kreidl den Auszug aus einem psychiatrischen Gutachten über einen ehemaligen Karrner, einen Jenischen (s. o.). Es heißt da: »Entscheidend sind die vorbestehenden (!) charakterologischen Anlagen und frühe Ausrichtung des Lebensplanes auf alternative Daseinsformen außerhalb (!) allgemeiner staatsbürgerlicher Normen. Seit Jugend an zielt die Existenzführung des Klägers an der Integration in das Arbeitsleben vorbei und ist mehr auf die Etablierung im sozialen Fangnetz ausgerichtet, eine Änderung dieser Grundhaltung ist beim nun 48jährigen Kläger sicher nicht zu erwarten. Der Ursprung dieser Grundhaltung ist sicher in Kindheit und Familie zu suchen ...« (a. a. O.). Mit diesem Gutachten wurde ein Antrag auf Zuerkennung einer Invaliditätspension abgelehnt.

Daß hinter den Fahrenden eine alte Kultur steht, die auch ihre Bedeutung hatte, will man, so scheint es, nur zögernd akzeptieren.

Gefängnisleben

Der Fahrende stand dauernd in Verdacht, etwas getan zu haben, das gegen die Regeln des Gesetzes und der Wohlanständigkeit verstieß. Ständig schwebte er daher in Gefahr, in ein Gefängnis gesperrt zu werden. Avé-Lallemant, der sich intensiv mit den Strategien der Ganoven und Fahrenden befaßt hat, schildert nicht nur die verschiedenen Formen der Gaunereien, sondern auch die Tricks, die Gauner einsetzen, um im Gefängnis einigermaßen gut überleben zu können.

Auch in den Gefängnissen gibt es eine gewisse Tradition, zumal die Ganovensprache, das Rotwelsch, hier einen fruchtbaren Boden hat und weitergetragen wird. Avé-Lallemant beschreibt zunächst etwas, das für Gefangene heute noch ungemein wichtig ist, nämlich den Schmuggel von begehrenswerten Informationen und Gütern in die Anstalt. Uns interessieren hier vor allem die Erklärungen Avé-Lallemants für die Rotwelsch-Ausdrücke. So heißt es unter der Überschrift »Kaßpern« auszugsweise: »Das Kaßpern, die Kaßperei von ›kosaw‹, jemand belügen, heucheln, täuschen, durchstechen, auch Kassiwe oder Kassiwer genannt, bedeutet jeden geheimen, mündlichen, aber auch schriftlichen Verkehr der Gefangenen unter sich oder mit anderen in der Freiheit befindlichen Gaunern ... Wer das Treiben in den Gefängnissen beobachtet hat, der muß gestehen, daß gerade alles, was im Gefängnis sich befindet, und was in dieses hineingerät oder aus ihm herauskommt, dem scharfen, erfinderischen Geist des Gauners zum Kaßpern [Schmuggeln] dient. Das Genie des Gauners spottet aller Wachsamkeit und feiert Triumphe, die einer besseren Sache würdig wären. Die Kaßperei ist in der Tat die spezielle Gaunerei im Gefängnis, und ein ganz eigenes Feld und Studium« (Avé-Lallemant, 1858, 2. Teil, S. 72 f.).

Die Verständigung unter Gefangenen ist eine besondere Kunst, dies weiß auch Avé-Lallemant. Ich erfuhr darüber von einem ehemaligen Gefängnisinsassen, der mir erzählte, daß Nachrich-

Gefängnisleben

ten zwischen Gefangenen geschickt von einem Stockwerk in das andere weitergegeben werden. Dies geschieht durch Zurufe, durch Hausarbeiter und durch das sogenannte »Pendeln«, bei dem ein auf einen Stein angebrachter Zettel mit der entsprechenden Nachricht von einem Zellenfenster zum anderen »gependelt« wird (s. Girtler 1983). Avé-Lallemant bezeichnet diese Art der Nachrichtenübermittlung mit dem rotwelschen Wort »Kutsche« und schreibt: »Die Kutsche ist ein Faden, der von einem Fenster zum anderen gelassen ... auch schräg und zur Seite geführt wird. Aus dem Garn der Strümpfe, aus den Fäden der Hemden, Strohsäcke und Decken werden mit großem Geschick leichte und starke Schnüre zusammengesetzt ... Ein Stückchen Brot oder Knäuel am unteren Ende des Fadens führt den Faden senkrecht in das untere Zellenfenster. Sehr häufig wird der Faden in pendelmäßige Schwingung gebracht, daß er das seitlich unten gelegene Fenster erreicht.« (Avé-Lallemant, 1858, S. 75f.). Das mit der Nachricht weitergegebene Stück Papier wird in der Gaunersprache heute für gewöhnlich als »Kassiber« oder bloß als »Gsiberl« bezeichnet. Avé-Lallemant erzählt: »Das Wort Kassiwer bedeutet jede schriftliche Mitteilung der Gefangenen unter sich und Dritten außerhalb des Gefängnisses ... In verschiedenartiger Weise können Briefe von außen in die Gefängnisse gelangen, und zwar durch die Gefängnisbeamten selbst. Solange es elend besoldete Beamte gibt, so lange wird es auch pflichtvergessene, bestechliche Gefängniswärter geben, bei denen für Geld gar viel zu erlangen ist. Aber auch die strengsten Beamten werden häufig getäuscht ... Im Brot, in einer Kartoffel, einem Kloß, unter dem Mark eines Fleischknochens, im Maule eines gebackenen Fisches, in einer Rübe, Birne usw. kann irgendein geöltes Papierröllchen oder Kügelchen eingeschoben werden ... Zwischen die Sohlen der Fußbekleidung werden besonders gern Briefe und Fluchtmittel genäht ...« (a. a. O., S. 79f.). Ähnliches konnte auch ich in Erfahrung bringen. Eine beliebte Möglichkeit, Nachrichten auf Papier oder Papiergeld in das Gefängnis einzuschmuggeln, ergibt sich bei Besuchen von Freundinnen und Ehefrauen. Durch etwas länger dauernde Abschiedsküsse können zum Beispiel klein im Mund zusammengerollte Geldscheine den Besitzer wechseln. Geld ist vielleicht das Wichtigste, das ein Gefangener im Gefängnis benötigt. Hat man genügend Geld, so kann man ziemlich alles auf dem Schwarzmarkt des Gefängnisses erwerben: Zigaretten, Pornohefte, Schnaps und gutes Essen.

Gutes Geld machte mein Freund, der Held meines Buches »Der Adler und die drei Punkte«, als Hausarbeiter mit dem Verkauf von Pornoliteratur, die er am Grunde eines Eimers, in dem er Tuch und Besen transportierte, zu den Zellen brachte.

Sehr alt ist das Weitergeben von Nachrichten im Gefängnis durch Klopfsignale an der Mauer oder an Röhren. Avé-Lallemant bringt dazu eine nette Geschichte über einen Franz von Spaun, der bis 1788 vorderösterreichischer Regierungsbeamter und Landvogt im Breisgau war. Als er im Alter von 35 Jahren, gerade Reichskammergerichtsassessor geworden, nach Wetzlar abreisen wollte, wurde er wegen einer für staatsgefährlich gehaltenen Schrift verhaftet und als Staatsgefangener schließlich in die Festung Kufstein gebracht. Dort wurde er zehn Jahre gefangengehalten, ohne Bücher und Schreibmaterial. Avé-Lallemant schreibt: »In den letzten Jahren seiner Gefangenschaft bekam Spaun einen Unglücksgefährten zum Nachbar, von dem ihn jedoch eine dicke Mauer schied. Da fiel er auf den glücklichen Gedanken, sich durch Pochen verständlich zu machen, und erfand zu diesem Behufe eine Pochzeichensprache, die nach der Mitteilung eines seiner langjährigen Freunde überaus sinnreich war. Das Schwierigste blieb aber hier immer, dem Nachbar den Schlüssel mitzuteilen. Spaun fing damit an, vierundzwanzigmal an die Mauer zu klopfen, und setzte das Manöver so lange unverdrossen fort, bis der Unbekannte endlich merkte, daß die vierundzwanzig Buchstaben damit gemeint seien und zum Zeichen seines Verständnisses das Klopfen erwiderte. In wenigen Wochen konnten sie sich schnell und fertig mitteilen und sich gegenseitig ihr Schicksal erzählen. Der Nachbar Spauns war Herr M., später französischer Staatssekretär und Herzog von B., der auch edel genug war, seinen Unglücksgefährten nicht zu vergessen, und, früher in Freiheit gesetzt als Spaun, diesem eine Pension auswirkte, von der er bis zu seinem Tode lebte. ›C'est Spaun ou le diable!‹ rief der Minister zehn Jahre später, als bei seiner Anwesenheit in München Spaun ihn zu besuchen kam und an die Zimmertür in der alten Weise klopfte« (a. a. O., S. 82ff.).

Obwohl die beiden handelnden Personen nicht als armselige Vagabunden zu sehen sind, ist diese Geschichte dennoch ein guter Hinweis auf die Findigkeit und die Traditionen von Häftlingen, den Kontakt untereinander sicherzustellen.

Ein weiterer Hinweis Avé-Lallemants erregte meine Aufmerksamkeit: »Kein Opfer ist zu groß, um das Geheimnis [einer Gaunerei, R. G.] zu wahren und den Verrat zu verhüten und zu bestrafen. Sogar Gefängnisse wurden gestürmt, um gefangene Kameraden zu befreien und mit ihnen das Geheimnis zu retten. So befreite Picard einen Kameraden, einen Wittischen Masser, der Geständnisse zu machen angefangen hatte, aus dem Kerker, ging gleich darauf mit ihm auf einen Raub aus und schoß ihn unterwegs nieder ... Zumindest wird der Sslichener [Verräter, R. G.] gezinkt, in die Wange geschnitten, um ihn kenntlich zu machen und jeden von einem Verrat abzuschrecken« (a. a. O., S. 12ff.). Diese Methode des Wangenschneidens wurde unter Wiener Unterweltlern bis in die letzte Zeit geübt. Man sprach von einem »Fahrer«, das ist ein Schnitt, der jemandem beigebracht wurde, der als Verräter galt. Dieser Schnitt wurde mit einem Messer zugefügt oder auch mit einem kantigen Würfelzucker, der die Wange besonders unangenehm aufreißt. In Wien wird der Verräter als »Wams« bezeichnet, eine Titulierung, die zum Schlimmsten gehört, was einem widerfahren kann. Das Stigma des »Wams« ist von großer Belastung für einen suspekt gewordenen Vagabunden oder Ganoven.

Die stolzen Erben
der alten Kultur der Fahrenden

Es sind nicht nur die kleinen Ganoven, Dirnen und anderes Volk, die die Geschichte der Fahrenden und ihrer Sprache weitertragen. Auch die Schausteller, die mit ihren Campingwägen und Anhängern durch die Lande ziehen, sind die Erben einer stolzen, harten Tradition, die in ihren Familien weitergegeben wird. Sie brachten und bringen Abwechslung in die Monotonie des Alltags des seßhaften »braven Bürgers«. Ihre Arbeit ist anspruchsvoll und erinnert an die Mühen der alten, umherziehenden Vaganten.

Auch für die heutigen Schausteller ist es nicht einfach, Plätze zu finden, wo man ihnen gestattet, ihre Künste anzubieten. Ähnlich wie ehedem achten Beauftragte der Städte und Gemeinden peinlich darauf, daß die Fahrenden nur an bestimmten Tagen, zu bestimmten Zeiten und auf bestimmten Plätzen ihre Zelte aufstellen, ihre Campingwägen parken, ihre Ringelspiele und ihre Schießbuden errichten.

Trotz Fernsehens und ähnlicher Ablenkungen hat sich die Faszination der Schausteller bis heute erhalten. Allerdings, so meine ich, war bis in die sechziger Jahre auf den Dörfern für die Kinder die Ankunft einer solchen Gruppe von Leuten, die Ringelspiele und Schießbuden aufstellten, eine größere Freude als sie heute bei einem ähnlichen Ereignis zu erwarten wäre. Ich erinnere mich, daß meine Freunde und ich uns diesen bunten Leuten, die uns die Weite der Welt spüren ließen, für kleine Dienste anboten. So galt es als Ehre, gegen ein paar Groschen beim Aufstellen des Zeltes oder beim Drehen des Ringelspieles mithelfen zu dürfen. Das Ringelspiel wurde damals noch nicht durch einen Motor in Gang gesetzt, sondern durch Burschen, die im oberen Teil des Ringelspielrumpfes im Kreis gingen und dabei das Gerät an Balken drehten.

Ich weiß von einem jungen Ehepaar, das heute eine Schießbude betreibt. Diese Schießbude ist in einem Anhänger ihres Caravans untergebracht. Im Caravan selbst spielt sich von März bis Oktober das Leben ab. Wenn Messen, Jahrmärkte und Schützenfeste Winterschlaf halten, rasten auch sie. Die Schießbude die der oben erwähnte Ehemann von seinem Vater übernommen hat, ist seit vierzig Jahren im Familienbesitz. Vorher besaß die Familie ein Kasperltheater. Es gab einige Familien, die solche Kasperltheater führten, jede Familie spielte jedoch ihre eigenen Stücke. Auf diese Familientradition ist der heutige Schießbudenbesitzer stolz. Typisch für die Schaustellerfamilien ist es auch, daß alle irgendwie miteinander verwandt sind.

So gehörte dem Cousin des Mannes das »größte transportable Riesenrad der Welt«. Seine Schwester sitzt an der Kasse der »Big Monster«. Und die 70jährige »Tante Herma«, die als Babysitterin der Frau des Schießbudenbesitzers beisteht, ist wiederum die Schwiegermutter des Besitzers einer Schaubude, die den schönen Namen »Berliner Luft« trägt. Dieser Mann mit der Schaubude ist seinerseits der Schwiegervater einer Frau, die mit Leuten verwandt ist, die mit »Skyflyers« und »Ghostbusters« unterwegs sind. Schausteller sind also, was ihre Heiratsordnung angeht, auf ihre eigene Gruppe beschränkt. Nur selten heiraten Schausteller – ähnlich wie Aristokraten und Bauern – aus ihrer Welt hinaus.

Es heißt, »wer nicht von der Reise kommt«, also wer nicht aus der Welt der Fahrenden stammt, hat es schwer unter den Schaustellern. Aber die »Reise« hat ihre Anziehungskraft; so auch für die 27jährige Heike R., die sechs Jahre »weg von der Reise« war und mit einem Mann »vom Amt« liiert war. Sie entfloh der bürgerlichen Wohnung und suchte wieder die Enge des Wohnwagens, der kein Geheimnis für sich behält und Streit und Liebe weitergibt. Die Arbeit teilt sich die Familie. Er ist für den Auf- und Abbau zuständig. Sie sitzt an der Kassa und beschäftigt sich mit dem Schriftverkehr.

Auch die Kinder sind in diese Welt einbezogen, jedoch droht ihnen die Schule, das Symbol des Gegensatzes zum fahrenden

I. Rotwelsch und die Geschichte der Gauner, Dirnen und Vagabunden

Volk. Schaustellerkinder gehen »auf der Reise« zur Schule, sie wechseln Klassen und Lehrer von Platz zu Platz. Im Laufe eines solchen Schülerlebens kommen gut und gern 170 Schulen zusammen. Eine besondere Freude haben die Lehrer nicht mit diesen Kindern, und auch diese lieben die Schule nicht, die sie herausreißt aus dem Leben der Schaustellerei, die keine fixen Plätze und keine fixen Schulen kennt.

Bleibende Freundschaften können so nur zwischen Kindern von Schaustellern bestehen, die wissen, daß sie sich wiedersehen, auf jenen Plätzen, auf denen für ein paar Tage jeweils die Wohnwägen und Buden ihrer Familien stehen.

Vielleicht wissen sie, daß sie die Erben einer alten Kultur sind, zu der Pferdekarren, Zelte, Buden, schöne Frauen, starke Männer, Zwerge, Riesenräder und andere Belustigungen gehören, die die Seßhaften zu erfreuen vermögen. Ihre Faszination als Fahrende besteht wohl auch darin, daß sie auftauchen und bald wieder verschwinden.

Abb. 6: Moderne Vagabunden. Eine Leierkastenfamilie, ca. 1990

II.

Die Sprache

Feldforschung zum Rotwelsch bei Vagabunden, Dirnen und Ganoven

Für den an Forschungsfragen Interessierten möchte ich ein paar Gedanken zur Feldforschung anfügen und vor allem auf meine »Zehn Gebote der Feldforschung« aufmerksam machen.

Wesentlich für gute soziologische Forschungsarbeit gerade in Randkulturen ist, daß man auch deren Sprache als die Seele ihrer Kultur studiert. Als ich meine Studien in Wiens Ganoven- und Sandlerkultur durchführte, wurde mir bewußt, welche Bedeutung die auf alte Wurzeln zurückgehende, im nächsten Kapitel dargelegte Gaunersprache hat.

So meinte einmal im Restaurant des Wiener Westbahnhofes ein Sandler (Penner) zu mir, einer seiner Kollegen, den Polizisten eben wegführten, wäre »ausgefackelt«. Ich wußte nicht, was er damit aussagen wollte. Erst später erfuhr ich, daß »ausgefackelt sein« soviel bedeutet wie: »im Fahndungsbuch ausgeschrieben sein«. Erlebnisse dieser Art bestärkten mich darin, mich näher mit der Gaunersprache zu beschäftigen. Auch das Beispiel des Wortes »Rettich« verweist darauf, wie wichtig es ist, zumindest eine Ahnung von der Sprache der Ganoven zu haben, wenn man in ihren Randkulturen forscht.

Für den guten österreichischen Bürger bedeutet »Rettich« ein bestimmtes Gemüse, während der Ganove darunter den Abort in der Gefängniszelle versteht. Wenn ein Gauner also zu jemandem sagt: »Hau dich in den Rettich!«, so heißt dies nicht, er solle sich in einen Gemüsegarten werfen.

II. Die Sprache

Es ist also von Vorteil und beugt Mißverständnissen vor, die Sprache einer Randkultur zu kennen, wenn man deren Lebenswelt erforschen will.

Im Laufe meines Kontaktes zu Wiener Ganoven saß ich daher mit einigen erfahrenen Spezialisten oft bis in die Nacht beim Bier und ließ mir ihre Spezialwörter, also Wörter aus der Gaunersprache, dem »Rotwelsch«, erklären. Ich kam dabei zu spannenden Ergebnissen und sah auch, daß eine Reihe von Wörtern bereits vom »braven« Wiener Bürgertum übernommen wurde und einige nur mehr von sehr wenigen Ganoven verwendet werden.

Feldforschung in Randkulturen kann also höchst interessant sein, ist aber auch mitunter mit großer Mühe verbunden.

Es ist also nicht immer leicht, gute Studien in sogenannten Randkulturen durchzuführen, um deren Sprache, das Rotwelsch, zu erforschen. Dazu braucht man nicht nur Phantasie, Geduld und Einfühlungsvermögen, sondern auch den Mut, in fremde Lebenswelten, die es auch in der eigenen Gesellschaft gibt, vorzudringen.

Besonders eines Mannes will ich hier gedenken, der mir bei meinen Studien geholfen hat. Leider ist er vor ein paar Jahren durch einen Unfall ums Leben gekommen. Pepi Taschner hieß dieser Mann. Er hatte ungefähr 24 Vorstrafen, allerdings alle begangen im Kampf mit Konkurrenten im Glücksspiel oder auf dem Wiener Strich. Nie kam ein Außenstehender durch ihn zu Schaden. Als er im Gefängnis saß, distanzierte er sich von üblen Leuten wie Frauenmördern und Kinderschändern. Pepi Taschner gab sich als nobler Ganove. Einmal war er sogar der meist gesuchte Ganove Österreichs, weshalb er in der bekannten Fernsehsendung »XY« europaweit zur Fahndung ausgeschrieben war. Wegen seines Aufscheinens in dieser Sendung genoß er bei seinesgleichen einiges Ansehen. Mir gegenüber verhielt er sich höchst freundschaftlich. Einmal wollte er sogar einem Burschen, der meine Tochter schmählich behandelt hatte, eine Tracht Prügel verabreichen.

Feldforschung zum Rotwelsch

Über das Leben dieses Mannes verfaßte ich das Buch mit dem Titel »Der Adler und die drei Punkte« (Wien 1983).

Daß Pepi Taschner kein übler Bursche war, davon kündet ein Brief, den mir ein Untersuchungsrichter vor ein paar Monaten geschickt hat. Dieser Brief sei auszugsweise hier wiedergegeben: »Mit Wehmut erinnere ich mich an den seligen Taschner, den ich als junger Untersuchungsrichter und zu einer Zeit, als Wiens Unterwelt noch etwas wert war und starke bodenständige (!) Persönlichkeiten aufwies, des öfteren einzulochen das Vergnügen hatte.« Dies sind die Worte eines Untersuchungsrichters.

Jede Gesellschaft, zu der nicht nur brave Mönche gehören, sondern auch noble Ganoven, ist also von ungemeiner Buntheit, eine Tatsache, die Soziologen und Sprachwissenschafter meinem bescheidenen Erachten nach oft viel zu wenig beachten.

Es gibt Randkulturen innerhalb der eigenen Gesellschaft, die von ihren Symbolsystemen, ihrer Sprache und ihren Handlungsmustern meilenweit voneinander entfernt sein können, selbst wenn sie nebeneinander wohnen. Das Phänomen des »Fremden«, ein Charakteristikum der Ethnologie bzw. der Kulturanthropologie, gilt genauso für die eigene Gesellschaft.

Es ist also nur ein gradueller Unterschied, so meine ich, ob ich in Indien bei den sogenannten »criminal tribes« forsche oder in Wien bei Vagabunden der Großstadt. Bei beiden habe ich es mit Kulturen zu tun, die dem »braven Bürger« fremd sind. Allerdings glaube ich, daß es höchst reizvoll und spannend ist, in der eigenen Gesellschaft zu forschen. Nicht nur weil der Forscher in überseeischen Gebieten meist große Schwierigkeiten hinsichtlich der Landessprache und überhaupt beim Zugang in die betreffenden Gruppen hat, sondern auch weil man als Forscher und Mensch plötzlich erkennt, daß die eigene Gesellschaft höchst bunt ist.

Die Gefahren sind wohl da und dort, im Busch in Indien und in der Stehbierhalle am Wiener Westbahnhof, dieselben.

II. Die Sprache

Ein Abenteuer, als Feldforscher unter Menschen zu gehen, ist es allemal. Die folgenden Überlegungen zu meinen »Zehn Geboten der Feldforschung« beruhen auf Erfahrungen bei diversen Feldforschungen in unterschiedlichen Gruppen: bei Ganoven, Dirnen, Vagabunden, Bergbauern, Deutschen in Siebenbürgen, Wildschützen in Oberösterreich und anderen Leuten. Einzufügen ist, daß ich den Ausdruck »Gebot« nicht im strengen Sinn der Gesetze des Moses verstehe, deren Übertretung Höllenstrafen bewirkt, sondern eher als Regel oder Leitlinie, die einzuhalten höchst sinnvoll und förderlich ist. Dies sei in aller Bescheidenheit festgehalten.

Die Zehn Gebote der Feldforschung

1. Du sollst einigermaßen nach jenen Sitten und Regeln leben, die für die Menschen, bei denen du forschst, wichtig sind. Dies bedeutet Achtung ihrer Rituale und heiligen Zeiten, sowohl in der Kleidung als auch beim Essen und Trinken. – Si vivis Romae Romano vivito more!
2. Du sollst zur Großzügigkeit und Unvoreingenommenheit fähig sein, um Werte zu erkennen und nach Grundsätzen zu urteilen, die nicht die eigenen sind. Hinderlich ist es, wenn du überall böse und hinterlistige Menschen vermutest.
3. Du sollst niemals abfällig über deine Gastgeber und jene Leute reden und berichten, mit denen du Bier, Wein, Tee oder sonst etwas getrunken hast.
4. Du sollst dir ein solides Wissen über die Geschichte und die sozialen Verhältnisse der dich interessierenden Kultur aneignen. Suche daher zunächst deren Friedhöfe, Märkte, Wirtshäuser, Kirchen oder ähnliche Orte auf.
5. Du sollst dir ein Bild von der Geographie der Plätze und Häuser machen, auf und in denen sich das Leben abspielt, das du erforschen willst. Gehe zu Fuß die betreffende Gegend ab und steige auf einen Kirchturm oder einen Hügel.

6. Du sollst, um dich von den üblichen Reisenden zu unterscheiden, das Erlebte mit dir forttragen und darüber möglichst ohne Vorurteile berichten. Daher ist es wichtig, ein Forschungstagebuch (neben den anderen Aufzeichnungen) zu führen, in das du jeden Tag deine Gedanken, Probleme und Freuden der Forschung, aber auch den Ärger bei dieser einträgst. Dies regt zu ehrlichem Nachdenken über dich selbst und deine Forschung an, aber auch zur Selbstkritik.
7. Du sollst die Muße zum ERO-EPISCHEN (freien) GESPRÄCH aufbringen. Das heißt, die Menschen dürfen nicht als bloße Datenlieferanten gesehen werden. Mit ihnen ist so zu sprechen, daß sie sich geachtet fühlen. Man muß sich selbst als Mensch einbringen und darf sich nicht aufzwingen. Erst so lassen sich gute Gesprächs- und Beobachtungsprotokolle erstellen.
8. Du sollst dich bemühen, deine Gesprächspartner einigermaßen einzuschätzen. Sonst kann es sein, daß du hereingelegt oder bewußt belogen wirst.
9. Du sollst dich nicht als Missionar oder Sozialarbeiter aufspielen. Es steht dir nicht zu, »erzieherisch« auf die vermeintlichen »Wilden« einzuwirken. Du bist kein Richter, sondern lediglich Zeuge!
10. Du mußt eine gute Konstitution haben, um dich auf dem Acker, in stickigen Kneipen, in der Kirche, in noblen Gasthäusern, im Wald, im Stall, auf staubigen Straßen und auch sonstwo wohl zu fühlen. Dazu gehört die Fähigkeit, jederzeit essen, trinken und schlafen zu können.

Überlegungen zu den Geboten

DAS 1. GEBOT:
Du sollst einigermaßen nach jenen Sitten und Regeln leben, die für die Menschen, bei denen du forschst, wichtig sind. Dies be-

deutet Achtung ihrer Rituale und heiligen Zeiten, sowohl in der Kleidung als auch beim Essen und Trinken. –
Si vivis Romae Romano vivito more!
Den Fremden gibt es auch in der eigenen Gesellschaft.
Jede Gesellschaft besteht aus einer Vielzahl von Nischen, in die sich Menschen zurückziehen, die gemeinsame Interessen, Probleme, Freuden oder Ärger haben: Als Dirnen zum Beispiel Probleme mit der Polizei, als Wissenschafter Ärger mit einer Gruppe von Kollegen oder als Fußballfans Freude am Fußballspiel.

Sie alle schaffen jeweils eine eigene Kultur mit speziellen Symbolen, zu denen die Gaunersprache, eine wissenschaftliche Terminologie (die in gewisser Weise der Gaunersprache ähnelt) und eine typische Kleidung ebenso gehören wie bestimmte Rituale – zu denken ist hier unter anderem an die Chorgebete der Mönche, die Schlachtgesänge der Fußballfans oder die Saufgelage von Vagabunden.

Gesellschaft ist also nicht etwas Monolithisches, welches man mit einem Fragebogen abfragen kann. Gerade Soziologen neigen in der Regel bei ihren Fragebogenuntersuchungen dazu, sich auf vertrautem Terrain zu bewegen, da die betreffenden Personen vordergründig derselben Lebenswelt entstammen. Tatsächlich jedoch wissen sie oft nicht, wie stark die Wände sind, die die Menschen in einer vermeintlich einheitlichen Gesellschaft voneinander trennen.

Der Soziologe ist also in derselben Situation wie der ernsthafte Ethnologe, der in Indien oder bei den Eskimos forscht. Er muß die Demut aufbringen, sich überraschen zu lassen und von seinen vorgefaßten Interpretationen abzurücken. Dies ist allerdings erst dann möglich, wann ein intensiver Kontakt zu den betreffenden Menschen besteht und man deren Sitten und Rituale achtet.

Eine solche Achtung vor einer anderen Kultur, sei dies die eines indischen Dorfes oder die großstädtischer Vagabunden, trägt wesentlich dazu bei, um als Forscher und vor allem als Mensch akzeptiert zu werden.

Dem Forscher ist zu raten, sich nicht allzu aufdringlich an das Leben in der Gruppe anzupassen. Eine solche übertriebene Anpassung kann bisweilen peinlich wirken, sie kann als unehrlich und vielleicht auch als hinterlistig gesehen werden. Darüber berichtet Whyte, der eine Feldstudie bei amerikanischen Straßengangs durchgeführt hat: »Zunächst konzentrierte ich mich darauf, mich in Cornerville einzupassen ... Ich stolperte über das Problem, als ich eines Abends mit den Nortons die Straße runter ging ... und ließ eine ganze Latte von Flüchen und Obszönitäten los ... Doc schüttelte den Kopf und sagte: Bill, das laß lieber, so zu reden. Das hört sich überhaupt nicht nach dir an« (Whyte, 1955, S. 304).

Zur Achtung vor den anderen Menschen und ihren Ritualen gesellt sich also auch ein gewisses Maß an Ehrlichkeit.

Bei meinen Forschungen bei Pennbrüdern, Ganoven, Polizisten, Adeligen, Schmugglern und Dirnen bin ich bestens gefahren, wenn ich diesen Menschen mit allem Respekt begegnet bin und mich ihnen nicht unangemessen angebiedert habe.

DAS 2. GEBOT

Du sollst zur Großzügigkeit und Unvoreingenommenheit fähig sein, um Werte zu erkennen und nach Grundsätzen zu urteilen, die nicht die eigenen sind. Hinderlich ist es, wenn du überall böse und hinterlistige Menschen vermutest.

Die große Kunst des Feldforschers besteht darin – im Gegensatz zu den üblichen Sozial- bzw. Kulturwissenschaftern, die sich mit schwerer Forschungstechnologie ausrüsten –, daß er mit bloßem Auge sieht und keine instrumentellen Krücken benötigt, um die Werte und wesentlichen Alltagsvorstellungen einer Kultur, zum Beispiel die Randkultur der Dirnen oder die der »feinen Leute«, zu erkennen.

Voraussetzung für dieses Erkennen ist ein weiter Geist, der jedwedem kleinlichen Denken abhold ist. Feldforscher, denen Großzügigkeit und Unvoreingenommenheit fehlen, werden es schwer

II. Die Sprache

haben, gute Kontakte aufzubauen. Man muß fähig sein, über gewisse »Fehler« hinwegzusehen, wie zum Beispiel über die Eigenschaft eines indischen Slumbewohners, der während des Gespräches mit dem Forscher diesem ständig vor die Füße spuckt, oder über die Distanz, die der rumänische Dorfbewohner gegenüber dem Zigeuner zeigt und umgekehrt. Ein Feldforscher, der im Verhalten der betreffenden Menschen stets etwas Verabscheuungswürdiges, Hinterlistiges oder sonstwie Verdammenswertes erblickt, wird sich schwertun, überhaupt wertvolle Einblicke zu erhalten. Großzügigkeit in jeder Hinsicht ist eine wertvolle Tugend, gerade von forschenden Kulturwissenschaftern bzw. Sprachwissenschaftern, die etwas über die Sprache anderer Kulturen erfahren wollen.

DAS 3. GEBOT

Du sollst niemals abfällig über deine Gastgeber und jene Leute reden und berichten, mit denen du Bier, Wein, Tee oder sonst etwas getrunken hast. Gegen dieses Gebot wird oft gesündigt, nicht nur von Journalisten, die in listiger Weise Menschen in einer launigen Stunde bei Bier, Wein oder Tee Geheimnisse oder sonst etwas zu entreißen suchen und dann wenig freundlich über sie berichten. Allerdings ist es oft nicht zu verhindern, daß Interviewte aufgrund von Mißverständnissen über einen Artikel verärgert sind, obwohl man in gutem Willen über seine Gastgeber geforscht und berichtet hat. So erging es mir, als mein Buch über die »feinen Leute« erschien. Ich hatte in diesem leichtsinnigerweise festgehalten, daß zwischen Aristokraten und großen Ganoven in ihrem Handeln kein wesentlicher Unterschied hinsichtlich diverser nobler Rituale und einer noblen Distanz zur körperlicher Arbeit bestehe.

Das Bemühen des Feldforschers – überhaupt jedes Menschen – soll danach ausgerichtet sein, jene Leute, mit denen man heiter gezecht hat, zu achten und sie in Gesprächen oder in Schriften nicht abfällig zu behandeln.

Dies hat auch mit der Ehre des Feldforschers zu tun.

Bei Arbeiten mit schwer verständlichem Vokabular wird sich kaum jemand betroffen fühlen, da die Chance besteht, daß diese nicht gelesen oder zumindest nicht verstanden werden.

DAS 4. GEBOT

Du sollst dir ein solides Wissen über die Geschichte und die sozialen Verhältnisse der dich interessierenden Kultur aneignen. Suche daher zunächst deren Friedhöfe, Märkte, Wirtshäuser, Kirchen oder ähnliche Orte auf.

Eine Befassung mit der Gaunersprache setzt daher eine Auseinandersetzung mit der Geschichte der Ganoven voraus, wie in den obigen Kapiteln versucht wurde.

DAS 5. GEBOT

Du sollst dir ein Bild von der Geographie der Plätze und Häuser machen, auf und in denen sich das Leben abspielt, das du erforschen willst. Gehe zu Fuß die betreffende Gegend ab und steige auf einen Kirchturm oder einen Hügel.

So rief Riehl bereits um die Mitte des vorigen Jahrhunderts die »Volksforscher« zum Fußmarsch auf, um »Land und Leute« kennenzulernen. Er meinte, man müsse sich das Dorf oder die Gegend, deren Leben man studieren will, erwandern und sie auch von oben (!) besehen.

Riehl vertrat übrigens die meines Erachtens durchaus richtige Vorstellung, ein guter Feldforscher müsse allein unterwegs sein (Riehl, 1983/1903).

Es ist wichtig, die Teile der Stadt, in der die zu erforschenden Gruppen leben, zu Fuß abzugehen und darauf zu achten, wo die Lokale liegen, die von den Betreffenden aufgesucht werden.

DAS 6. GEBOT

Du sollst, um dich von den üblichen Reisenden zu unterscheiden, das Erlebte mit dir forttragen und darüber möglichst ohne

Vorurteile berichten. Daher ist es wichtig, ein Forschungstagebuch (neben den anderen Aufzeichnungen) zu führen, in das du jeden Tag deine Gedanken, Probleme und Freuden der Forschung, aber auch den Ärger bei dieser einträgst. Dies regt zu ehrlichem Nachdenken über dich selbst und deine Forschung an, aber auch zur Selbstkritik.

Um ohne Vorurteile über fremde Kulturen berichten zu können, ist es ratsam, seine Vorstellungen bzw. Hypothesen (dieses aus dem Griechischen stammende Wort bedeutet eigentlich nichts anderes als »Voranstellungen« oder eben »Vorstellungen«) über die fremde Kultur ständig – und damit auch sich selbst – zu überprüfen. Dies ist nicht einfach und wohl exakt auch nicht möglich, aber das Bemühen des Forschers sollte in diese Richtung gehen.

Ganz in diesem Sinn habe ich meine Feldforschungen in Wien durchgeführt, um z. B. herauszufinden, wie Sandler, also Pennbrüder, es einrichten, um zu überleben, wie sie zu einem Bier kommen, wie sie es anstellen, so zu betteln, daß man ihnen auch etwas gibt; ich fand Freunde unter ihnen, die mir bei meinen Studien halfen und mich darauf aufmerksam machten, wenn ich einmal in die Irre gegangen oder »Vorurteilen« aufgesessen war. Die Kunst des guten Kulturwissenschafters gipfelt darin, hinter die durch Vorurteil und blindes Nachbeten geschaffenen Schranken zu blikken. Diese Kunst muß geübt sein, und zu ihr gehört, daß man als Forscher die harte Arbeit nicht scheuen darf, beobachtete Situationen genau zu beschreiben und die geführten Gespräche selbst (und nicht von der Sekretärin oder einer anderen gütigen Person) vom Tonband zu transkribieren. So ist man gezwungen, die eigenen Vorstellungen bzw. Vorurteile – und damit auch sich selbst – ständig unter die Lupe zu nehmen.

DAS 7. GEBOT

Du sollst die Muße zum ERO-EPISCHEN (freien) GESPRÄCH aufbringen. Das heißt, die Menschen dürfen nicht als bloße Datenlieferanten gesehen werden. Mit ihnen ist so zu sprechen, daß sie sich geachtet fühlen. Man muß sich selbst als Mensch einbringen und darf sich nicht aufzwingen. Erst so lassen sich gute Gesprächs- und Beobachtungsprotokolle erstellen.

Höchst förderlich und noch wichtiger als die »teilnehmende Beobachtung« für die Forschung sind ausgiebige Gespräche mit Personen aus der zu erforschenden Kultur (oder Randkultur).

Zumindest ich habe bei allen meinen Forschungen durch lange Gespräche mit begabten und erfahrenen Leuten aus den betreffenden Kulturen in Wiener Beisln, in anrüchigen Gaststätten, auf Bauernhöfen Siebenbürgens, in noblen Kaffeehäusern oder in anderen Lokalitäten in oft kurzer Zeit mehr erfahren als durch jedes andere Forschungsmittel.

In Anlehnung an die »Odyssee« habe ich nun den Begriff »ERO-EPISCHES GESPRÄCH« entwickelt. In der »Odyssee« fragt stets einer, und ein anderer erzählt, wobei sich jeder von beiden in das Gespräch einbringt – dabei wird getrunken und gescherzt.

Den Begriff Interview finde ich schlecht, denn er entstammt der Journalistensprache. Das »Interview« in der Tradition der Journalisten zielt bloß darauf ab, zu schnellen, mehr oder weniger klaren, oft kurzen und wenig aussagenden Antworten zu gelangen.

Auf die Wortkombination »ero-episch« kam ich, weil ich mich meiner Jugend erinnerte, als ich als Zögling des Klostergymnasiums zu Kremsmünster sechs harte Jahre lang Altgriechisch zu lernen hatte.

Hiebei ist zu erwähnen, daß ich mich als wahrer Altphilologe im besten Sinne des Wortes sehe. Das heißt, ich brachte und bringe Liebe (philos – der Freund, der Liebhaber) für das alte Griechisch auf, ohne deswegen ein guter Schüler gewesen zu sein. So erfreuten und erfreuen mich besonders die Schriften Homers derart, daß ich jetzt wieder auf diese zurückgreife.

Schließlich erfährt der Kulturwissenschafter aus der »Odyssee« eine Menge über das Leben im Alltag der Antike.

II. Die Sprache

Im Eigenschaftswort »ero-episch« stecken die altgriechischen Wörter »eromai« für fragen, befragen und nachforschen und »eipon« für erzählen bzw. »Epos« für Erzählung, aber auch für Götterspruch.

Die Verbindung der beiden Wörter »eromai« »und »eipon« drückt in einer viel tiefer gehenden Weise – dessen bin ich mir sicher – das aus, was hier gemeint ist, als die entsprechenden deutschen Begriffe es auszudrücken vermögen – zu denen auch der nicht gerade ansprechende und langweilige (sit venia verbo) Terminus »narratives Interview« gehört, den ich aus ganzem Herzen ablehne.

Für die übliche Arbeit der Zeitungsleute, aber auch für die Tätigkeit der meisten Soziologen, die sich mit Fragebögen an Menschen heranpirschen, paßt jedoch das Wort »Interview«, denn man will einfache und schnell verwertbare Erkenntnisse, wie zum Beispiel, daß bestimmte Leute zu kriminellem Handeln neigen. Eine genaue Einsicht in tiefere soziale und kulturelle Zusammenhänge, zum Beispiel in die Kultur der Ganoven und ihre sprachliche Tradition, durch bloße »Interviews« wird dabei nicht beabsichtigt und ist auch gar nicht möglich.

Und außerdem verbindet man mit dem »Interview« eine Situation, bei der der Fragende – als Journalist oder Fragenbogenspezialist – einen gewissen Druck auf den zu Befragenden ausübt und Letztgenannter geduldig auf die Fragen wartet.

Wesentlich für ein ero-episches Gespräch ist, daß der Forscher und seine Kontaktperson gemeinsam ein Thema, zum Beispiel über die Sprache der Vagabunden, erarbeiten. Der oder die Forschende bringt dabei sich selbst mit seiner oder ihrer ganzen Person ein, was auch einige Anstrengung bedeutet. Die Fragen im ero-epischen Gespräch sind also grundsätzlich nicht vorgeplant wie bei den sogenannten »standardisierten Interviews«, sondern sie ergeben sich aus der jeweiligen Situation. Das ero-epische Gespräch ist also ein wesentlicher Bereich der freien Feldforschung.

Allerdings genießen in der »wissenschaftlichen Gemeinschaft« die mit komplizierten Methoden arbeitenden Wissenschafter ein mitunter höheres Ansehen als die »freien Feldforscher«, die jedoch die einzigen sind, die vor allem mit ero-epischen Gesprächen in die Tiefe kulturellen bzw. sprachlichen Handelns gelangen.

DAS 8. GEBOT

Du sollst dich bemühen, deine Gesprächspartner einigermaßen einzuschätzen. Sonst kann es sein, daß du hereingelegt oder bewußt belogen wirst. Nur allzu schnell – manche Forscher wollen dies nicht glauben – wird der Forschende Opfer seiner Leichtgläubigkeit und gewitzter Leute. So erging es mir einige Male, als ich über Prostitution forschte.

Eine gute Strategie übrigens, um zu überprüfen, ob der Gesprächspartner in einer bestimmten Sache nicht lügt, ist es, nach einiger Zeit noch einmal auf dasselbe Thema einzugehen. Wenn er lügt, verwickelt er sich für gewöhnlich in Widersprüche. Jedenfalls ist Achtsamkeit geboten, überhaupt wenn man den Gesprächspartner erst kurze Zeit kennt.

DAS 9. GEBOT

Du sollst dich nicht als Missionar oder Sozialarbeiter aufspielen. Es steht dir nicht zu, »erzieherisch« auf die vermeintlichen »Wilden« einzuwirken.

Du bist kein Richter, sondern lediglich Zeuge:

Der wahre Feldforscher berichtet, ohne sich in der Rolle des Richters zu gefallen, wie Dirnen ihre Kunden hereinlegen, wie Vagabunden betteln, wie Adelige ihre Feinheit herausstreichen oder wie sich noble Schmuggler verhalten. Der forschende Kulturwissenschafter ist stets bloß ein Zeuge fremden Lebens. Es ist also nicht seine Sache, im Stile eines Sozialarbeiters oder Missionars aufzutreten, um Ganoven, Bettler und andere mehr oder weniger feine Leute zu einem »anständigen« Leben zu bekehren.

II. Die Sprache

DAS 10. GEBOT

Du mußt eine gute Konstitution haben, um dich am Acker, in stickigen Kneipen, in der Kirche, in noblen Gasthäusern, im Wald, im Stall, auf staubigen Straßen und auch sonstwo wohl zu fühlen. Dazu gehört die Fähigkeit, jederzeit essen, trinken und schlafen zu können.

Die wahre Feldforschung ist eine harte Arbeit. Sie ist auch ein Abenteuer, zu dem eine gute körperliche Verfassung gehört, denn der »echte« Forscher muß den Staub und den Duft der Landstraßen, der verwinkelten Plätze, der muffigen Lehrerzimmer, der nach Alkohol riechenden Kneipen und anderer Orte auf sich nehmen, um eine einigermaßen spannende Studie verfassen zu können. Feldforschung kann also ein echtes Abenteuer sein. Um gute Gespräche führen zu können, bleibt dem Forscher oft nichts anderes übrig, als Einladungen seiner Gesprächspartner zum Essen und zum Trinken anzunehmen. Eine Ablehnung kann als Beleidigung aufgefaßt werden. Solche Einladungen können jedoch auch zu Problemen werden, überhaupt wenn ordentlich getrunken wird.

Rotwelsch – die alte Sprache

Die Beschäftigung mit der Sprache der Vagabunden und kleinen Gauner ist eine aufregende Angelegenheit. Ich lade den Leser nun zu einem Abenteuer ein, das an den Geruch früherer Herbergen, an den Qualm verrufener Kneipen und die Freiheit der Straße erinnert.

In den vorhergehenden Kapiteln habe ich versucht, die spannende Geschichte der Fahrenden einigermaßen umfassend und anregend darzustellen. Jetzt werde ich mich dem Rotwelsch selbst widmen. Eingehende Überlegungen zum Rotwelsch wurden bereits in den ersten Kapiteln eingebracht. Daher seien mir hier lediglich ein paar Gedanken zu dieser alten Sprache gestattet.

Da Sprache und Handeln der Vagabunden und Ganoven miteinander in einem engen Zusammenhang stehen, werde ich das Vokabular des Rotwelsch nicht alphabetisch, wie sonst üblich, sondern nach Lebensbereichen ordnen.

Die Sprache der Ganoven ist allerdings keine in sich abgeschlossene, sondern eine höchst lebendige Sprache, denn Ganoven verwenden eine Vielzahl von Wörtern, die in die Sprache des Dialekts unterer sozialer Schichten eingewoben sind. Und schließlich werden, wie eingangs festgehalten, seit langer Zeit laufend Begriffe aus der Gaunersprache in die allgemeine Umgangssprache übernommen.

Ich werde, soweit möglich, versuchen, die Herkunft einzelner Wörter zu erklären, beziehungsweise auf die entsprechende Literatur verweisen, in der diese bereits erwähnt sind. Typisch für das gesprochene Rotwelsch ist, daß es auf mittelhochdeutsche, jiddische, französische, tschechische, hebräische und spanische Begriffe zurückgeht.

Nicht wenige der Ausdrücke, die ich hier bringe, sind wohl schon veraltet, sie wurden jedoch, wenn ich die Situation richtig sehe, bis vor nicht allzu langer Zeit noch gesprochen. Manche Wörter sind am Verschwinden, und einige sind sehr alt; sie habe ich vor allem aus dem um 1510 erschienenen »Liber Vagatorum«, dem Buch der Vaganten, entnommen. Ich tat dies, weil ich bei meinen Forschungen bei Wiens Vagabunden dahinterkam, daß diese Leute Wörter verwenden, die in ihren Wurzeln auf die im »Liber Vagatorum« angeführten Begriffe zurückgehen. So sagen Wiens Stadtstreicher, wie ich schon früher erwähnt habe, für »bei jemandem betteln« »jemandem die Rippe eindrücken«. Das Wort Rippe hat nichts mit dem menschlichen Knochen zu tun, den der Herrgott dereinst dem Adam entnommen hat, sondern in ihm steckt das im »Liber Vagatorum« sich findende Wort »ripart« für Geldsäckel.

In den folgenden Darstellungen beschränke ich mich nicht nur auf das Rotwelsch, wie es in Wien (und Österreich) gesprochen wird, sondern ich bringe auch Rotwelsch-Wörter aus anderen Gegenden im deutschsprachigen Raum, soweit ich sie aus Büchern, Briefen und Handschriften kenne.

Einige dieser Wörter werde ich, wenn ich es für angebracht halte, mit Klammern versehen, in denen ich auf die Quelle meines Wissens hinweise.

Folgende Hinweise werde ich verwenden:

AL –	Avé-Lallemant, Das Deutsche Gaunertum, 1858
JL –	Das Jenische in Loosdorf bei St. Pölten (nach Jansky)
Kl –	Emil Kläger, Durch die Wiener Quartiere des Elends und Verbrechens, Wien 1908
Lo –	Das Jenische in Schwaben (nach Lorch über die Killertaler Händlersprache)
LV–	Liber Vagatorum (um 1510)
Nascher –	E. Nascher, Das Buch des jüdischen Jargons nebst einem Anhang: »Die Gauner- oder die Kochemersprache«, Wien 1910
Ra –	E. Rabben, Die Gaunersprache, Hamm i. Westfalen, 1906

P –	Pazdera, Handschrift über die Wiener Gaunersprache, 1904
Pt –	Petrikovits, Die Wiener Gauner-, Zuhälter- und Dirnensprache, 1922
Wehle –	P. Wehle, Die Wiener Gaunersprache. Wien, o. J.
Wimmer –	Aus einem Brief (Juni 1998) von Dipl.-Ing. Wimmer an mich, in dem er mir ein Vokabular vorlegt, das von einem Landstreicher stammt.
Wolf –	S. Wolf, Wörterbuch des Rotwelschen, Hamburg 1985

Der Buchstabe R ist die Abkürzung für Redensart.

Außerdem gebrauche ich folgende Abkürzungen:

dt. –	deutsch
franz. –	französisch
ital. –	italienisch
jidd. –	jiddisch
lat. –	lateinisch
mhd. –	mittelhochdeutsch
nd. –	niederdeutsch
rotw. –	rotwelsch
tschech. –	tschechisch
wiener. –	wienerisch
zig. –	zigeunerisch

Die Rotwelsch- und Dialektwörter werden in den folgenden Kapiteln nicht nach den Regeln einer komplizierten Lautschrift wiedergegeben. Die Schreibweise dieser Wörter orientiert sich wegen der besseren Verständlichkeit an der Schriftsprache und am Klang der Wörter.

Die Lebensbereiche des Rotwelsch

FEINE LEUTE, GANOVEN UND ANDERES VOLK

Ausweis (Führerschein u. ä.): FLEPPE, FLEPN (span. fleppe – Urkunde, Paß, s. Nascher, s. auch u.), SCHÖM (jidd. schem – Name); R: ICH HABE EINEN SCHÖM – ich bin bekannt. Auch der Taxifahrer nennt seinen Ausweis Fleppe, ebenso wie die Dirne ihre Kontrollkarte (s. u.)
Hausierbuch: FLEPPE (JL)
Guter Ruf: EIN GUTER SCHÖM
Freund, Genosse, Teilnehmer an Verbrechen: CHAWER (Ra; jidd. – Freund); HABERER (von Chawer)
Gesellschaft von Ganoven: PARTIE, PLATT'N (s. u.); CHAWRUSSE (Diebsgesellschaft; jidd. Chawer – Haberer)
Volk, auch Verwandtschaft: MISCHPOKE, MISCHPOCHE (jidd. Mischpocho – Familie, Stamm; so auch bei Siewert 1994)
Gauner, kleiner Ganove (in Wien): PÜLCHER, PÜCHER (früher: Pilcher – leitet sich von Pilger ab, offensichtlich dürften diese Leute einen schlechten Ruf genossen haben – siehe in den vorangegangenen Kapiteln, s. auch u.)
Durchtriebener Gauner: KOCHEM (alt jidd. chochem – eigentlich weise)
Dumm: GSCHUTZT (JL)
Arbeitsscheue Burschen, die auch zum Diebstahl neigen: BINKEN (Ra)
Mann, auch Fremder: PINK (im Ostfriesischen bedeutet Pink auch Penis – beachte das Wort »pinkeln« für urinieren – siehe auch Pinkl für Kellner).
Mann vom Land (aus der Provinz): der GESCHERTE (von »geschoren« – in Zeiten der Leibeigenschaft mußte sich der Bauer als Unfreier die Haare scheren lassen)
Nobler Mann: FEINER PINKL

Frau: Musche, Musch (dt. Mutze, auch Muschel – Vulva), Schicks (JL), Siann (jidd. zenwa – sittsam)
Schöne Frau: fesche Katz, gwandte Siann (Lo)
Fräulein: Mischl (siehe Musche) (JL)
Frau (abwertend): Schikse (jidd. schikzo – nichtjüdisches Mädchen), Drescherl
Frau, die Sorgen bereitet: Kopfwehkraut
Vater: Patrini (JL; ital.)
Mutter: Maigga (JL)
Knabe, Bubi: Pinkle (Lo), Bacherl (JL), Schuks (JL), Flick (LV)
Kind: Schreiling (LV), Schratzerl (jidd. scherez – Wurm) (JL)
Vagabund, Mann (etwas abwertend): Kunt (Kunde) (JL)
Zigeuner, »Halbzigeuner«: die Jenischen (von zig. dsan – wissen, so Wolf. Nach Nascher von jenisch für griechisch)
Ehrlich verläßlicher Mensch: leiwander Kerl (leiwand – linnen), auch Steher (ein Mann, auf den man sich verlassen kann, der bei der Polizei niemanden verrät, er »steht«), a Grader, er ist grade (gerade), s. auch u.
Ehrliche Handlung: gerade Geschichte
Klug, weise, gescheit: jenisch (von zig. dsan – wissen. Der Vagabund oder auch der Gauner bezeichnet sich selbst so. Der Außenstehende ist der Dumme.)
Schlau, durchtrieben sein: kochem (jidd.), er ist ausgschwabt, auskocht, adraht, aus(ge)braten, hautschlecht
Außenstehender, kein Ganove: Haserl, Frankist
Unbescholten sein: frank sein
Unbescholtener Mensch: Frankist, Frankfurter (frank – ehrlich)
Gut: leiwand, prest, tuti, alt – R: mit jemandem auf alt machen (zusammenarbeiten), kiwig
Schön, gut: es ist leiwand (linnen), gwandt (lat. Quantum)
Groß, gewaltig, schön: grandig (Lo)
Klein: gadschini (JL; viell. von jidd. chatehanen – schneiden)

II. Die Sprache

Nicht gut: GREAN (mhd. greinen – weinen), BLAU, VIOLETT, JUNG (veralt.)

Nichtzigeuner: GATSCHI oder GATSCHO (zig. für Bauer, Mann)

Nichtjenische Person: ULM (JL), GATSCHI

Angesehener Mensch, gescheiter Mensch: KAPAZUNDER, GRANAT

Besserer, gescheiter Mann: GRANAT (von ital. granot – Falschspieler), der etwas im SCHÄDEL hat, ein JASS

Starker Mann: ZERREISSER, HÄUSERRUCKER, BLADER, PRÜGEL

Edelmann: SONTZ (LV)

Meister: ERLAT (LV) (von jidd. Orel – der Unbeschnittene)

Meisterin: ERLATIN (LV)

Bürgermeister: MUKL (nach Wimmer)

Bauer (Dorfleute): KAFFER, HOUTZ (LV), auch HUTZ, HOCHER (JL)

Bäuerin: HUTZIN (LV)

Einfältiges Volk: WISSULM (LV)

Pferdefleischhauer: GIRI, GLEWASCHODARA (JL), PEPIHACKER, GIGERER

Pferd: GLEWA (JL), GRAL (nach Wimmer)

Pferdehändler: GLEWASCHADERER (JL), ROSSTÄUSCHER

Schinder bzw. Abdecker: CAVELLER (LV), DEMMER, FABER, FETZER, SCHELM (alte Bezeichnung für Aas), FREIMANN

Lehrer: PLAUDERER (Lo), SCHRATZESKNIPPLER (Ra)

Schulmeister: SCHULFUCHSER (so Konstanzer Hanß 1792)

Priester: LEFRANTZ (LV; jidd. lewi – Priester)

Pfarrer, Geistlicher: KUTT'NGEIER (Pt; geier – geher), GALCH, GALLE (LV) GELACH (jidd. Ballach – Geschorener; JL), KÄPPELESPINK (Lo), KUTTENBRUNZER

Pfarrersköchin: KÄPPELSSIANN (Lo)

Mönch: GUGELFRANTZ (LV; jidd. cogor – Gürtel)

Nonne: GUGELFRENTZIN (LV), PINGUIN

Jäger: GREANSPECHT (Grünspecht) (Pt), GREANSTEIDL (JL) STAUDENSCHEISSER

Regenschirmmacher: DACHLINGPFLANZER (JL)

Siebmacher: GSIWALPFLANZER (JL; Gsib – hier: Sieb)
Pfannenflicker: KETTERLPFLANZER (JL)
Geschirrhändler: KETTERLSCHRENZIERER (JL)
Kellner: BINKL (s. o. Pink)
Tischler: LEIMHENGST, HOLZWURM
Schuster: PAPPHENGST
Friseur: VERSCHÖNERUNGSINGENIEUR
Bäcker: KIPFELSCHMIED (KI), LECHEMSCHIEBER (veralt. jidd. Lechem – Brot), LEGUMSCHIEBER (Ra)
Schmied: FLAMMINGER (Lo)
Schneider: CLAFFOTFETZER (LV; Claffot verw. mit Kluft – Kleidung – jidd. keliphas für Schale; fetzer von lat. facere, machen), STUPFERLESPINK (Lo), SARDELLENREITER (Kl)
Müller: ROLLFETZER (LV; mhd. die Roll – die Mühle)
Reicher Mann: EIN GSTOPFTER, AUFZUCKERTER, AUFQUASTLER
Knecht: BEISTIEBER (La; mhd. stieben für tun)
Magd: BEISTIEBERIN (Lo)
Behinderter Mensch: EIN HUPFERL (von hüpfen – schlecht gehen), VERBOGENER
Mensch, der viel redet: KOBERNDER (verwandt mit Koberer – Wirt, s. u.); viel reden, überreden (animieren): KOBERN
Narr: VOPPART (LV; foppen – betrügen)
Schmeichler: LEIMSIEDER, SUDERER
Mitläufer in der Unterwelt: TRABANT, KRAWANZER, KRABBLER (ein eher armer Zeitgenosse)

(Die folgenden Wörter, die mehr historische Bedeutung haben, verdanke ich Herrn Martin Schüssler, auf dessen Arbeit ich bereits hingewiesen habe:)

Adelige = vornehme Frau: ERANI, GEWIHRE, GEWIRA, KEHRIN, KEHRTE, RANI(N), SENSE, SINSE, SOENSINNE, SON(T)ZIN, SÖNTZIN (fem.)
Adelige: BESCHUDEN, SINZEN, SONTZEN (Pl.)

II. Die Sprache

Adeliger: Beao, Hochsentz, Nabels, grandiger Obersims, Rai, Raj, Rei(h), Sems, Sens, Senser, Senz, Senzer, Sientz, Sims, Simser, Sins, Sinser, Sinz(er), Soens, Söns, Sonz, Söntz
heruntergekommener Adeliger: Gatzengeher (masc.)
Betrüger, der vorgibt, ein Adeliger zu sein, dem das Schloss abgebrannt ist: Wahrefinger
Hochadeliger: grandiger Sims
Akademie: Jeschiwo

arbeiten – die arbeit der schinder

Anfang: Killes, Tchille, Tchilles(s), Techille, Techilles (jidd.)
anfangen: anheiwen, anstieben, cabbasten, stieben
mit der Arbeit (des Brauens) anfangen: anschieben
etw. anfassen, packen: esterel(n)
Arbeiten, sich plagen: malochen (von jidd. Maloche – Arbeit), tschinailn, abitschinailn, tschineun (JL), schineglen (Lo – vielleicht jidd. Schinagle – Schubkarren), ruachln (abwertend)
Arbeiten, erzeugen: fetzen (lat. facere) (LV), fewan (JL)
Arbeit: Maloche (jidd.)
Arbeit, unehrliche Tätigkeit, Verbrechen: die Hackn (nach Wolf leitet sich »Hackn« aus dem jiddischen »hagun« für »ehrbar« ab. Nach Wehle soll das Wort sich von Hacke – Beil – ableiten); R: a Hackn machen, in die Hackn gehen (auf den Strich, oder überhaupt, um ein Verbrechen, wie Betrug o. ä., zu begehen)
Arbeiter: Tschinailler, Hackngeher, Ruachler (abwertend)
Arbeitslos: hackenstad (Hackn – Arbeit, stad von mhd. stade – ohne)
Mann, mit leichter Arbeit: Pausierer, Abizahrer, Laschierer
Arbeitsscheuer Mensch: ein Drucker
Eine wichtige Arbeit in früheren Zeiten war die des wenig ange-

sehenen Schinders oder Abdeckers (s. o.), der sich um die toten Tiere und deren Verwertung zu kümmern hatte (siehe dazu Girtler 2009). Folgende Wörter, die sich auf die Arbeit des Schinders beziehen, gehören hierher (ich verdanke sie Herrn M. Schüssler):
abdecken = schinden: FABERN, FETZEN
Abdeckerei: KAFLEREI (jidd. Kafa für Fell abziehen)
Tuch zum Einwickeln der abgezogenen Häute: FETZTUCH

In ihrer Diplomarbeit »Das Stigma des Schinders« (2010) bringt Frau Rebecca Wurian, die selbst aus einer Schinderfamilie stammt (ein Vorfahre von ihr war der Abdecker und Henker von Salzburg Wohlmut, er ist der Taufpate von Josef Mohr, Dichter von »Stille Nacht«), Rotwelsch-Wörter, z. B.:
Schinder auf Wanderschaft: FEYRIGER
Erkundigte er sich nach einer Arbeit: ROLLT DER ROLLER?
Schinderwagen: ROLLER
Pferd: UMSCHER (schmächtiges P.), SCHMINKER (kräftiges P.)

KLEIDUNG

Schuhe: DIE BÖCK, BOCK (wahrsch. von Bockleder; vgl. altwiener. bocksledern), HAMMERL, LATSCHN, TRITTLING (LV, Lo), TRETER
Socken, Strümpfe: STREIFLING (LV), STROAFLING (Streifling) (JL)
Hemd: STAUDE, STAUN (Pt), HÄMPFERT, HANFERT (von Hanf)
Unterhemd: HAUNSDAUN (JL)
Halstuch: WISCH
Hose: PRAXN (Pt), BAXN (JL)
Schöner Anzug: PANIER (von der Panier bei Schnitzel), DIE SCHALE
Schön anziehen: IN DIE SCHALE HAUEN, GWANDT IN SCHALE SEIN
Schönster Anzug (z. B. für die Gerichtsverhandlung): EINSERPANIER
Ankleiden: ANKLUFTEN, ANSCHALN (in die Schale hauen), ANDIRNDLN (von Dirndl), EINPACKEN

II. Die Sprache

Häßlich: SCHANNIG (Lo; jidd. chates – schlechter Mensch)
Hut: OBERMANN, WETTERHAN (LV), HECHLING (IL), TSCHAKO
Mantel: JOSCHI, DIE DACKN (Decke), STADTPELZ (vornehmer Mantel), STUTZER, FLÖHFANG (Pt), WINDFANG (LV)
Gestohlener Mantel: EINE GREANE DACKN
Rock, Sakko: JASS
Überrock: JOSCHI, JASS (Pt)

WERTGEGENSTÄNDE

Geld: MARIE (zig. maro – Brot), FLIEDER, FLINS (Münze, von flinzen, glänzen), LOWE (jidd. lowon – weiß glänzend); MOOS (jidd. moes – Geld), MUS (Lo; siehe Moos), GERSTL, KIES (Stein, beim Konstanzer Hanß 1792 Kies – Silber, aber bei Schäffer 1793 Kis – Betel), MESS (LV; siehe Moos), QUASTL
Münzgeld: SCHOTTER, SCHEBERMASSEL (P; Chilfer – Geldwechsler)
100-Schilling-Note: 1 KILO
1000-Schilling-Note: 1 FETZEN, 1 FLECKERL, 1 BLAUER
100.000-Schilling: EINE KISTN (die Höhe richtet sich meist nach dem Gesprächszusammenhang)
Frühere Wörter für Geld (um 1900):
1000 Kronen: RIESE, 100 Kronen: MANN, 50 Kronen: HALBERMANN, 10 Kronen: DOPPEL, 5 Kronen: KRUMPER, 10 Heller: ein ZEHNERL, FLINZ, 5 Heller: ein FÜNFERL, KRUMPERL
Zahlen: ZWEI – PEST, DREI – HAROM, VIER – PEST MAL PEST (P)
Bezahlen: BRENNEN
Falschgeld: PFLANZENMOOS
Uhr: SCHAR, SCHER (jidd. schoo – Stunde), RATSCHN, ZWIEFEL (Zwiebel)
Goldene Uhr: FUCHSENE SCHAR (Fuchs – altes Wort der Gaunersprache für Gold), GELBE RATSCHN
Uhrenverkäufer: SCHA(E)RENKEILER

Gold: Fuchs
Silber: Weissfuchs
Goldarbeiter: Fuchserer
Ring: Gadern (jidd. godar – umzingeln), Gaderling (JL)
Falscher Ring: Pflanzgadern
Brillantring: Brüller (von Brillant)
Armkette: Brasetl (aus dem Französischen)
Jemand besitzt Schmuck: er ist beschlagen
Betrüger (mit Schmuck): Ringwerfer (läßt einen Ring zu Boden fallen, um ihn vor seinem Opfer zu »finden« und diesem zu einem günstigen Preis anzubieten), Gadernkeiler (Betrüger, der falschen Schmuck jemand mit allerhand Tricks verkauft)
Brieftasche: Fleck, Ziehharmonika, Hiasl (Kl); Joki (jidd. joker –teuer), Mariedl (Kl; jidd. Maron – Brot), Gsibermühl (Gsib – Brief), Hans (P), Tafel (Ra)
Geldtasche: Rippart (LV), daher heute noch bei Wiener Sandlern – jemandem um Geld bitten: jemandem die Rippen (!) geben
Bankier: Moosmaier
Reich sein: gstopft sein
Verkäufer (Vertreter) von unechtem Schmuck und Uhren: Keiler (keilen – werben)
Wucherer: Kredithai, Geldhai, Saugerl, Mariedrucker, Aasgeier
Dorotheum (Pfandleihanstalt in Wien): die Tante Dorothe
Kein Geld haben: flach (floch) sein

VAGABONDAGE, FORTBEWEGUNG

Vagabund, Landstreicher, Unterstandsloser: Tippelbruder (tippeln – gehen), Penner (Penne – Herberge, jidd. panni – müßiggehen, oder jidd. binjan – Gebäude, vgl. Wolf), Pennbruder, Sandler (bei der Ziegelherstellung in Wien wurde jener, der den Sand für die Ziegelmodel reichte, abwertend so bezeichnet, er hatte die wenigste Arbeit. Eine andere Erklärung: Wenn es einem schlecht geht, so heißt es in Wien: er ist am Sand), BÄRSCH (Bursch), KUNDE (von Kundiger, Kennender), KUNT, GRIESLER (grieseln – schlafen unter freiem Himmel), MONARCH (Landstreicher, der sich vorübergehend als Saisonarbeiter bei der Ernte oder im Straßenbau in Norddeutschland um 1900 verdingte: vielleicht von jidd. Makor – Kamerad, vgl. Wolf), STROMER (stromen – herumziehen, vgl. Strom)

Pilger: BIRNTRETER (Schimpfwort für Pilger von Bauern in Oberösterreich, weil sie deren Birnen, die Mostbirnen zertreten; die Mostbirnbäume standen an den Straßen), PILCHER (das wiener. Pülcher für kleine Ganoven und ähnliche Leute leitet sich davon ab), JAKOBSBETTLER (alte Bezeichnung für jene frühen bettelnden Vagabunden, die vorgeben, zum heiligen Jakob nach Compostela in Spanien pilgern zu wollen)

Landstreicher ohne Papiere, Anfänger als Landstreicher: LINKMICHL (rotw. link – falsch, schlecht)

Händler: STÄBELING (La; verwandt mit stapeln – sammeln)

Musikant: KLINGENFETZER (Musikmacher, fetzer von lat. facere – machen), JOHNER (JL) (verwandt wohl mit Jauner, jenen – spielen), LETZER (jidd. lezan – Musikant)

Bettelmusikant: LECHEMGEIGER (jidd. Lechem für Brot)

Hausierer: FLAASPINK, FLAASSIANN (Lo), SCHRENZIERER (JL)

Unterstandslos sein: GREAN PFEIFN (Pt), GRIESELN

Verwahrlost sein: ABGEFACKT

Unter freiem Himmel schlafen: GRIASLN (Pt), GREAN PFEIFEN

Im Freien übernachten auf dem Lagerplatz: PLATTLN (JL), PLATTE MACHEN

Vagabundieren: MEDINE HALCHENEN (veraltet jidd. medina – Land, halchenen – gehen), STROMEN (vgl. Stromer für Vagabund)

Auf Handelsreise gehen (auch auf Wanderarbeit): AUF DIE STER GEHEN

Zu Fuß reisen: WALZEN
Wandernder Handwerksbursche: WALZER, WALZBRUDER, WALZERKÖNIG
Herumstreichen, um z. B. Gelegenheiten zum Stehlen zu finden: FLANIEREN (franz.)
Beginnen: STIEBA (Lo; deutsch – laufen)
Laufen, gehen: STIEBEN (La), SPIESSEN (wahrscheinlich dieselbe Wurzel wie »stieben«), NASCHN (JL; zig. nas – laufen), BAUN (jidd. bau sein – kommen)
Hausieren: HERUMSTIEBEN
Geh weg!: NASCHO! (JL), ALCH DICH! (jidd. halchenen – gehen), BIAG AB! BEULISIER! MACH DIE KURVEN!
Mitgehen: MITSPIESSEN (P)
Hinaufgehen: AUFI SPIESSEN (P)
Fortgehen, weggehen, wegfahren: BEULI GEHEN, BEULI SPIESSEN (jidd. beuli – entspringen oder zig. pale – wieder, zurück), GSTRADI (JL; ital. strada – Landstraße)
Fahrrad: LAFERL (Lauferl) (JL)
Gaunerzinken, Zeichen von Gaunern und Fahrenden an einem Haus, einer Mauer oder einem Baum, um den Genossen Informationen über den weiteren Weg, ein gutes Quartier o. ä. zu geben: NEFFERL, KOCHEMZINKEN
Sack, Rucksack: RANEZ (Ranzen), RANTZ (LV), BANDELE (Lo), RANDI (JL), RUCKRANI (JL), RANEZL (Pt), BUGLKRAXN
Korb: GOSCH (JL)
Baum: PFAHLER (JL)
Regenschirm: DACHL
Spazierstock: KROCKERL
Stunde: SCHOCH (Ra; jidd. Schoo – die Stunde)
Tag: SCHER (von jidd. Schoo – Stunde), SCHEIN (nach Wimmer; vielleicht auch von Schoo – Stunde)
Jahr: JAMRI (nach Wimmer, vielleicht steckt darin das italienische anno für Jahr)

II. Die Sprache

Nacht: SCHWERTZ (LV), SCHWARZE LUFT
Verschwinde!: MACH' DIE FLIEGE!
Nimm es und verschwinde (fliehe)!: FANG'S UND PALISIER! (beule, s. o.)

ORTE DER VAGABONDAGE UND DES BETTELNS

Gegend bzw. Landstrich, wo gebettelt, hausiert und herumgezogen wird: STRICH, GAI (wohl verwandt mit Gau), TERICH (LV; jidd. terech – Weg, s. auch u.)
Judengasse im 1. Wiener Gemeindebezirk: SCHALNGASSE (Pt) (dort ließ sich günstig Gewand – die SCHALE – einkaufen)
Kirche (vor der gebettelt wird): DIFFTEL (LV; jidd. Tephila – Gebet), DUFT (nach Wimmer)
Rathaus: ETZESBAJIS (veraltet jidd. etzes – Ratschläge, bais – Haus), STURM-KITT (Konstanzer Hanß 1792), PROLETENHOFBURG
Holz, Gebüsch: KRACHAT (JL)
Wegwerfen, verjagen: STANZEN (mhd. stenz – Stock)

ARMUT UND BETTELN

Betteln: FECHTEN (dieses Wort für Betteln stammt von den wandernden Handwerksburschen des 16. Jahrhunderts, die Fechtspiele zeigten, um zu Geld o. ä. zu kommen), EINE RIPPE AUSTEILEN (im »Liber Vagatorum« Rippart für Geldsäckel), JEMANDEM DIE RIPPE EINDRÜCKEN, JEMANDEN ANSINGEN, JEMANDEM ETWAS AUSSIHÄCKELN, BABLN oder BABBELN (anschwatzen), TALFEN (jidd. dalvon – arm), ABDAFELN (Ra), ABGEILEN (R), MANGEN (JL, zig. mangav – betteln), SCHNORREN (früher: schnurren, urspr.: »als Bettelmusikant mit Schnurrpfeife und Maultrommel einherziehen«. Kluge, 1901 S. 672), SCHWAFELN, ZUWISTEIGEN
Bettler: BABLER (nordd. bebeln – schwatzen), SCHNALLENDRUK-

ker, Breger (LV), Schnorrer, Schnurrant (= Bettelmusikant, Kluge, S. 672, Fechtbuder (Bettler, der sich als Handwerksbursche ausgibt. Es gab übrigens einmal eine Gesellschaft der »Freifechter von der Feder«, sie umfaßte ursprünglich nur Handwerker. Kaiser Rudolf II. bestätigte ihre Satzung unter Verleihung eines Wappens. Sie scheinen mit den sogenannten Markusbrüdern ident gewesen zu sein. Diese handwerklichen Fechtbrüder wahrten das Erbe der ritterlichen Turniere, genauso wie die Meistersinger sich als Erben edler Minnesänger sahen. Wolf, S. 92), Stabuler (im »Liber Vagatorum« als Brotsammler), stabulen oder stabeln (bettelnd umherziehen, sammeln. Das Wort Stab für Wanderstab dürfte in diesem stecken.)

Bettler, der in der Kirche mit einer Schüssel herumgeht: Pfluger (LV)

Bettler, der zum Schein ein Musikinstrument bei sich trägt: Plenner (Ra)

Gelehrter Bettler: Kammesierer (LV; jidd. komaz – nehmen)

Bettler, der nackt herumläuft: Plickschlaher (LV)

Bettler (Bursch), der den Bierrest aus den Bierfässern der Gasthäuser sammelt: der Taxameterbursch (altes wienerisches Wort, von zig. tagdajo – Becher, Tachtay – Gasthaus)

Zigarettenstummelsammler: Tschickarretierer, Arretierer

Geld ausborgen: anschiessen

Jemandem zum Bezahlen einer Schuld auffordern: die Rippe geben

Bekommen: gnausen (JL)

Verdienen: abanehmen (PT)

Geben: dippen (LV)

Kaufen: kimmern (LV; jidd. kinjen – kaufen), picken (JL)

Verkaufen: verkimiviern (LV)

Versetzen: versencken (LV)

Tauschen: schodern (JL)

Jemandem die Geldquelle abschneiden: den Hahn abdrehen, abzwicken

Bescheißen: RUNTZEN (LV; verwandt mit mhd. runze – Falte, Steiß), SEFELN (LV; jidd. sever – Mist)

Armer Mensch, arm sein: ER STEHT NEBEN DEN BÖCK (Böck – Schuhe), KIMMELTÜRK, SPECKDROSSEL, SPECKJAGER, KADETT, SANDHAS, KUPFERMUCKNBEWOHNER (Kupfermucke – Heuhütte), KOKSSTIERER, KOHLENJURI, NEGERONI (von wiener. neger sein – ohne Geld sein), ER IST VALAT, ER IST BOCKVALAT (von Bock – Schuhe; valat – Wort aus dem Tarockspiel, keinen Stich machen), IHM HÄNGT DER BURI (?) AUSSE, FLACHGEIST (flach sein – kein Geld haben)

Ohne Geld sein: TIPIDAU, TIPINEGER (wohl von tippeln – bettelnd umherziehen), NEGER, SACKSATZ SEIN, FLACH SEIN

Jemanden ausnehmen: BEI JEMANDEM IM FLECK (Brieftasche) SITZEN, JEMANDEM ETWAS AUSSESTEMMEN

Etwas schuldig sein: ETWAS KEIF SEIN (jidd. chow – Schuld); Heute hat sich die Bedeutung z. T. umgedreht: man ist sich nichts mehr schuldig: WIR SIND KEIF

Ungeziefer: KIMMEN (Ra; Kimme – Laus), SCHUWA (Laus, JL; vielleicht von jidd. schuv – Gespenst)

Lumpen: STRANZEN (JL)

Ding (aller Art, auch Diebsgut): SCHURI (JL; jidd. sechoro – Ware)

QUARTIER UND WIRTSHAUS

Gasthaus, Nachtlokal, Bordell: DIE HÜTTN (R: WAS RENNT IN DER HÜTTN? – was ist in dem Lokal los?), HURENHÜTTE, BLASHÜTTE (blasen – fellationem agere), BUDE, PUFF (rotw. – puffen, stoßen, koitieren), BEISL (von jidd. »Bess« oder »Bajiss« für Haus), BEISEKANDI (JL; rotw. Kandich –Herberge, Bordell, vielleicht von span. cantina – Gasthaus), BEIS (JL), BOSS (LV)

Bettlerherberge: ROTBOSS (LV; rotw. Bettler; boß = jidd. Bajiss – Haus), PLIMPEDAILLE (Lo; Plempe – Bier), PENNE (Herberge – s. auch u.)

Mieses, kleines Lokal: BUMSE, BUMSN, TSCHOCHERL (viell. von Tscharbeis – Diebsherberge, zig. tsor – Dieb oder jidd. Schocher – Kaffee), BEISL, PIESEL (vgl. Siewert, 1994)

Schloß, Burg: POLENDER (LV; jidd. peltiti – Burg)

Pfarrhaus: GALCHENBOSS (LV; jidd. Galach – Pfarrer, Geschorener)

Bauernhaus: HOCHERKANDI (JL)

Hausbesitzer: KANDEPINK (nach Wimmer)

Haus: KANDI, KANTI (JL; rotw. Kandich – Herberge, s. o.)

Stube: SCHRENTZ (LV; verwandt mit Schranne – Verkaufsraum)

Lokalverbot: DER WEISEL (verwandt mit Ausweisung)

Essensausgabestelle (z. B. Kloster): DIE SCHNALZN (dt. Schnalle – Suppe)

Wirt: KOBERER (vielleicht von jidd. Kowo – Hütte, Zelt, Bordell, oder mhd. Kobel – Hütte oder vulgärlat. coponus – Wirt), ZOTTELSPINK (Lo; zotteln – trinken, pink – Mann), BALBOS (LV; jidd. Baal – Herr, boß = baijs – Haus), SCHOCHERFETZER (LV; jidd. Schocher – Kaffee, fetzer von lat. facere – machen), BEISER (so beim Konstanzer Hanß 1792)

Wirtin, Bordellmutter: KOBERIN (s. Koberer, vgl. Grafitti S. 213)

Bett, Quartier, Wohnung: STRANZEN, STRANZIERUNG (ital. straccio – Lumpen), KUPFERMUCKN (rotw. Kupfer – Heu), MASN (franz. maison – Haus), HADERN, HAPFN, SIAMPFL (Lo), SÄNFTLING (Ra; Senft – Bett), SENFFTERICH (LV), SENFT (JL)

In der Wohnung schlafen: IN DER MASN PAUSEN

Schlafen: PÜSELN, PILSELN, PFEIFEN, GRUNDELN, SCHLUN (LV), SCHLUNZN, PAUSN, DUSEMA (LO ; verwandt mit duseln)

Schlaf: DUIMA (Ra; vielleicht von zig. Dumo – Rücken)

Übernachten: BOSNI (JL; jidd. Boß – Haus, s. o.)

Fenster: GUCX (vor allem das Zellenfenster)

Keller: TIAFLING

Unterstandslos sein: STRANZENSTAD SEIN (Stranzen – Schlafgelegenheit; s. o., stad – ohne), GRIESELN (s. o.)

II. Die Sprache

Rollbalken: ROLLEDER
Neu hinzukommen (z. B. zum Strich): ZUWACHSEN

STREITEN, ANDERE HEREINLEGEN, ÄRGERN, ÄNGSTIGEN

Jemanden hereinlegen: IHN AUF DIE ROLLSCHUHE SCHICKEN, IHN AUF DIE ROLLN SCHICKEN, JEMANDEM EINE GREANE (mhd. greinen – weinen) MACHEN, IHM EINE MAXN (Schlinge) LEGEN, BELINKEN, ABIDRAHN, JEMANDEN LEGEN, BEDIENEN, OPERIEREN (s. auch u.)
Eine hinterlistige Angelegenheit: EINE GREANE (mhd. greinen – weinen), EINE LINKE
Sich falsch oder hinterlistig verhalten: GREAN (s. o.), LINK sein
Jemanden täuschen, hereinlegen: ÜBERZUCKERN
Hereingelegt worden sein, ausgeschlossen sein: DEN SCHLAUCH HABEN (Schlauch wiener. für Schwerarbeit, Wehle, 1980, S. 242), DEN HAHN HABEN
Ruhe geben, aufhören: DEN ROLLEDER HERUNTERZIEHEN. R: LASS DEN ROLLEDER OBI!
Laß mich in Ruh'!, Verschwinde!: GEH' IN ORSCH (Arsch)!
Leck mich am Arsch!: BUFF MICH!, KANNST MICH BUFFA (LO), BUTT, SCHUND (JL; Schunt – Kot)
Jemanden vertreiben: IHN STANZEN (z. B. eine Hure vom Strich stanzen)
Jemand ist im Nachteil, er hat den »schwarzen Peter«: ER HAT DEN GSTIESS (Karte aus dem Kartenspiel Zenserln, s. u.)
Jemandem einen Streit ankündigen: EINE ANSAGE MACHEN
Ärger haben: BRESELN HABEN, EINEN WICKL HABEN, EINEN KÖLCH (Kelch?) HABEN
Einen Streit provozieren: ANDRAHN, ANDRUCKN
Aufgehetzte Personen: AUFGEHUSSTE PARTIE (wienerisch hussen – aufhetzen)
Einem unsympathischen Menschen (auf der Straße) ausweichen:

ABBIEGEN, EINE KURVE MACHEN, DIE SCHLÄUCHE (Beine) VERDREHEN
Mit jemandem nichts zu tun haben wollen: ABPLANKEN, ABTÄUSCHEN, OWILASSEN (herunterlassen)
Sich fürchten: PAUSN (Ra)
Jemanden durchschauen, seine Absichten erkennen: IHN ABSTOPPEN, IHN ABGNEISSEN
Mit bloßen Fäusten sich schlagen: AUF DIE GRADE
Schlagen: PRACKEN – Z. B.: ICH PRACK' DIR EINE (ich gebe dir eine Ohrfeige), BLUZIEREN – z. B.: ICH BLUZIERE DIR EINE AUF DEN ZEIGER (Kopf), BEDIENEN, TRICKERN, SALZEN, UMHACKEN
Mehrere nehmen jemanden in die Mitte und schlagen ihn: JEMANDEN EINSCHNEIDEN ODER EINZWICKEN
Fußtritt in das Gesäß: ITZLER, SPITZ
Ein Schlag auf den Mund: MAULPRACKER (pracken – schlagen), FOTZN
Fester Schlag: EIN HAMMER, BRACHOLDER
Jemandem entkommen, davonlaufen: ER HAT DEN AUFDRAHTEN (vielleicht von aufgedrehter Hutkrempe – oder von erregtem Glied), ER HAT DEN SCHLAUCH, R: DIE POLIZEI HAT DEN AUFDRAHTEN ODER DEN SCHLAUCH; (aber auch:) Jemand ist aufgedeckt – ER HAT DEN AUFDRAHTEN
Angst haben: ES GEHT EINEM DIE KLADERN, REIS STRAHN (streuen), ES GEHT EINEM DIE FEDERN, ES GEHT EINEM DER ARSCH, ES GEHT EINEM DIE MUFFN
Ängstlicher Mensch, Feigling: FEDERNTANDLER, FEDERANT
Laufpaß: DAS WEISEL, DER HAHN, DAS WEITER
R: JEMANDEM DEN HAHN GEBEN, JEMANDEN STANZEN (s. o.)
Sich über jemanden ärgern: AUF IHN EINEN ZUZ HABEN
Sympathie für jemanden empfinden: AUF JEMANDEN EINE RUTSCH'N HABEN, AUF JEMANDEN PARI SEIN
Jemandem Schwierigkeiten machen, provozieren: IHM EINE SCHAUFEL NACHLEGEN

II. Die Sprache

Jemanden in Stich lassen: STOCKEN LASSEN (im Stock sitzen – im Gefängnis sein), ANGESTOCKT LASSEN
Streit: DER KÖCH (Kelch), WICKEL
Einen Streit für jemanden beilegen: ETWAS BEGELN (bügeln)
Jemanden suchen lassen (wegen seiner Schulden): JEMANDEN STROTTEN
Sich trennen: SICH ABBEUTLN
Hör auf!, Gib acht!: STOCKUM (JL)
Ausruf (bei Jenischen): BARADERT, LOWADARI (JL)

HELFEN, BESCHÜTZEN, FREUEN

Leibwächter, Freund: der Bugl, Buckl (Rücken), GRANAT, HÄUSERRUCKER
Jemanden beschützen, ihm helfen: IHM DIE MAUER MACHEN, DEN BUGL MACHEN, DIE PLANK'N MACHEN, ABPLANKEN, ABBUGELN (Bugl, Beschützer), JEMANDEN – oder ETWAS FÜR JEMANDEN – VERBUNKERN (Bunker – verstecken)
Redensart: VOR DER HEH ABPLANKEN – vor der Polizei schützen
Jemandem helfen (auch: hereinlegen): IHM EINE RUTSCH'N LEGEN, IHM EIN BETT BAUEN
Freund, Kamerad: HABERER, urspr.: CHAWER (jidd. Freund, s. o.)
Mit jemandem befreundet sein: MIT JEMANDEM HABERIERT SEIN
Eine Sache bereinigen: GRAD MACHEN
Mit jemandem eingesperrt gewesen sein: MIT IHM IM KREIS GEGANGEN SEIN, MIT JEMANDEM VERSCHÜTTET GEWESEN SEIN – (s. auch unter Gefängnis)
Jemand ist in Ordnung, er ist fair: ER IST LEIWAND (von linwant – linnenes Gewand), PARI SEIN, ALT SEIN, ER IST GRAD
Mit jemanden sich zusammentun, gemeinsam arbeiten: MIT IHM ODER IHR AUF ALT MACHEN (z. B. ein Zuhälter mit einer Dirne), PACKLN
Partner: GESPANN

An etwas interessiert sein: EINEN LÖFFEL HABEN, EINEN GUSTO HABEN, AUF ETWAS WARM SEIN
Für jemanden kämpfen: SICH FÜR JEMANDEN GERADE MACHEN
Sich über etwas freuen: ABSPRITZEN

REDEN, SCHREIBEN, LÜGEN UND FÄLSCHEN

Wahrnehmen, merken: KNEISSEN (jidd.)
Schreiben: FACKELN (bereits im »Liber Vagatorum« um 1510 erwähnt), FOCHLN (JL; fackeln), KRITZLA (Lo), FELBERN (Pt), GRIFFELN; Abschreiben: ABFELBERN (Pt)
Dokument, Nachweis, aber auch Amtsblatt und Zeitung: FLEPPE (nach Nascher aus dem Spanischen, nach Wolf vielleicht verwandt mit Lappen als abwertende Bezeichnung für Schriftstück und Papier), GFLIDER (P.; verwandt mit Fleppe), DECKL (Ausweis der Dirne), TAK'N (verwandt mit Deckl)
Urkunden- und Ausweisfälscher: FLEPPEN MALOCHENER (jidd. Maloche – die Arbeit. Bei AL – das Fleppenmalochen – fälschen von Ausweisen); gefälschter Ausweis: LINKER SCHÖM oder LINKE FLEPPN
Falscher Stempel: LINKER oder GREANER ZINKEN (vgl. lat. signum – Zeichen, zu grean s. u.)
Brief: GSIB (s. u. Kassiber – jidd. kaswenen – schreiben)
Brieflich verkehren: GSIBIEREN
Zeitung, Buch, Wildwestheft: LESERL
Gaunersprache: KOCHEMLOSCHEN (jidd. Kochern – Gauner, Loschen – Zeuge, Mundart), das PESTSPRÜCHL (Pt) usw. (s. o.)
In der Gaunersprache sprechen: JENISCH FACKELN (jenisch: zig. dran – klug, fackeln von dt. hin- und herbewegen)
Reden, um von Außenstehenden nicht verstanden zu werden: GREAN SCHMEULERN (grean, s. o.: falsch, anders; schmalen – jenisch reden)
Reden, unterhalten: DABERN (Ra), DEBERN (Pt), SCHMEUN, SCHMA-

LEN (mhd. smeln), SCHMUSEN (jidd.), BARLEN (LV), SCHÄKERN (jidd. schequer – lügen)

Besprechen, verabreden: AUSDIPPELN (dippeln – gehen, aber auch plaudern), AUSSTEIGAZEN (vielleicht von steigatts machen – alte Bezeichnung für koitieren. Dabei dürfte es sich um entstelltes Jiddisch handeln – chatoah, Sünde), ABFINKELN (Ra)

Beschwatzen, übervorteilen: DIBBERN (Ra; jidd.), BEKASPERN (Ra; jidd.), TEIGAZEN (wohl verwandt mit steigatts machen, s. o.)

Viel reden: REDEN WIE EIN ÖLMANN, ER CHECKT SICH MIT DER STIMME DURCH, BAALN (JL; von dt. bappeln – undeutlich reden), SEMPERN, SUDERN

Tratschen mit jemandem: KOBERN (Koberer – Wirt)

Lügen: GREAN SCHMETTERN, GREAN SCHMÄLERN (Pt; jidd. Schmuo oder mhd. smeln, vgl. Wolf), EIN GSCHICHTL DRUCKEN, EINE WUCHTEL DRUCKEN

Lüge: SCHMÄH, SUD, FLIAGN (P), GSCHICHTL

Mann, der viel redet: SEMPERER, SUDERER

Schwätzer: BABLER (dt. bappeln – undeutlich reden), PLAUDERER, GSCHICHTLDRUCKER

Fragen: FRACKLN (JL), AUSFRATSCHELN

Aufschneiden: ANFETZEN (fetzen von lat. facere – machen), ANPEMPERN

Erzählung (oft heitere), Plauderei oder Lüge: DER SCHMÄH (jidd. Schmus, Schmue, Schmuo – Nachricht, Plauderei)

Ehrliche Rede: FRANKER SCHMÄH, GERADE ANSAGE

Eine Idee haben: EINEN BRIES HABEN

Ohne Idee sein: SCHMÄHSTAD SEIN (Schmäh s. o., mhd. stade – ohne), SCHMÄHFREI

Nach der Schrift reden, lügen, einen »Schmäh« (s. o.) erzählen: SCHMEULERN (Jidd. Schmuo – Erzählung), FEIN SCHMALLERN (Pt), FEINER SCHMÄH (Pt)

Böhmisch reden: PESTERSCHMÄH (P; jidd. bes – zwei, hier: zweite Sprache), PESTERSPRUCH (PT; auch: verstellte Rede, Gaunersprache)

Lachen: BRECHLN (JL)
Schreien: MAMSEN (JL; siehe auch Wams), PLÄRREN
Schimpfen: MATERN (JL), MOSERN
Singen: SCHOLLAN (Pt)
Locken: EIN ZUCKERL GEBEN, ANFÜTTERN, ANBRATEN, EIN HÖLZL SCHMEISSEN
Anbieten: KEILEN

SCHIMPFWÖRTER

Blöd sein: ANGSCHÜTT SEIN
Schmutz, Kot, unnötige Sache, blödes Gerede: TINEFF (jidd.)
Feigling: WEH. R: DU BIST A WEH!
Minderwertiger Mensch, Scheißkerl: WAPPLER, KIMMLER (rotw. Kimme – Laus), PFOSTEN, VERSYFILTER AFF (von Syphilis), SYFFPRÜGEL, FUTSCHLECKER, PESTITSCHECK, FÄTSCHNERSPINK (Lo)
Verdächtiger Mensch, Verräter: GREANER MENSCH (grean – falsch, hinterlistig, mhd. greinen – weinen), EINE WAMS (ein besonders nichtswürdiger Verräter – jidd. mamsen – verraten), HEHWAMS (Fleh – Polizei, s. u.), ZUNDGEBER, KÜBEL (nach dem Kübel, der für die Notdurft in den Gefängniszellen war), HÄUSL (Plumpsklo), GEBURT (Mißgeburt), KROT (Kröte), KRÄULER (Kriecher vor der Polizei), KRETZN, GFRASTSACKL, VOLLKOFFER
Feiger Mensch, Arschkriecher: KNIARER, WAPPLER, WIXER
Dummer Mensch: WEH, HASERL, SCHWAMMERL
Mann mit Pusteln im Gesicht: PUSTELKÖNIG, WIMMERLPRINZ
Magerer Mensch: GSÖLCHTER HERING, EIN GSÖLCHTER (von selchen – räuchern), KRÜPPLGSPIEL
Ungute, arme Frau: SANDNETTEL, SANDRAS (Gegenstück zum Sandler), SPECKJAGERIN, GSOFFENE NETTEL, FÄTSCHNERSSIANN (Lo), KRABBLERIN (von krabbeln)
Häßliche Frau: MORASTL, SCHIACHER ZIEGEL, AGRASEL (Stachel-

beere), GRAMMEL, CALAFATI (Figur des Wiener Praters), KELEF (jidd. Hund, Hündin)

Es ist bedeutungslos, uninteressant: ES IST NAFTER (vielleicht von jidd. nafke – Hure), NAFTER MIT BATSCHAMBULI (vielleicht von Batacheinerblut – vertraute Gesellschaft, jidd. betochon – Vertrauen), ES ZÄHLT ELF, ES IST LUFT MIT NÜLLE (vielleicht von mhd. rolle – der Narr), ES IST PARI

BESCHIMPFUNGEN UND BEDROHUNGEN IN EINEM FRAUENGEFÄNGNIS

DU KÜBELKIND MIT SCHLECKAUGEN (Kübel – früher Abortkübel in der Zelle); DU RUSSENKIND! DU AMPUTIERTE SCHEISSHAUSFLIEGE!

ICH SCHNALZ DIR EINE, DASS DU IN DER ECKE HOCKEN BLEIBST! HÖRST ALTE, ICH PICK DIR EINE, DASS DICH DER KOLLEG MIT DEM SPACHTEL VON DER WAND HOLT! ICH SCHNALZ DIR EINE, DASS DIE HÄNDE BEIM ARSCH KLAVIER SPIELEN! ICH HAU' DIR EINE KANNE! ICH BROCK' DIR DEINE OHRWASCHEL AB (ich reiß dir deine Ohren ab)

NAHRUNG UND ALKOHOLIKA

Hunger: MADERER, FLAMMO, MUGER (Lo; verwandt mit mucken – betteln)

Essen: ACHELN (jidd. achlen für essen), PUTZEN, HABERN, SCHNABULIEREN, MENCKLEN (LV), BUTTN (JL; verwandt mit büßen – stillen, befriedigen), WICKELN (verwandt mit picken)

Mahlzeit, Essen: ACHELPUTZ (Pt, Ra), PUTZ, FRASS, SCHEKELFRASS (Schekel – Blechnapf), DER SCHNATTERER (Pt – gutes Essen)

Brot: BIMS, HANF (vielleicht von jidd. ophe – Bäcker), KEDERER, LEHEM (LV), LEGUM (Ra), LECHUM, LECHEM (jidd. Brot), LEEM (JL), MARO (JL; zig. Brot), KITT (vielleicht von Fensterkitt)

R: Friss den Fensterkitt
Stückl Brot: Getzlin (LV), Scherzl, Bugl
Bäcker: s. o.
Suppe: Schnoin (JL; verwandt mit schnallen – geräuschvoll essen)
Klostersuppe oder Essensausgabe: die Schnalzn (von Schnalle – Suppe)
Dünne Suppe: Herzjesusuppe
Wurst: Regenwurm (LV)
Käsekrainer (Wurst mit Käsestücken): Eitrige
Eine Burenwurst (Klobasse) essen: sich einen Tiger in das Gesicht stossen, eine Krampfader inhalieren
Trockene Braunschweigerwurst: Fetzenwurst (frühere Gefängnisnahrung)
Löffel: Schnabla (JL)
Bier: Schurnbrant (LV; jidd. schecheri – berauschendes Getränk), Plempe (dt. plempen – trinken), Bembel (Konstanzer Hanß 1792), Röhrl, Hülsn
Bierglas: Kochl (KI)
Schnaps: Fusel, Pomatschka (Gefängnisschnaps – wahrscheinlich von rotw. Pommerling – Obst), Schinebr (Lo), Gfunkata (JL; rotw. finkeln – brennen)
Rauchen: Dewan (zig. t'uw – Rauch), hazn (heizen)
Rausch: Fetzen, Stiebs (Lo).
Trinken: schwechn (JL), schwecken, schochern (LV; jidd. schochar trinken), tschechern (jidd. schochar), drangln (von trinken), schwächen (Schäffer 1793)
Betrinken, saufen, auch anessen: tschechern (schochar, s. o.)
Betrunken sein: blunzenwach (weich wie eine Blutwurst), angehieselt (Pt), beschocher (LV; jidd. schochar, s. o.), butterwach, fett sein (wiener.), antschechert (jidd. schochar), blau sein (jidd. belo – ohne, schlecht. Die berühmten Bezeichnungen »blauer Montag« und »blau machen« haben nichts mit der Farbe »Blau« o. ä. zu tun, sondern in ihnen steckt eben-

II. Die Sprache

so das jidd. »belo« für »ohne«. Der »blaue Montag« ist demnach der Tag ohne Arbeit, an dem eben nicht gearbeitet wird. Und ebenso deutet »BLAU MACHEN« darauf hin, daß man auf Distanz zur Arbeit geht), EINEN AFFEN HABEN

Sehr betrunken sein: VOLLFETT SEIN (wiener.), PUDLWACH

Säufer: TSCHECHERANT (jidd. schochar – trinken), DRANGLER (Trinker)

Kaffee: SCHWARZMOLLA, SCHWIRZLING (JL), SUD

Wein: KERIS (LV; jidd. Koras – Erquickung), KORLAS (JL), JOCHEN (W, jidd. jojin – Wein), PIMPEL (Lo; vgl. Plempe – Bier), JAIM (Schäffer 1793)

Schlechtes Getränk, schlechte Kost: MOTSCHKA (tschech. motschka –Jauche), MURRER

Dünner Kaffee: NEGERSCHWEISS

Zigaretten rauchen: STAUBEN

Zigaretten: DIE SPÄH, SPAN (Späne), TSCHICK (zig. tsik – Kot, Schmutz. Tschick auch für Kautabak), LUNTN, FLIMMLA (Lo)

Zigarettenstummel aufheben und rauchen: TSCHICK ARRETIEREN, TSCHICK KNOTZEN (im Gefängnis)

Einer, der Zigarettenstummel sammelt: TSCHICKER, TSCHICKARRETIERER

Gans: STROHBOHRER (LV), STROHBEISSER, BREITFUSS (LV)

Huhn: FLUCKHART (LV), DEGL (JL), GANI (JL; Gane – Gans), HOLDERKAUTZ (LV; Kautz: zig. Kacna – Huhn, nach Wolf)

Eier: JARI, PETZEN (nach Wimmer)

Hahn: FENRICH (JL)

Kuh: HORNBOCK (LV)

Teigwaren (Hörnchen): KNIESCHÜTZER

Zucker: SIESSLING (JL)

Feuer: FUNCKART (LV), FUNK, FUNKERT (JL)

Zündholz: FUNKSTANGERL (JL)

Wasser: FLOSSHART

Fisch: FLOSSLING (LV), GRADLING (JL)

Kochen: FÜNKELN
Sieden, braten: FUNCKELN (LV)
Tisch: GLATHART (LV)
Milch: GLIS (LV; althochdeutsch Gliz – Milch)
Cola mit Cognac oder Rum: BAUCHERL, RÜSCHERL
Kleines Getränk: HAUBERL

DROGEN

Drogenabhängiger, Drogenkonsument, Süchtiger: GIFTLER(IN), GIFTPATSCH, HASCHLER(IN), KOKSER (von Kokain), NASENBÄR (Kokain wird mit der Nase geschnupft), GIFTHUND, PULVERL-SCHMEISSER, JUNKIE, PULVERL, HERGRICHTER
Abhängig sein: DRAUF SEIN
Unter Drogeneinfluß stehen: MAN IST HERGERICHTET, IST AUF DER WELL'N
Heroinspritze: DIE PUMP'N
Spritze und Zubehör für Drogenkonsum: DAS BESTECK
Zigarette mit Haschisch oder Marihuana präpariert: JOINT, JO, OFERL
Haschisch: DOPE (aus dem Amerikanischen), SHIT, KITT
Marihuana: GRAS, WEED, KRAUT
Heroin: ZEUG, TIAFE, SACHERL, BRAUNE
Kokain: COLA, SCHNEE, DAS WEISSE, NASCHEREI
Eine kleine Packung, ein Gramm Kokain oder Heroin: BRIEFERL, PACKERL
Linie, auf der das Kokain oder das Heroin aus dem »Brieferl« (ca. 0,2 Gramm) aufgelegt wird: LEIN (aus dem Amerikanischen – line, von dieser Linie wird dann mit einem Strohhalm oder einem eingerollten Geldschein das Pulver in die Nase geschnupft)
Menge des auf die Lein gelegten Pulvers: EIN NASERL
Drogen, Tablette (Gift) einnehmen: EINWERFEN, EINSCHNEIDEN, (Heroin) DRUCKEN, PULVERL SCHMEISSEN

II. Die Sprache

Kokain einnehmen (schnupfen): EINE NASE NEHMEN, EINE STRASSE (Lein) MACHEN, SICH EINE NASE EINEHAUEN
Einehauen: RÜSSELN
Heroin spritzen: EINFÄDELN (in die Vene), FETZEN; R: ER FETZT SICH EINEN.
Drogen kaufen: ETWAS CHECKEN, ETWAS AUFSTELLEN
Drogen verkaufen: VERCHECKEN
Drogen, die schnell wirken, die also die Wirkung der Droge beschleunigen, wie Kokain und Amphetamine (Aufputschmittel): HOCHE, GESCHWINDE
Drogen, die langsam in der Wirkung sind, wie Heroin: TIAFE
»Langsame« sind auch die Beruhigungstabletten wie:
Rohypnol: ROIPERL
Perdomal: PERL
Lexotanil: LEXERL
Paracodein: PARL
Aufputschmittel, wie Captagon, Antapetan u. ä.: GSCHWINDE
Ist der Rausch am Ende: MAN IST HERUNTER, KOMMT ABI
Um den Rausch bei Haschisch oder Marihuana schneller zu beenden, zum Beispiel mit Vitamin C: MAN HOLT SICH ABI (herunter)
Sich betäuben: ZUMACHEN, SICH IN DIE WELL'N HAUEN
Jemand nimmt Drogen, die verschiedene Gemütszustände erzeugen: WELLENREITER oder TRAUMREITER
Beginnender Entzug: ANBRÖSELN
Entzug machen: SICH ABIKRACHEN
Entzugserscheinung haben: KRACHEN; R: ER KRACHT WIE EINE KAISERSEMMEL, oder: ER SCHEPPERT (zittert)
Entzug ohne Entziehungsmittel: KALT ABIKRACHEN
Tödliche Dosis: GOLDENER SCHUSS

Zu diesen von mir gesammelten Wörtern aus der Drogenszene füge ich noch einige Wörter hinzu, die in dem schönen Buch »Zum Thema

Sucht« (2004) von Frau Dr. Renate Brosch unter dem Titel »Die Sprache der Drogenszene« aufgezählt sind (den Hinweis auf dieses Buch verdanke ich übrigens Herrn Manfred Herma):
Entzugserscheinungen haben: AFFIG SEIN
Joint rauchen, Cannabis rauchen: AN KÜBEL, AN HUGO RAUCHEN
Heroin: BRAUNES, BRÖSEL
Unfreiwilliger Entzug, unter Entzugssymptomen leiden: EINEN AFFEN SCHIEBEN
Sich am Karlsplatz in Wien, wo die Drogenszene ist, aufhalten: AM PLATZ SEIN

KÖRPER

Augen: DIE GLURN (niederländisch: glurdn – schauen), die SPEKULIERER, ZWIRLING (LV; von dt. zwei), SCHEAGLING (JL – von schielen), DIERLING (LV), GUCKERLE (Lo), KIPFLER, GUCKN
Augengläser: SPEKULIEREISEN (Augen – Spekulierer)
Sehen, schauen: SPANNEN (Lo), SPANNA (JL)
Gesicht: PONEM (von jidd. ponim – Gesicht); PONUM (bei Siewert 1994)
Kopf: ZAGER (Zeiger – wahrschl. nach Zeiger der Uhr), ZIGURI (viell. von Zichorie – Wurzel), HIRBAS (JL), KABAS (JL; viell. von Kürbis), LISSMARKT (LV – Läusemarkt), PLUTZER
Haare: SCHLING (JL – Flachs), FEDERN (lange Haare)
Toupet: DACKERL (Deckerl)
Glatze: BAUPLATZ (Pt)
Kamm: SCHLINGLZUPFER (LV), LAUSRECHEN
Mund: PAPPN, BABBEL (vgl. babbeln für betteln), GOSCHN, SCHLAPFN
Hals: DIE HUASTN (von: husten)
Zähne: BEISSARA (JL)
Falsches Gebiß: BEISSERL, KLAVIER, WIPPLINGERBROSCHE (in der Wiener Wipplingerstraße werkte ein berühmter Zahntechniker), KLAPPERL

Hand: GRIFF, FLOSSEN, JAD (jidd.) – R: GIB MIR DIE JAD!
Finger: GRIFFLING, KLEBELN
Beine: SCHLAUCH
Füße: UNTERGRIFF, HIAF (Hufe), KANDARE (JL)
Herz: DIE PUMP'N
Blut: REDLING (JL), DIE SOSS', DER BAAZ
Gesäß: ARSCHENAL (Arsenal), TOCHES (jidd. für unten), RAUCHES (Lo), SCHUNDBUS (JL; zig. chin'd'av– scheißen), KEFF (niederländisch)
Frieren: BIWAN (FL), BIBERN (mhd. biben, dt. bebern)
Urinieren: BRUNZEN (verwandt mit Brunnen), FLOSLEN (LV), FLÖSSLN (JL), SOACHEN
Scheißen: SEFELN (LV; jidd. Sewel – Mist), SCHUNTEN (JL; zig. chin'd'av)
Kot: SCHUND (JL), PELZÄRMEL (Kotwurst)
Furz: SCHAHS, SCHUNDARA (JL)
Furzen: EINEN KOFFER ABSTELLEN
Abort: HÄUSL, SCHUNDKANT (JL), RETTICH, SELFENBOSS (JL)
Waschen: FLÖSSELN, FLODAN (JL)
Seife: SCHLITZ (nach Wimmer)
Schlafen, Schlaf, s. o.
Weinen: STOALN (JL), PLÄRREN
Genieren: SCHUMIN (IL; vielleicht von jidd. Schum – Knoblauch, oder verw. mit Schund, Kot)

KRANKHEIT UND TOD

Sterben: IN DIE KISTE HUPFEN, IN DIE GRUBE HUPFEN, BEGERN (P; jidd. Peger – Leiche), EINEN HOLZPYJAMA (Sarg) ANZIEHEN, EINEN HOLZPYJAMA ANGEMESSEN BEKOMMEN, IN DAS SACKL (Sakko, den guten Anzug) SPRINGEN, DEN LÖFFEL WEGSCHMEISSEN, DEN LÖFFEL ABGEBEN, DIE ECKE MACHEN, EIN BANKL REISSEN, ABBANKLN, DIE PATSCHEN (Hausschuhe) AUFSTELLEN, DIE BOCK

AUFSTELLN, DIE LACKBÖCK ANGEMESSEN BEKOMMEN, DES TEUFELS ERSTER HEIZER WERDEN, DER BANERNE – DER QUIQUI – (Tod) HOLT EINEN, ÜBER DIE KLINGE HÜPFEN, UMISTEHEN, EINE BRETZEN MACHEN, BRETZEN REISSEN, KRACHEN GEHEN (auch für: verhaftet werden) (Pt), ABTRETEN

Selbstmord begehen: DEN LÖFFEL WEGSCHMEISSEN, IN DIE SCHLINGE HAUEN, IN DAS PENDEL HAUEN (Selbstmord durch Erhängen), SICH EINE (die Kugel) GEBEN, IN'S HANGERL SCHMEISSN

Der Tod, aber auch Christus: DER BANERNE (Beinerne)

Tot, bewußtlos sein: MAUKAS SEIN (von jidd. macho – ausgelöscht sein)

Krank, verletzt sein: EINE LETTN HABEN, VALAT SEIN (vgl. das Wort »bockvalat«, s. o.), MAROD SEIN, BEDIENT SEIN

Krankenhaus: DAS BEGERISCHE

Arzt: HAMSCHICKER (auch Mörder – Pt), PLAUDERER (JL), PFLASTERSCHMIERER (JL), s. auch u.

Falscher Arzt: FEHLINGER (so beim Konstanzer Hanß 1792)

Irrenanstalt: GUMMIHÜTTEN, ZWIEBELPARLAMENT, LEMONIBERG oder MONTE LA CITRONE (Steinhof in Wien mit der berühmten Otto-Wagner-Kirche, die für manche die Form einer Zitrone hat), GUGLHUPF (urspr. der von Joseph II. in Wien erbaute runde Narrenturm), GSCHUTZT-KANTI (JL) (gschutzt – dumm, s. o.).

Psychiater: DR. SPECHT

SEXUALITÄT, LIEBE

Vagina: KLESCHN, FUT (alte Form von Fotze), BIXN (Büchse), SCHMUHE (Ra), DIE BUTTN, DOTSCH (= »fudt« LV), SCHOSA (= »fudt« LV), MINSCH (JL; verwandt mit Mensch für Mädchen), WUNDE, FEIGE, SPUND

Klitoris: VIRGINIA (eine Zigarrenart), JUD (nach Aussage eines Herrn vom Strich heiße die Klitoris angeblich darum »Jud«, weil sie sich ähnlich wie der Jude zu verstecken weiß)

Brüste: Malerei, Das Geschäft, Balkon, Palatschinken, Gspasslaberln, Spasskrapferln, Glöckerln, Pummerin, Tuteln, Schwechal (JL), Quastln

Männliches Glied: Gurkerl, Beitl, Beutl, Rübe, Karotte, Nudel, Praxn (auch Hose), Pallamann, Gart (zig. Karo), Girigari, Sega (JL), Röhre, Rührer, Spundbohrer

Großes Glied: Hamtreiber (Heimtreiber), Dreiss'ger-Nudel, Pallamann, Grosser Prügel, Pracker, Kuraz (jugoslaw.)

Kleines Glied: Gurkerl, Zumpferl, Probierspatzerl

After: die braune Kammer, Männerstüberl, Hintertürl

Kosen, tändeln: schäkern (jidd. chek – Busen, weiblicher Schoß: aber auch jidd. schequer – lügen)

Beeindruckt sein von einer Frau: abschnallen (Jägersprache: Schnalle – Vulva der Wölfin), R: da schnallst ab

Sexuell erregt werden: die Klesch'n (s. o.) geilt auf

Sexuell erregt sein: winnig sein, geil sein

Sexuelle Erregung hervorrufen: aufgeiln

Eine Frau interessiert sich sexuell für einen Mann: sie pascht mit ihren Futlapperln (Schamlippen) einen Tango, sie brummt

Lüsterne, geile Frau: Schnellsiann (Lo; Schnalle: Vulva der Wölfin. Siann – Frau, jidd. zenua – sittsam, ehrbar)

Lüsterner, geiler Mann: Schnellpink (Lo; Schnalle, s. o. Pink – Mann)

Mädchen, das sich unzüchtig betasten läßt: Abgeilerin

Geschlechtsverkehr: Fahrer, Knaller

Koitieren: schawan, schnegan (JL), antauchen, schuastern, bempern, hobeln, pudern, wetzen

Geschlechtsverkehr mit mehreren Personen: einen Ziagl (Ziegel) machen

Samen ablassen: spritzen, abjankern

Frauenarzt: Klesch'ndoktor, Büchsenschlosser, Futbader, Höhlenforscher

Gynäkologische Untersuchung: ZUWIKNIEN UND EINIBRUMMEN – die BÄRENSTELLUNG
Heiraten: RINGLA (La)
Schwängern: ANSPRITZEN, ANBUFFEN
Schwanger sein: ANDRAHT SEIN, AUFGEPUMPT SEIN, KIRWAS SEIN (JL), ETWAS IM OFEN HABEN
Hebamme: KREBSENMUSCH (JL)
Frau ist im Wochenbett: D'SIANN IST IM SALZ (Lo)
Menstruation – Frau, die die Regel hat: SIE SITZT AM FETZEN, SIE HAT DIE GSCHICHT, SIE HAT DIE TANT, SIE HAT DIE GSCHISSENE, SIE HAT DIE ROTE, SIE IST AUSGESTECKT, SIE HAT DAS HANDTUCH ZWISCHEN DEN FÜSSEN, SIE HAT DEN ROTEN KÖNIG (Pt)
Onanieren: ABIREISSEN, SCHWARTELN, ER ZIEHT SICH EINEN IN DIE LÄNGE, ER ZIEHT SICH EINEN VON DER PALME, ER ZIEHT SICH EINEN VON DER LEBER, ABIFETZEN, ZANGERLN, GURKERLN, DIE GURKE REBELN, ZUPFEN, GARNIEREN (vgl. Gart, zig. Karo – Penis)
Onanist: ABAFETZER, WIXER, SCHWARTLER, SCHWARTLBERGER
Oral verkehren: EINEN ZIEHEN, DIE GURKE NEHMEN ODER ANZIEHEN, EINE GURKERLN, DEBERN, RÖHRELN, EINEN STAUBSAUGER MACHEN, IN DIE OBERLICHTE HINEIN, ABISTEIGN, IN DEN KELLER STEIGEN
Oraler Verkehr durch eine zahnlose Prostituierte: ALTFRANZÖSISCH
Analverkehr: ARSCHPUDERN, KAKAOSTICH
Homosexueller: DRESCHERL, G'HAZTER (Geheizter), WARMER, SCHWUCHTEL, BACHENER (von backen), SCHMAUSERL, ZYLINDERVERGOLDER, DURCHLAUFERHITZER
Homosexuell sein: ER GLÜHT BIS IN DIE KNOCHEN, ER KANN MIT DEM FINGER SCHWEISSEN, ER IST HÄFENWARM (homosexuell nur während der Zeit des Gefängnisaufenthaltes, Häfen – Gefängnis)
Mann, der Liebespärchen beobachtet: SPIESSER, SPANNER
Eine Geschlechtskrankheit haben: ANGESANDELT SEIN

II. Die Sprache

Einen Tripper haben: EINEN TRÖPFLER HABEN, EINEN KAVALIER-SCHNUPFEN HABEN, DAS PFEIFFERL VERBRANNT HABEN
Filzläuse: STANGLMATROSEN, MOOSANTELN (...enten), ROHRBIENEN, FLÖH MIT GOISERER (alpenländische Schuhe), VEGELE (Lo – Vögel), SACKROTZ

PROSTITUTION

Prostituierte, Dirne, Hure (neutral, wohlmeinend): HACKNBRAUT (Hackn – Arbeit, s. o.), DIE (MEINE) ALTE, MADL, DIRNE, DIE REGISTRIERTE, DIE BESTE, DIE TANTE, DIE SCHWESTER, DIE BAUCHSCHWESTER, STRICHKATZ, DECKELKATZ (Deckel – Gesundheitskarte der Dirne, Katz – Mädchen), GLIDD (LV), GLYDE, BORDSTEIN-SCHWALBE, CHONTE (jidd.), NAFKE (jidd.), SCHIKSE (jidd.), SCHNALLE (Ra; Jägersprache: Schnalle – Vulva der Wölfin), SCHREF (LV; mhd. schreffen: ritzen, verwandt mit berlinerisch Schrippe für Semmel), WUNNENBERG (LV: »hübsch jungfraw«)
Dirne mit eigener Wohnung: PRIVATDOZENTIN
Prostituierte (abwertend und als Schimpfwort): DAS BAN (Gebein, linkes Ban – hinterlistige Dirne), DIE KLESCHN (Vulva, s. o.), DIE FUT, MAULPUDERBAN oder BLASBAN (oralverkehrende Dirne)
Miese Dirnen: DER RUSS
Hure, die sich mit Ausländern abgibt (abwertend): TÜRKENBAN
Pfaffenhur: LEFRANTZIN (LV; jidd. Lewi – Priester)
Nicht mehr attraktive, alte Hure, die billig ist und auf billigen Strich geht (z. B. im Wiener Prater): DIE AUSRANGIERTE, PRATERSCHLAMPE
Prostituierte, um die man sich streitet: KÖLCHBRAUT (Kölch – Streit)
Geheimprostituierte: SOLIDE, GEHEIME
Reisende Dirne: MUSCH (dt. Mutze – Vulva), TIPPELSCHICKSE (Kl; tippeln – gehen, s. o.)

Dirne auf der Suche nach einem Freund oder eine, die ohne Geld dafür zu nehmen, mit jemandem, der ihr gefällt, schläft: DIE GUSTOKATZ, GUSTIERKATZ, GUSTIERERIN, R: DIE HUR GUSTIERT

Freund, den sich die Dirne sucht: GUSTOBUB

Zuhälter: DER ALTE, STRIZZI (von tschech.: STRYZ – Onkel), PEITSCHERLBUB (eher abwertend, von Peitsche), SPITZ

Primitiver, gewalttätiger Zuhälter: BURENHÄUTLSTRIZZI (Burenwurst: billige Wurst in Wien), GULASCHSTRIZZI

Bordellwirt, Hotelier: KOBERER (S. 167)

Bordellmutter: KOBERIN (vgl. Koberer), GLIDENFETZERIN (Hurenwirtin, LV)

Hotel, Haus, in dem die Dirne absteigt, Bordell: PUFF, DIE KOBEREI, GLEIDENBOSS (Hurhauß – LV), SCHREFENBOSS (Hurhauß LV; mhd. Schref, s. o.), BLASHÜTTE (blasen – fellationem agere)

Stundenhotel: DAS HOTEL

Séparée im Bordell: DIE GUCK

Auf das Séparée gehen: EINE GUCK MACHEN

Anteil, den der Koberer oder die Koberin erhält: SCHAB (jidd. Schibbolas – Kornähre; Schibbauless – Angefülltes)

Gesundheitskarte der Dirne: DER DECKL, DIE KARTE, DIE FLEPPE, DIE FLEPPN (s. o.), DAS BÜCHL

Die wöchentliche Kontrolle der Dirne durch den Amtsarzt: VISITE, FUTPARADE

Polizeiarzt (Amtsarzt): NASERER (von Nase), BIXNSPANNER (Büchsenschauer), FUTBADER

Mädchenhändler: BANAVERPASSER (Ban = Bein für Mädchen, Dirne)

Berufskleidung der Dirne: HACKNGWAND (Hackn – Arbeit)

Schuhe (hochhackige) der Dirne: HACKNBOCK (Böck – Schuhe)

Gegend der Prostitution: DER STRICH, DER KITS (nd. Kit – Bordell), TELACH (selten, von jidd. telechen – gehen), IM GAI (verwandt mit Gau)

Neu zum Strich kommen: ZUWACHSEN
Auf den Strich gehen: IN DIE HACKN GEHEN
Zum Geschlechtsverkehr animieren: EINFANGEN, EINBRATEN
Auf und ab gehen am Strich, um Männer zu fangen: NAFKENNEN (veralt. jidd.), PARADIEREN, TIPPELN
Vom Strich vertreiben: STANZEN (von rotw. stenzen – verprügeln)
Wohnungsstrich: WOHNUNGSHACKN
Kunde der Dirne, Freier (neutrale Bezeichnung): HERR (meist im Gespräch mit Polizisten und Außenstehenden), GAST
Abwertende Bezeichnung des Kunden im Milieu der Prostitution: BEITL (Beutel), GOGL (Gockelhahn); Frage des Polizisten: »WIEVIEL HERREN HAST DU GEMACHT? (oder auch: GESCHNUPFT?)« Antwort der Dirne: »ICH HABE HEUTE FÜNF (zum Beispiel) HERREN GEMACHT.«
Reicher Kunde: DER GSTOPFTE GOGL
Kunde der Dirne, der mit dem Auto zur Dirne fährt: AUTO-BEITL
Zum Analverkehr auffordern: WILLST DU EINEN KLEINEN BRAUNEN?
Eine Prostituierte zieht sich zurück vom Kunden: ABIGEILN, SIE LÄSST SICH HINUNTER AUF DIE GREANE (s. o. grein – hinterlistig, von mhd. greinen – weinen)
Sie wehrt sich (sie hat sich gewehrt): SIE STRAMPFT (sie hat gstrampft)

KARTENSPIEL – GLÜCKSSPIEL

Spieler: JONER (LV; aus dem Wort »Joner« entwickelt sich das Wort »Duner«, und dieses wird schließlich zum »Gauner«)
Spielen: JONEN (LV), ZOCKEN, ZCHOCKENEN (altes Wort für spielen, auch bei Avé-Lallemant 1858 jidd. zachkenen), BLÄTTLEN (Schäffer 1793).
Kartenspieler: DIBBLER (dt. tippeln – gehen) HADERNDIBBLER (Hadern – Spielkarten, Hadern eigentlich »Fetzen«), ZOCKER (jidd. zachkan – Spieler)

Kugelspieler: RUNDELDIBBLER (Rimdel – Kugel)
Glücksspieler: GLÜCKSDIBBLER, MASELSCHEIBER (Massel – Glück, jidd. Masol – Gestirn, Glück)
Billardspieler: WIESENDIBBLER
Kartenspielen: DIBBLN, SCHNEIDEN (beim Stoß – die Karten werden beim Mischen ineinander geschnitten), BLÄTTLA (Lo), BLATTELN
Falschspieler, Bauernfänger: (auch) HACKENGEHER (Hacken-Arbeit), KOSAK, HABSBURGER (»birgt die Habe« des Betrogenen), GRANAT, VOLTÄR (Volte – Mischtrick), PACKLER

KARTENSPIELE

Organisiertes verbotenes Glücksspiel mit doppeldeutschen Karten: STOSS (vielleicht von jidd. Schtuss – Unsinn), NASCHIWASCHI (anderer Name für Stoß). Ich hatte die Möglichkeit, an diesem Glücksspiel von Ganoven in den Hinterzimmern verschwiegener Wiener Lokale teilzunehmen. In Wien gab es bis in jüngster Zeit zwei Stoßpartien, also zwei Gruppen von Männern, die das Stoßspiel organisierten. Die eine Gruppe wurde als »Gürtelpartie« bezeichnet, weil sie in den Lokalen um den Wiener Gürtel residierte, die andere als »Praterpartie«, sie kontrollierte das Spiel um den Wiener Prater. Man fragt, wenn man wissen will, wo gerade Stoß gespielt wird: »WO WIRD HEUTE GSCHNITTEN?« Die Geldverleiher beim Spiel werden mit »KREDITHAI« oder »SAUGERL« angesprochen. Eine besondere Rolle fällt den Aufpassern, den »SCHMIEREN« zu. Sie haben das Eintreffen von Polizisten sofort weiterzuleiten, da dieses Spiel ein verbotenes ist. An einem länglichen Tisch sitzt in der Mitte der »BANKERER«, er hält die Spielbank, »SCHNEIDET« die Karten. Ihm gegenüber, auf der anderen Seite des Tisches, sitzen die Spieler, die in ihrer Gesamtheit als »GALERIE« bezeichnet werden. Das Spiel beginnt damit, daß der Bankerer dem »GUCKER«, das ist meist der, der die höchsten Einsätze wagt, eine der Karten hinhält. Ist dieser mit dieser Karte, der »Guck«, einverstanden, so wird diese Karte verkehrt in den Stoß zurückgeschnitten. Die nun oberhalb des »Beschnitts« liegenden Karten werden nun vom Bankerer nach unten gegeben. Der Mischvorgang ist ein geradezu magisches, feierliches Ritual, währenddessen die Spannung unter den Spielern zunimmt. Die Spieler setzen ihr Geld auf eine der Spielkarten (7 bis As). Dann werden jeweils zwei Karten vom Kartenpaket »abgezogen«. Die erste der Karten, sie wird als »Stuss« bezeichnet, verliert, die zweite, sie wird »Einwender« genannt, gewinnt. Hat jemand also auf die erste Karte gesetzt, so verliert er den Einsatz, hat er auf die zweite gesetzt, so gewinnt er den doppelten Einsatz.

Zenserln (vielleicht von jidd. sinnas – Feindschaft): ein vermutlich sehr altes Kartenspiel, das vor allem in den Gefängnissen gespielt wird. Interessant sind die Zahlensymbole dabei, die vielleicht jiddischen oder romanischen Ursprungs sind, wie z. B. I – 20, V – 50, C – 80, o (= ein Kreis) – 100. Auch dieses Spiel wird nur mit doppeldeutschen Karten gespielt, wobei die Karte mit der Neun, wenn sie Trumpf ist, als Minöl bezeichnet wird.

Karten: Hadern (altes Rotwelsch-Wort für Spielkarten)

Geldverleiher beim Kartenspiel: Saugerl (von aussaugen), Kredithai

Karten ausgeben beim Stoß: abergeben, schneiden

Ehrliches Spiel: frankes Spiel

Betrügen beim Kartenspiel: obihaun, einidrahn, umsteigen, abidrahn, abimachen, ein Druckerl machen, das Eckenradl machen

Gewinn: Schnitt

Beim Spiel Geld verlieren: hängen, Moos (s. o.) verschieben

Beim Spiel viel Geld verlieren: mit einer Lawine hängen

Eine schlechte Karte unbemerkt in das Kartenpaket zurückgeben und gegen eine andere austauschen: einen Brief schicken (das Wort »Brief« für Karte gibt es schon im »Liber Vagatorum« um 1510)

Durch Kopfbewegungen Karten anzeigen: AWACKLN
Einen schwachen, unerfahrenen Spieler besiegen: DIE WEH WIRD OBIGHAUT, EIN HASERL IST EINGESPANNT
Gäste beim Stoß überlauern: ABSPANNEN
Kartenspieler, der schlecht spielt: WEH
Jemand kommt beim Spiel nicht mit: ER STEHT, ER LIEGT AUF DER ROLL'N
Kartenmischtrick (beim Falschspiel): DIE VOLTE (einfache und doppelte)
Karten zinken: NOMINATIV MACHEN (mit einer Nadel oder Präparierung mit Phosphor. Um solche Phosphorzeichen zu sehen, muß man eine dunkle Brille aufsetzen)
Sich so setzen, daß Karten sich im Licht spiegeln, um die Nadelstiche besser zu sehen: IM SPIEGEL SITZEN
Der Hauptbankhalter beim Stoß: DER HAUPTBANKERER
Teilnehmer am Stoßspiel, die um den Spieltisch stehen oder sitzen: DIE GALERIE
Ohne System spielen: EINE WILDE SPIELEN
Beim Stoß verlieren: IN DER HÖH SEIN (weil von den beiden Karten, die abgehoben werden, die obere verliert)
Leute, die Fremde zum Spiel animieren: KEILER ODER SCHLEPPER
Aufpasser beim Stoßspiel: DIE SCHMIERER (jidd. Schmiro – Wächter, Bewachung, s. u.)
Eine konkurrierende Stoßpartie zwingen, das Spiel zu beenden: DIE TANTE

VERBRECHEN

Verbrecher: GAUNER (von Joner, so im »Liber Vagatorum«, daraus: Jauner, so bei Schäffer 1793 »Abriß des Jauner- und Bettelwesens ...«), GANOVE (jidd. Gannaw – Dieb), daneben noch viele Spezialbezeichnungen für Verbrecher (s. u.)
Verbrecherszene: DIE GALERIE (eigentl. Teilnehmer am Stoßspiel,

II. Die Sprache

s. o., eine andere Erklärung: oberstes Stockwerk im Gefängnis, der Hochsicherheitstrakt, wurde im Wien der Nachkriegszeit Galerie genannt. Eine dritte, oft gehörte Erklärung: die Fotokartei der Verbrecher bei der Polizei wird als Galerie bezeichnet)

Verbrecher aus der Szene: GALERIST

Organisierte Bande: PARTIE, PLATTEN (jidd. platt – vertraut, befreundet. Eine andere, aber problematische Erklärung: Platte leitet sich von Tischplatte ab), PLATTENBRÜDER (Tischgesellschaft, vgl. P); Anführer einer Diebsbande: BALLMASEMATTEN (Ra; Baal – Herr)

Versammlung von Gaunern: Kohol (jidd.)

Jemand ist Kumpane: ER IST MIT J. KOMPLIZIERT

Bei einem Verbrechen teilnehmen: MITDIBBLN

In die Arbeit, zu einem Verbrechen gehen: IN'S GAI GEHN, IN DIE HACKN GEHEN

Verbrechen (allgemein): DIE HACKN (eigentlich: Arbeit, jidd. hogun für ehrbar. Auch die Dirne geht in die Hackn.)

Plan für ein Verbrechen: MASEMATTEN (Pt; jidd. eigentlich Diebstahl, von Masso umattan – Handeln, s. u.)

Auskundschaften, erkundigen: EINE MASEMATTE BALDOWERN, (jidd. baal – Herr, dowor – Sache), AUSBALDOWERN, AUSKEILEN

Gewalt anwenden: EINE SCHARFE MACHEN

Raub: EIN SCHARFER, REIBERL

Sperren, auch öffnen mit einem Haken: SCHRÄNKEN

Verstecken der gestohlenen oder geraubten Gegenstände: VERBUNKERN (Bunker)

Geldschrank (Kassenschrank): BÄR (vielleicht von jidd. Peri – Erwerb, so Wolf), JOGL (verwandt mit Jakel – Opferstock, vielleicht nach dem heiligen Jakob so benannt), JANKER, FUCHSENER (Fuchs – Gold, s. o.)

Leicht zu öffnender Kassenschrank: NULLER-BÄR

Schmuck (gestohlener): MURRER (jidd. Muri – Diebstahl)

Diebsbeute (allgemein): MURRER

Zechprellen: EINEN PRINZEN BAUEN, EINEN BLÖDEN MACHEN
Umwandeln, auch zusammenschlagen (ein Lokal): MODE MACHEN
Blinder Alarm: PFLANZ
Beute, gelungene Tat: DER RISS
Etwas gut vollenden: EINEN RISS MACHEN
Eine schlechte Beute: EINE GREANE TEILE
Sich an der Beute beteiligen: AM TEIL SEIN, ANSTICKEN
Anteil: SCHAB (jidd. Schibbalas – Kornähre; Schibbauless – Angefülltes)
Übervorteilen bei der Teilung der Beute: ABIDRAHN, BLITZEN, GREAN GEBEN, JEMANDEN SCHIESSEN, LEGEN, STEHEN LASSEN, JEMANDEN IN DEN TIAFLING (Tiafling im Gefängnis – die Korrektionszelle) FAHREN LASSEN
Hehler: PASSER (rotw. jidd. paschen – gestohlenes Gut weitergeben, schmuggeln)
Hehlen, für jemanden etwas verkaufen: ETWAS VERSCHIEFERN (jidd. Chilfer – Geldwechsler)

VERBRECHER, IHRE WAFFEN UND GERÄTE

Werkzeug des Einbrechers: DAS ZEUG, JADSCHURRICK (jidd. Jad – Hand)
Werkzeug zum Aufbrechen von Kassen und Türen: GASHAXN (Ziegenbein)
Stemmeisen: MASEL, SCHABBER (jidd.)
Brechstange: BARSEL, BARTEL (jidd. Bartel – Eisen)
Die Redensart »Wo der Bartel den Most holt« bedeutet eigentlich: »Wo die Brechstange das Moos (das Geld – verballhornt hier zu Most) holt.«
Handeisen: JADBARSEL (Pt; jidd. Jad – Hand)
Kleines Brecheisen: JADSCHABBER (Pt)
Bewaffnet sein: AUFGELADEN SEIN (mit Schußwaffen)
Revolver (Pistole): PUFFER, PUFFN, KANONE, EISEN, BLEISPRITZE,

II. Die Sprache

Röhren, Pumperer, Krachn, Kracherl, Kanl (Kanone), Schiessling
Pistolenschuß: Pistolenplädderer (Plädderer – Lärm)
Maschinenpistole: Ratsch'n, Mandoline, Klavier, Pampam, Barassera
Gewehr: die Spritz'n, Lattn (Pt)
Messer: Fisch, Trawanker, Stachl, Sabl, Feitl, Pracker, Man, Nusch (von tschech. nuz), Zahnstocher, Zacken (Ra), Herterich (auch Degen LV)
Klappmesser: das Zuagmachte. R: ich hau' dir eine mit dem Zuagmachten auf den Schädel
Wachsabdruck eines Schlüssels: Druckerl

ARTEN UND TECHNIKEN DES VERBRECHENS

Jemanden mit dem Messer stechen: mit dem Sabl anreiben, mit dem Trawanka eine geben, tupfen, stupfen, aufmachen, nachhauen, angeigen, jemandem einfahren (eine – hinein, mit dem Messer); Herzstich: Herzpracker, Herzplederer
Jemanden mit den Schuhen treten: jemanden mit den Humanics eine anrauchen oder geben (Humanic – Schuhfirma)
Wohnungseinschleichdieb, Wohnungsdieb: Schnallendrucker
Ladendieb: Schattenfelder (Ra; jidd. schote – Narr)
Taschendieb: Taschenkrebs, Ritter vom Griff, Sliverer (vielleicht von »schlürfen«), Seebacher (P), Greifenberger, Bandler, Taschlzieher, Chelefzieher (vielleicht verwandt mit jidd. Chilfer – Geldwechsler), Paddenzieher (jidd. Fadie – Hand), Drücker
Taschendiebin: Bandlerin, Slivererban (ban = Bein – Frau, s. o.)
Brieftasche stehlen: eine Scher machen (Schere: Fingerstellung des Taschendiebes), einen Fleck (Brieftasche) ziehen, abrieseln
Gehilfe des Taschendiebes: Anrempler

Taschendiebstahl vollführen: SLIVERN
Den Taschendieb decken, damit er unbeobachtet arbeiten kann: DIE WAND, DIE MAUER MACHEN
Taschendieb, der in der Herberge den Schlafenden das Geld aus der Tasche zieht, Wäschedieb: MARCHIZER (jidd. Merchaz – Wäsche)
Wäschedieb: FLATTERFAHRER (schon im 15. Jh. Flader oder Flatter – zum Trocknen aufgehängte Wäsche, vgl. Wolf, s. auch Fladerer, Hadern)
Diebstahl durch Aufschneiden eines Koffers oder einer Plane: ABFETZEN
Ein Verbrechen durchführen: ETWAS HERSTRAHN. R: ICH STRAH EINE BANK HER
Lügen: VOPPEN (LV; altes Rotwelschwort), KATZELN
Lügner: KATZLER (verwandt mit Katzelmacher, wie man die Italiener bezeichnet hat, vgl. Wolf)
Jemanden übervorteilen, hinterlistig sein: EINE LINKE DREHEN
Betrügen: BEDIENEN, ABIMACHEN, ABIHAUN, EINIDRAHN, ANSCHLAGEN, ABIDRAHN, VERMONEN (LV), BEDIPPERN (Ra), BEMAIERN (Ra), BESCHMIEREN (Ra), BESECHEN (Ra; jidd. aufschließen), BESCHUPPEN (Ra), MAUSCHELN (Ra; jidd. Jargon sprechen), REPPEM (Ra), BERAMSCHEN (Ra), RUPFEN (Ra), BESCHUMMELN (von beschundeln: zig. chin'd'av – bescheißen, betrügen; siehe Schund), BELEIMSEN (Leim – Lüge), PETITES MACHEN (dt. partieren – betrügen, aus dem Italienischen) R: DER IS BELEIMST, bedient. R: EIN WEIB ABEMACHEN – jemandem eine Frau ausspannen
Beim Geldwechsel betrügen: ANSCHLAGEN, CHILFERN (jidd. chillef – Geldwechsel)
Betrug beim Geldwechsel: SCHLAGLEREI
Betrügerischer Geldwechsler: CHILFERER (jidd.)
Betrüger, der als angeblicher Freimaurer auftritt und die Logen um Geld betrügt: MASSENSTAPPLER

Betrüger, Hochstapler, der vorgibt, ein Adeliger zu sein, dem das Schloss abgebrannt ist: WAHREFINGER

Betrüger = Mitbieter bei Auktionen, um den Preis hochzutreiben: TIPPLER

Jemand wird betrogen: ER WIRD OPERIERT (P)

Jemand ist betrogen worden: ER IST SCHON OPERIERT (P)

Geld abnehmen, jemanden ausnehmen: ABSTIEREN

Erlös aus dem Diebstahl: RAMSCH (Ra)

Silberdiebstahl: KIESSOW-MASEMATTEN (jidd., vielleicht darin das Wort Kies für Geld, Silber)

Diebstahl: GENEW (jidd. veraltet)

Diebstahl, bei dem etwas weggetragen wird (z. B. Kleider): BINKLHACKN, BINKLMURRER (Kleiderbinkl, Murrer, s. o.), HADERNPOST (Hadern – Fetzen)

Diebstahl, bei dem es nicht um Geld geht: HADERNPOST

Diebstahl, bei dem es um Wertloses geht: LAKRITZIHACKEN

Stehlen: REBELN, BANDLN, GARNIEREN, ETWAS ABBIEGEN, GANEFEN, GENFEN (LV), GANFEN, FANGEN, ABHÄNGEN, GICKSEN, FLADERN (Flader bzw. Flatter – Wäsche: Fladerer – eigentlich der Wäschedieb, vgl. Wolf)

Dieb: HACKNGEHER, GANEFF (jidd. Gannew – daraus Ganove), TSCHOR (Schäffer 1793)

Jemand, der umhergeht, um zu stehlen: GEIER (jidd. von Geher)

Gelegenheitsdieb in Häusern: STIEGENLÄUFER

Diebstahl mit jemandem begehen: AUSDIBBELN

Diebstahl unechten Schmucks: EIN LINKER MURRER (s. o.)

Betrug, Schwindel, Diebstahl, Diebsbeute: MASEMATTE (jidd. eigentl. »Tragen und Geben« bzw. »Handel und Wandel«, vgl. Nascher – der Ausdruck M. wird vielfältig gebraucht, s. o.)

Den Masematten (schweren Diebstahl) vorbereiten: ANBAUEN (Ra)

Einbruch: BRUCH

Einbrechen: EINIDIBBLN, EINIKREULN, SCHRÄNKEN, MODE MACHEN, GSCHICHT DRAHN, EINEN (EINBRUCH) HINWERFEN, AUF-

SCHRÄNKEN (Ra), EINSCHABERN (so bereits beim Konstanzer Hanß, 1792, s. o.)
Einbrecher: DIBBLER, EINDIBBLER, NACKENGEHER, SCHRANGLER
Einbruch, bei dem die Leute schlafen: ZIERLICHE MASEMATTEN
Wilddieb: HUTMACHER
Gewölbedieb: SCHOTTENFELDERER (P)
Gewölbe, in das eingebrochen wird: MASEMATTE (P)
Einbruch ansagen: SASSERN (P; jidd. sarser – Zubringer, Unterhändler)
Zimmer, in das eingebrochen werden soll: Masn (franz. maison)
Dosisches Schloß: DOSERER
Vorhängeschloß: HUND
Vorhängeschloß abdrehen: DEN HUND WÜRGEN
Werkzeug zum Öffnen von Vorhängeschlössern: ABSTECHER
Aufbrechen: AUFSCHRÄNKEN, AUFSTOCHERN
Sperrhaken, Dietrich: TSCHOCHERER
Aufsperren (mit einem Dietrich): STOCHERN
Ein Fenster eindrücken: EIN DRUCKERL MACHEN
Papier oder Pflaster, das an das Fenster geklebt wird, um es so geräuschlos eindrücken zu können: GANEWPFLASTER (jidd. Gannew – Dieb)
Hehler: PASSER
Hehlerei: PASSEREI (zig. pasch, daraus »paschen« für schmuggeln)
Doppelbodiger Kessel, mit dem man schmuggelt: HENKELMANN (Ra)
Die Zeche prellen: EINEN PRINZEN BAUEN, BELINKEN, EIN EI LEGEN
Einen Verkäufer mit der Pistole bedrohen und berauben: MIT DER EISERNEN SCHECKKARTE (PISTOLE) EINKAUFEN
Töten: ABTÖTEN, HAMDRAHN, ÜBER DIE KLINGE SPRINGEN LASSEN, MAUKAS (jidd. mocho – auslöschen) MACHEN, HEIMTUN (Ra)
Ertränken: FLOSSELN (LV)
Mörder: HAMSCHICKER
Jemanden niederschießen: EINEN ANRAUCHEN, ABFETZEN, UMNIETEN, NIEDERNIETEN, UMBLASEN, NIEDERPFEFFERN

II. Die Sprache

Würgen: BEI DER HUASTEN HABEN
Niederschlagen: BEDIENEN, DAS GFRIESS POLIEREN, JEMANDEM DIE GURKE GEBEN
Schlag auf den Mund: MAULPRACKER
Schlagring: DUMMEL
schlagen, prügeln: BLUZIEREN, CASPERN (veralt.), DECKEN, KEILEN, PRACKEN, SALZEN, UMHACKEN, WASCHEN, VERHÄMMERN
Jemanden verletzen: JEMANDEN HERRICHTEN
Eine Gewalttat setzen: EINE SCHARFE MACHEN
Raufbold: APACHE, TARZAN, KÖRPERKURTL
Kleines Verbrechen, welches nichts bringt: LAKRITZIHACKN, KIMMLERHACKEN (mhd. kimme – die Laus), GRÖSCHERLHAKKEN, FLACHE GESCHICHT
Kinderschändung: TATSCHLERHACKN (wiener. »tatschkerln« für »streicheln«)
Kinderschänder: TATSCHKERLIST
Schaufenstereinbruch bei einem Juwelier: KERNDLHACKN (Kerndl – Körner – Juwelen)
Auslagendiebstahl: KLIRRENHACKN
Geldschrank knacken: EINEN JOGL (einen Janker oder einen Bären) REISSEN (s. o.); EINEN GELBEN MACHEN, SCHRANGELN
Safe-Knacker: SCHRANGLER, SCHRÄNKER (bereits 1755 taucht diese Bezeichnung auf – Kluge, 1901, S. 243)
Einen Briefträger berauben: EINE BRIEFTAUBE MACHEN
Brandstiften: ZÜNDELN, AFINKELN (rotw. Funk – Feuer)
Brandstifter: ZÜNDLER
Mit jemandem einen Einbruch vereinbaren: EINE HACKN MIT JEMANDEM AUSMACHEN, ETWAS AUSDIBBLN (s. o.)
Ein Verbrechen (einen Einbruch) auskundschaften: AUSSCHMIEREN (jidd. schemirah – Bewachung), AUSKEULN, EINE HACKN ABSTOPPN, EINE HACKN ABSCHMIERN, EINE HACKN AUSGUSTIERN, EINE HACKN AUSGNEISSEN
Hinweis auf einen zu stehlenden Gegenstand: DORT STOCKT ETWAS

Aufpassen bei einem Verbrechen: DIE MAUER MACHEN, DIE PLANKEN MACHEN, SCHMIER STEHEN, SCHMIEREN
Aufpasser bei einem Verbrechen: SCHMIERER (hebr. schemirah – Beaufsichtigung, Schmiere, jidd. auch: Totenwache, vgl. Nascher 1910)
Ruf des Aufpassers, wenn die Polizei naht: »GREAN DOI!«, oder: »GREAN!«, oder: »GREAN, DIE SCHMIER IST DA!«, oder: »GREAN IS, DIE SCHMIER!«
Vom Verbrechen ablassen: ABILASSEN, ZURÜCKSPIELEN
Das Verbrechen ist beendet: ES IST AUSGSTANDEN, DIE HACKN IST FERTIG, DIE HACKN IST GUTGEGANGEN, DIE HACKN IST SCHÖN GEDREHT WORDEN, DIE HACKN IST G'SCHUPFT WORDEN, DIE HACKN IST G'RENNT
Das Verbrechen ist mißlungen: DIE HACKN IST G'FALLN
Die Polizei hat das Nachsehen, weil das Verbrechen unbemerkt durchgeführt wurde: DIE HEH HAT DEN SCHLAUCH, WEIL DIE HACKN GUTGEGANGEN IST
Etwas verstecken: ETWAS VERJANKERN, VERBUNKERN
Jemanden in der Unterwelt durch Unterweltler suchen: IHN STROTTEN, STREBELN
Jemanden benachrichtigen, daß man ihn suche (z. B. um ihn zu verhauen): IHM EINE ANSAGE MACHEN, IHM EINEN RAT ÜBER DREI ECKEN SCHICKEN
Schnitt in die Wange mit einem Messer oder Würfelzucker (als Strafe für Verräter): DER FAHRER

POLIZEI UND VERHAFTUNG

Polizei, Polizist, Gendarm: die Höh oder Hui (vielleicht von Hehmann, nach dem Ruf des Polizisten »Heh!« – vgl. Schranka, Wiener Dialektlexikon, 1905. Vielleicht aber von Hecher – Bezeichnung für den mittelalterlichen Scharfrichter. Oder: von Hebe – alter Name für Polizei, vgl. Wolf. Das Wort Hebe ist

II. Die Sprache

verwandt mit dem Wort Häfen – Gefängnis. Unwahrscheinlich ist die Erklärung Wehles, wonach »Heh« sich von »Höhe« ableitet, da Polizisten früher beritten waren, sie also in der »Höh« waren), die PURZ (Pt; zig. pust – Mann mit dem Spieß; einen solchen trug der frühere Bettelvogt, eine Art Polizist, der für Bettler und ähnliches Volk zuständig war), die GSCHMIERTEN (jidd. Schemirah – Bewachung), die SCHMIER, die BULLEN, die POLENTE (von jidd. polent – Burg, vgl. Wolf), die KIBERER (nach Wolf von kewjus – Sicherheit; nach Wehle von mhd. kiben oder kabelen – schimpfen), die ZANGLER, die GREANEN VÖGEL, die SPENGLER, die QUETSCH (von quetschen), SCHANNEG PENK (jidd. chattes – schlechter Mensch), KLISTE (nach Wimmer, zig. Klisto – Reiter, Gendarm), SPINATWACHTER (Bezeichnung des Polizisten in Wien wegen seiner grünen Uniform), MISTELBACHER (Sehr abwertende Bezeichnung für Polizisten in Wien, sie soll darauf hinweisen, daß die meisten Polizisten nicht aus Wien stammen, sondern aus der tiefsten Provinz, wie zum Beispiel aus Mistelbach in Niederösterreich. Danach sind die Wiener Polizisten ihrer Herkunft nach keine Städter, sondern »Gescherte«, s. o. Um Mißverständnissen vorzubeugen: Mistelbach ist ein durchaus achtbares Städtchen.)

Die Bezeichnung Bulle für Polizist, wie sie vor allem in Deutschland verwendet wird, kommt nicht vom Rindvieh. Im 18. Jahrhundert nannte man die Landjäger, Vorläufer der heutigen Polizei, je nach Gegend „Bohle", »Landpuller« oder »Landbohlwer«. In diesen Wörtern dürfte das niederländische Wort »bol« für »Kopf« oder »kluger Mensch« stecken. Nach einer anderen Meinung kommt Bulle von »Puhler« für Polizist. Interessant ist, dass im alten Rotwelschen der Bürgermeister als »Ortsbulle« oder »Pullenpink« bezeichnet wurde (vgl. Wolf 1985, S 66).

Polizist, der auf der Straße paradiert: TROTTOIRBELEIDIGER, RANDSTEINSCHWALBE, PFLASTERHIRSCH

Kriminalbeamter (speziell): KIBERER (s. o.)

Polizeidirektion: OBERHEH (P)

Arrestantenwagen, Gefangenentransport: GRÜNE MINNA (jidd. meanne – peinigen), KROKODIL, LINIENBUS, GRÜNER HEINRICH, FROSCH (der klassische Arrestantenwagen war grün), HÄFENWAGEN

Polizeianzeiger: LESERL

Verräter: DIE WAMS, VERWAMSER, PLAUDERER, SCHMEISSER, KNIARER (von knien), SCHLICHNER (Ra)

Polizeispitzel: die HEHWAMS (Heh –Polizei), SCHLIAFERL, (Schlürfer – Kriecher), KONFIDENT

Spitzel: DER GREANE (grean – hinterhältig, s. o.), AGENT

Überführen: OBIBRINGEN (obi – herunter)

Wurde das Verbrechen verraten: DIE SACHE IST GESCHMISSEN, IST VERWAMST, IST VERZUNDEN

Verraten: VERWAMSEN (von jidd. mamsern – verraten, s.o.), VERMAMSEN (JL), ANTIPPELN, ANREISSEN, JEMANDEN AUF DEN MARKT HAUEN, EINIDRAHN, VERNADERN, POLTERN (vielleicht von jidd. polterbais – Zucht oder Arbeitshaus) LASSEN, JEMANDEN SCHWARZ MACHEN, JEMANDEM EINE VERKEHRTE RUTSCHN LEGEN, VERPFEIFEN, (die Sache) SCHMEISSEN, AUSPACKEN, JEMANDEN AUFHAUN, JEMANDEN EINTUNKN

Jemanden bei der Polizei später einmal anzeigen wollen: IHN AUF DIE SICHT ANZEIGEN

Geheime Nachricht: EIN ZUND. R: DER POLIZEI EINEN ZUND GEBEN

Im Fahndungsbuch ausgeschrieben sein: AUSGEFACKLT SEIN (von rotw. fackeln – schreiben)

Steckbrief: MOHRFLEBBE (Ra; jidd. Mora – Furcht, Fleppe – Dokument, s. o.).

Photographieren: ABHIASLN (Pt)

Unglück: KISCHEW (veralt. jidd.)

Verderben: KAPORE (veralt. jidd.)

Bei einem Verbrechen erwischt werden: EINFAHRN, ABGEBROCKT

II. Die Sprache

WERDEN. R: DIE HEH BROCKT EINEN AB. MICH HABEN SIE ABGEBROCKT

Verhaftet, eingesperrt werden: MÜLLI GEHEN (viell. von zig. mulo – tot), MEIER GEHEN (jidd. mors – Furcht), MÜLLISIEREN, PLEITE GEHEN, EINGNAHT WERDEN, GEHOBELT WERDEN, QUITSCH GEHEN (Quetsch – Polizei), VERSCHÜTT GEHEN, KRACHEN GEHEN, EINGEJANKERT WERDEN

Verhaftet sein: EINGEZOGEN SEIN, IN DER HEH SEIN, MÜLLI SEIN, MEIER SEIN, VERSCHÜTT SEIN

Ohne Beweis verhaftet werden: AUFS GRADE VERSCHÜTT GEHEN (Pt)

Fingerabdrücke abnehmen: KLAVIER SPIELEN, STEMPELN, DRUKKERL MACHEN, TAPPER NEHMEN

Beim Verhör schweigen, kein Geständnis ablegen: AUF NEIN BLEIBEN, STEHEN

Der beim Verhör Schweigende: DER STEHER

Knapp vor dem Geständnis sein: STREICHELWEICH SEIN, BUTTERWEICH SEIN, EINEN UMFALLER HABEN

Lügen: EINE GREANE (s. o.) ERZÄHLEN

Leugnen: ABDABERN (lidd. dabern – reden), ABSTRAMPFEN, AUF NAA (NEIN) SEIN

Einzelzelle (vorübergehend) im Polizeigefängnis: DER LAUF

Polizeigefängnis in Wien: DIE LIESL (liegt an der früheren Elisabethpromenade), DIE PROMENADE (ebenso)

Nachlaufen (Polizei dem Verbrecher): NACHBEULISIEREN (beuli – zig. pal – nach, hinter), NACHDIBLN

Wegwerfen, verschwinden lassen (Diebsgut, Waffen): BEULE HAU(E)N, FLITZEN (z. B. falschen Ausweis)

Jemanden im Stich lassen: JEMANDEN SCHWIMMEN LASSEN, JEMANDEN ÜBERLASSEN – R: ER LASST DICH ÜBER

Periodische Meldepflicht bei der Polizei: DIE HEX

Kette zum Fesseln der Handgelenke des Gefangenen, an der er geführt wird: DAS ZEISSERL

Handschellen: DIE EISEN (frühere Fußfesseln, im Gefängnis in Stein bis 1952), BRASETL (franz. bracelet – Armband), BANDLER, KLAMMERN, SCHMUCK, ACHTER, ZANGE, FANGEISEN, DIE BRETZN (Brezeln), MANSCHETTEN, JADBARSEL (Pt; jidd. Jad – Hand)

Fesselung von Händen und Füßen: DER BOCK

Jemanden beeinflussen, was er beim Verhör zu sagen hat: EINGEBEN, EINTRICHTERN, UMDRAHN

Zeichen mit der Hand an einen anderen Ganoven in Anwesenheit von Polizisten und anderer fremder Personen: JADZINKEN (AL), SCHEINLINGSZWACK (AL, s. u.)

GERICHT UND VERURTEILUNG

Tag der Gerichtsverhandlung, Unglückstag: ASCHERMITTWOCH

Geständnis ablegen: SINGEN, PFEIFEN, PFEIFEN WIE EIN LERCHERL, SPEIBEN, SPUCKEN, BEICHTEN, IN DIE KNIE GEHEN, PLAUDERN, NIEDERLEGEN, ANLEGEN, AUSHUSTEN, AUSPACKEN

Belasten: EINIDRAHN, EINITHEATERN

Richter: KUTTINGER IN DER VIOLETTEN

Staatsanwalt: KUTTINGER IN DER ROTEN, SCHMALZFIEBLER, BEISJANKER

Verteidiger: KUTTINGER IN DER SCHWARZEN, AUSSIDRAHER (Herausdreher)

Untersuchungsrichter: DER SUACHERL (von suchen)

Zeuge bei Gericht: AUSSIREISSER, AUSSIDRAHER (günstig für den Angeklagten); EINIREISSER, EINIDRAHER (ungünstig für den Angeklagten)

Vorführraum im Wiener Landesgericht I: DER WAGGON (sieht einem Eisenbahnwaggon ähnlich)

Jemand anderen belasten, die Schuld auf einen anderen schieben, sich als unschuldig darstellen: SICH ABPUTZEN, SICH AUSSIDRAHN, DEM ANDEREN EIN BETT BAUEN, IHM DIE RUTSCHN

II. Die Sprache

LEGEN, IHN EINFAHRN LASSEN, AUS IHM EIN DRAHDIWABERL MACHEN, MIT IHM GROB WEGFAHREN

Unbekannter, auf den die Schuld abgeschoben wird: SCHMATZER, FRANZL

Mit einer Sache nichts zu tun haben wollen: ABPLANKEN, DIE PLANKEN (Zaun) AUFSTELLEN

Ganove, der aufmerksam Gerichtsverhandlungen als Zuschauer folgt: KRIMINALSTUDENT

Erstangeklagter sein: DIE FAHNE PACKEN, DIE GARNITUR MACHEN

Erstangeklagter, der die gesamte Schuld auf sich genommen hat: FAHNENTRÄGER, ER TRÄGT DIE FAHNE

Bei Gericht niemandem in den Rücken gefallen sein: EINE GRADE GSCHICHT

Arbeitsnachweis: HACKNWEISL (Hackn – Arbeit, s. o.) (Ein Arbeitsnachweis war früher, bis in die siebziger Jahre, als es das Arbeitshaus noch gab, wichtig, um nicht in dieses eingeliefert zu werden.)

Schuldig sein: KEIF SEIN (vielleicht von jidd. chow – Schuld)

Gerichtsurteil: SPRUCHERL

Verurteilt werden: SCHMALZ MACHEN, EIN TRAGL SCHMALZ BEKOMMEN

Gefängnisstrafe: SCHMALZ, FETTN

Angst vor Strafe: SCHMALZFEIG

Vorbestraft sein: VORGEDACKELT SEIN, ANDAGLT SEIN, HAT EINE VORLATTE, IST ABGSCHMALZEN

Liste der Vorstrafen: SPEISEKARTE

Der Vorbestrafte: SCHMALZBRUDER, HAFLINGER, ZÜCHTLER

Bestraft werden (zu einer Gefängnisstrafe): EINEN KNAST (s. u.) AUFREISSEN, SCHMALZ MACHEN

Der Richter verhängt eine große Strafe: DER RICHTER GREIFT INS SCHMALZFASSL

Zu einer unbedingten Haftstrafe verurteilt werden: EIN TRAGL AUSFASSEN

Unschuldig verurteilt werden: LUFTSCHMALZ BEKOMMEN, AUFS GRADE EINGEZOGEN WERDEN
Haftausmaß:
ein Jahr Haft: EIN STÜCKL, EIN METER
zwei Jahre Haft: EIN ZWEIER, EIN ZWEIERBATZL, ZWEI METER
Die anderen Strafen werden ähnlich bezeichnet: EIN DREIER, DREI METER usw. Fünf Jahre Haft: FÜNF METER SCHMALZ, EIN FÜNFER, EIN FEIFER. Zehn Jahre Haft: EIN DOPPL, EIN ZEHNER
Lebenslänglich erhalten: EINEN FRACK BEKOMMEN, DEN STAATSFRACK ANGEMESSEN BEKOMMEN, SOLANGE DER HIMMEL BLAU IST BEKOMMEN, DIE VOLLE LÄNGE BEKOMMEN, DIE EWIGE LÄNGE BEKOMMEN, DIE DAUERWURST BEKOMMEN
Bestraft sein: ABGSCHMALZEN SEIN
Freikommen: AUSSIDRAHN (Pt), LOSGEHEN (bei Entlassung)
Arbeitshaus (gibt es heute nicht mehr): TRAGL, ZUWAAG, KANTEN (vielleicht von span. cantina – Haus), BINKL (Binken – arbeitsscheues Gesindel, vgl. Pt)
3 Jahre Arbeitshaus: KLEINES BINKL (Zuhälter- und Vagabundenbinkl), 5 Jahre Arbeitshaus: GROSSES BINKL (Verbrecherbinkl)
Arbeitshäusler (früher): LAHMSCHEIBER (Kl; Lahm – Lehm), ZWÄNGER (Kl)

DAS GEFÄNGNIS UND SEINE KULTUR

Gefängnis, Arrest: HÄFEN (dieselbe Wurzel wie Hafen – urspr. Behälter), KNAST (jidd. knass – Strafe), KITTCHEN (rotw. Kitte – Haus), DIE BUTTN (auch: Vagina, zig. Buderaz – Tür, Butter – Aufpasser), STILDE (nach Wimmer), BUNKER, BAU
Gefängnis für geistig abnorme Rechtsbrecher: INTERNAT
Justizwachebeamter, Aufseher: DER KAS oder KÄS (angeblich von: Kaiserlich-Königlicher Arrestschließe r). Diese oft gehörte Erklärung dürfte m. E. unrichtig sein, denn in einem 1851 erschienenen Buch gibt es bereits das Wort Käs für Wache, es heißt

II. Die Sprache

dort aber auch Aufpasser beim nächtlichen Diebstahl [Kluge, 1902, S. 399.]. Zu dieser Zeit gab es übrigens noch nicht die österr.-ungar. Doppelmonarchie, also auch nicht die Bezeichnung »kaiserlich-königlich«. Nach Wolf dürfte sich »Käs« von einem unbekannten Rotwelsch-Wort ableiten, Wolf, 1985, S. 153. SPENGLER, GREANER WAPPLER, DER GREANSPECHT, SILBERLING, SILBERKAS und SILBERBLATTLER (Offizier mit Silber auf dem Kragenspiegel), STOCKCHEF

Gewöhnlicher Justizwachebeamter: WASTL (P)

Justizwachebeamtin: DIE KÄSIN, QUARGEL (Stinkkäse), WACHTEL

Schimpfwörter für Beamte in einem Frauengefängnis: GRÜNRÖCKE, FURCHENTRETER, ACKERGÄULE, GESTOCHENE GELSEN, KUGELFISCHE, MISTKÜBELSTIERER, ZELLENFILZ, ARSCHBACKENDJANGO

Schimpfwörter für die Beamtin im Nachtdienst im Frauengefängnis: ARSCHDECKE, FLOHDECKE, ROTZTUTT, KLOBESEN

Anstaltsleiter des Frauengefängnisses: HENGST, BEREITER

Wachzimmer im Gefängnis: DAS KLAMPFL

Schlüssel (Zellenschlüssel): KLITSCH (tschech. klic)

Schlüsselbund: DAS BESTECK

In das Gefängnis eingesperrt werden: EINJANKERN

Im Gefängnis eingesperrt sein: AUF (AM) SCHMALZ SEIN, AUF SOMMERFRISCHE SEIN, AUF ERHOLUNG SEIN, AUF URLAUB ZUR MARILLENERNTE SEIN (bezieht sich auf das in der Wachau gelegene Gefängnis Stein), VERSCHÜTT SEIN, MEIER SEIN, KNOTZEN, DIE STRAFE ABBIEGEN, AM SCHMALZ PICKEN, DAS SCHMALZ ABIDRUCKEN, EINGEJANKERT SEIN

Strafanstalt Stein: AM FELSEN, AM FELSERL, MUTTERHAUS, IN DER WACHAU

Strafanstalt Garsten (Oberösterreich): BEI DEN MOSTSCHÄDELN

Jugendgefangenenhaus in der Rüdengasse in Wien, 3. Bezirk: RODENBURG

Landesgerichtliches Gefangenenhaus in Wien an der Alser Straße: EINSER

Vernehmung des Gefangenen durch Gefängnisbeamte: DIE AUFNAHME (Pt)
Häftling: HAFLINGER, HÄFENBRUDER (auch für ehemaligen Häftling)
Junger Gefangener, der das erstemal im Gefängnis ist: ERSTMALIGER, MILCHBUB
Unter einem falschen Namen im Gefängnis einsitzen: ER PICKT AUF EINEM LINKEN SCHOEM (jidd. schem – Name)
Mit jemandem eingesperrt sein: MIT JEMANDEM IM KREIS GEHEN
Mitgefangener: HÄFENHABERER, HAFLINGER
Mitgefangener, der einen Neuling im Gefängnis in das Leben in diesem einführt: EINSCHLEIFER (In einer österreichischen Zeitung war z. B. zu lesen, dass ein burgenländischer „Graf", der wegen Korruptionsverdacht hinter Gitter gelangt war, von einem Rauschgiftdealer als Einschleifer auf den Alltag im Gefängnis vorbereitet wurde.)
Zusatzstrafe wegen eines im Gefängnis begangenen Verbrechens erhalten: EINE NEUERLICHE BEKOMMEN, EINE NACHRENNEN HABEN
Sicherungshaft im Anschluß an die Strafe: DIE SICHERUNG
Besonders abgesicherte Abteilung im Gefängnis, in der unter anderem jene untergebracht sind, die fluchtverdächtig sind: DAS DOPPELGSPERRTE
Fasttag im Gefängnis (früher als Strafe): DIE SCHMALE
Hartes Lager (früher): DAS HARTE
Sämtliche Nebenstrafen (früher Fasttage, hartes Lager, Dunkelhaft): DIE GARNITUR
Korrektionszelle: KELLER, TIAFLING (die Zelle befindet sich meist in der Tiefe, im Keller), KURE, BUNKER, FELSERL
Bett in der Korrektionszelle: DIE KOTZ
In die Korrektionszelle (als Disziplinarstrafe) müssen: OBISTEIGEN, OBITRETEN, IN DEN KELLER GEHEN, IN DEN TIAFLING STEIGEN, IN DIE KURE GEHEN

II. Die Sprache

Versteck im Gefängnis: Kalaure (AL; jidd., eigentl. Grab), Bunker

Verstecken: kabern (von Kawure)

Sich mit Vorräten eindecken: einbunkern

Ausbrecherwerkzeug: englische Harfe (Feile in Form einer Schnur)

Ausbruchsverdächtiger: Flieger, Schimmler (schimmeln – davongehen; Schimmel – eigentl. Schnee)

Davonlaufen, ausbrechen, fliehen: beuli (zig. pal – nach, hinter) gehen, beulisieren, die Fliege machen, einen Flug machen, in die Blüah (Blühe) gehen, die Kurve kratzen, in den Arsch gehen, ein Loch suchen, über die Mauer gehen, abilassen, über die Häuser hauen, abschmieren, abpaschen (paschen s. o.), abbauen (Ra), ausschabern (rotw. Schabber – Brecheisen), an Schuach (einen Schuh) machen

Entspringen: abschrenken (Ra; schränken – schließen, öffnen)

Kopfhörer: Hurcherl (im Gefängnis)

Hausarbeiter – (Gefangener): Fazi (von: Kalfakter – lat. calefacere: heizen; nach einer anderen, vielleicht scherzhaften Meinung ist Fazi die Abkürzung von: Freiwillig arbeitender Zellen-Insasse)

Paket, das in das Gefängnis geschmuggelt wird: das Schiff, das Gschiss

Metallsuchgerät für Pakete, die Häftlinge zugeschickt bekommen: Quitscherl

Stöbern, schnüffeln: schnurken

Jemanden nach verbotenen Sachen untersuchen: filzen

Stockwerk im Nordtrakt im Gefängnis in Stein, in dem diejenigen untergebracht werden, die wegen guter Führung gegen Ende der Haftzeit Kopfhörer haben dürfen (durften): Hurcherlstock

In Einzelhaft sitzen: einen Hirsch machen (jidd. Hephresch – Unterschied)

Zelle: Tschumpus (jidd. tsar – der Dieb und bajus – das Haus)

Schloß an der Zellentür: DER HUND
Häftlinge, die außerhalb des Gefängnisses unter Aufsicht arbeiten:
   AUSSENKOMMANDO
Ausgegrenzt sein: DEN ANGLAHNTEN HABEN, DEN STECKN HABN
Unschuldig eingesperrt sein: AUF LUFT SITZEN
Startgeld nach dem Gefängnis: DER ANRIEB, LOSGEHGELD
Friedhof im Gefängnis Stein: DAS MOSERGARTL (benannt nach
   dem früheren unbeliebten Gefängnisarzt Dr. Moser)
Gefängnispfarrer: KOHLENSACK, KUTTENBRUNZER, KUTTINGER
Straßenkehrer im Gefängnis: DIE KRICKERLPARTIE (sind meist alte
   Männer, die sich nur langsam fortbewegen; Krickerl – Krücke)
Graue Kleidung der Häftlinge: GRATGWAND (grat – grau?)
Schlechte Sache: DER MURRER (vielleicht von jidd. Morer – saures
   Kraut oder Mara – Furcht, Lärm, s. o.)
Jemanden in eine Decke wickeln und schlagen: IHM DIE DECKE
   GEBEN
Hunger haben: EINEN MADERER HABEN. R: ICH HABE EINEN MA-
   DERER, ICH BIN FROH, WENN DER SCHÄKEL KOMMT
Mahlzeit im Gefängnis: GEFÄNGNISFRASS, HÄFENFRASS, BANFRASS,
   GRATMURRER, PAPP (Pt), ACHELPUTZ (jidd. acheln – essen),
   SCHLICK
Essen im Gefängnis: SCHÄKELN, ACHELN
Gefäß für das Essen: DER SCHÄKEL
Großer Essbehälter: KAPSCH
Aus der Küche das Essen für die Stockwerke ausgeben: ABKAP-
   SCHEN
Traggestell für das Essen: DAS TRAGL
Einkauf von zusätzlicher Nahrung in der Gefängniskrämerei: AUS-
   SPEISEN
Abort in der Zelle: DER RETTICH, HÄUSL, KÜBEL (früher, noch in
   den sechziger Jahren, befand sich in der Zelle bloß ein Kübel für
   die Notdurft. Er wurde von der sogenannten Kübelpartie – den
   dazu bestimmten Gefangenen – weggetragen und ausgeleert)

II. Die Sprache

R: Hau dich in den Rettich! – Laß mich in Ruhe!

Zellenfenster: Guck

Eine Nachricht einem anderen Gefangenen oder einem Außenstehenden schreiben: ein Gsib oder Gsiberl (AL; Kassiber jidd. Kassiwer – schriftliche Mitteilung), fackeln (schreiben)

Unerlaubter Kontakt zwischen den Gefangenen: Kasperei (AL; jidd. Kaspern)

Ein Kassiber wird von einem Aufseher erwischt: ein Gsib – oder Gsiberl – ist unter den Waggon gefallen, ein linkes Gsib

Geheime Nachricht (vor allem an Beamte): der Zund

Etwas (z. B. Geld) in das Gefängnis schmuggeln: chilfern

Etwas verschwiegen tun im Gefängnis (z. B. Schmuggeln von Alkohol): maloche machen (jidd. Maloche – Arbeit)

Einen Zettel mit einer Nachricht zu jemandem, dessen Zelle sich unterhalb der Zelle des Absenders befindet, befördern (der Zettel wird mit einem Stein beschwert und an einer Schnur von einem Fenster zum anderen bewegt): pendeln – das Pendel, die Kutsche (vgl. AL)

Überrock in der Strafanstalt: der Joschi

Tabak: ein Bündl Heu (Gefängniswährung)

Zigarettenpapier: das Papierl (Wenn Gefangene bei der Gefängniskrämerei Tabak und Zigarettenpapier kaufen, sagen sie: »Ein Bündl Heu und Papierln!«)

Beruhigungs-, Schlaftabletten, die im Gefängnis an die Insassen auf deren Wunsch hin ausgegeben werden: Teppenpulver

Starker, billiger in Wasser gelöster Kaffee, den man dem neu hinzugekommenen Häftling zu trinken gab (manche hatten dadurch körperliche Beschwerden. Es handelt sich hier offensichtlich um ein Zugangsritual): die Mischung

Zellenältester (der angesehenste oder der am längsten inhaftierte Zellenbewohner): Stubenvater

In der Zelle heimlich hergestellter Schnaps: Pomatschka

Tätowierung: ein Peckerl

Tätowieren: PECKEN, ANHIASELN
Tätowiert sein: ANGEHIASELT SEIN, ANGEMALT SEIN, BLAU SEIN WIE EINE ZWETSCHKE

ZEICHENSPRACHE

Mit einem Auge zwinkern: EINEN ZUND MIT DEM AUGE GEBEN = Aufforderung zu schweigen.

Zeichen, die mit den Fingern nach Art des Taubstummenalphabets gemacht werden, um sich untereinander zu verständigen, wurden oder werden »JADZINKEN« (jidd. Jad – die Hand) genannt.

Hinweis, daß ein anwesender Dritter ein Verräter ist – Vorsicht ist geboten: mit dem rechten abgewinkelten Arm an der Brustmitte hinauf- und hinunterfahren.

Eine Reihe von Zeichen, die mit der Hand gegeben werden, werden vor allem beim Kartenspiel eingesetzt. Einige dieser »KENNZINKEN« bringt Avé-Lallemant. Er schreibt, daß auch die Gauner das Handalphabet der Taubstummen beherrschen, es wird dort, wo der Gauner unbekannt ist und »besonders beim Haddern (Kartenspiel) und sonstigen Spielen, Wetten und Kunststücken angewandt. Will der Gauner einen Genossen ausfindig machen, so schließt er die Hand zur Faust, so daß die Daumenseite nach oben kommt, streckt den Daumen gerade aus gegen den gekrümmten Mittelfinger und hält den Zeigefinger in leichter Krümmung über dem Daumen, ohne jedoch diesen damit zu berühren. Damit wird der Buchstabe C gebildet, und aus der in dieser Haltung wie absichtslos auf den Tisch gelegten Hand weiß jeder anwesende Gauner, daß er einen Genossen vor sich hat« (Avé-Lallemant, 1858, 2. Teil, S. 48).

Auch ein anderes Erkennungszeichen schildert Avé-Lallemant: den sogenannten Scheinlingszwack.

Bei diesem handelt es sich um einen eigentümlichen Blick mit dem Auge: »Beim Begegnen eines auszuforschenden Unbekannten schließt der Gauner das Auge auf der Seite, an der der Begegnende geht, und blickt mit dem anderen Auge über die Nasenwurzel hinüber, worauf der kundige Gauner die Fratze erwidert, sich mit Sicherheit nähert und die persönliche Bekanntschaft anbahnt. Auf Landstraßen, besonders aber auf Jahrmärkten und Messen hat man häufig Gelegenheit, diese komische Fratze zu sehen ...« (a. a. O.)

Besondere Erkennungszeichen haben die Handwerksburschen entwickelt, und zwar als Begrüßungsrituale. Ein solches Ritual sei hier geschildert: »Der Eintretende tritt an den Tisch der Penne, klopft mit den Knöcheln der geballten Hand auf, um sich zu überzeugen, daß seinesgleichen dasitzen. Die klopfen ebenso auf die Tischplatte, alle halten aus geballter Faust den Daumen hoch und rufen: ›Keim, Kunde, kenn! Kenn Mathilde!‹

Das Wort ›Mathilde‹ ist die entstellte Form des Rotwelsch-Wortes ›Medine‹ für Landstraße« (zitiert bei Wolf, 1985, S. 160).

Ähnliche Rituale und Symbole finden sich schließlich auch bei Studenten, die ohnehin auf eine alte Tradition der Vagabunden zurückblicken können. Ein solches Erkennungsritual wird in dem Lied »Im Krug zum grünen Kranze« geschildert (auf das ich schon näher eingegangen bin). Darin trinken sich zwei Burschen rituell zu und erkennen einander als Mitglieder einer Kultur fahrender und rebellischer Studenten.

Derartige Zeichen und Erkennungsrituale sind typisch für Gruppen von Menschen, die unsteten Aufenthaltes sind, und vor allem jener, für die die Freiheit der Landstraße von besonderem Reiz ist. Zu diesen Leuten gehören seit jeher die klassischen Vagabunden, die kleinen Gauner, aber auch fechtende Handwerksburschen und wandernde Studenten.

DAS »EISENBAHN-ROTWELSCH«

Mit den Bahnhöfen und der Eisenbahn verbindet sich eine alte Kultur der Ganoven, vor allem der Diebe. (Auch mir wurde im

Juni 2010 bei einer Feldforschung in einem südeuropäischen Land im Zug ein Fotoapparat gestohlen.) Es haben sich daher, wohl seit es Bahnhöfe gibt, also seit dem ausgehenden 19. Jahrhundert, im Rotwelschen, also in der Gaunersprache, Wörter entwickelt, die sich darauf beziehen.

Einige – die meisten von diesen sind heute wohl schon verschwunden – seien hier wiedergegeben:

Den Bahnhofsdieb bezeichneten die alten Ganoven so:

MEPPER (meps – altes Rotwelschwort für klein. Mepper ist also so etwas wie »Kleinmacher«).

ULENKLEMMER (in Wien um 1922. Der Dieb, der im Gedränge des Bahnhofes etwas stiehlt. In Ulen steckt vielleicht das jiddische Wort »Olom« für Welt oder Weltall.)

LEICHENFLEDDERER (Ganove, der zum Beispiel einen auf einer Bahnhofsbank liegenden Betrunkenen – Leiche – bestiehlt. Fleddern für stehlen kommt vielleicht von flattern – Rotwelschwort für waschen.)

ROCKSCHRÄNKER (Kleiderdieb. Der Schränker ist jemand, der Verschlüsse vor allem bei Koffern beseitigt. Schrenkert – altes Rotwelschwort für Koffer.)

KRACHERFETZER oder KRACHERFAHRER (Kofferdieb. Kracher, Rotwelschwort für Koffer). KRACHER FETZEN (heißt soviel wie Koffer vom Reisewagen abschneiden)

TRILLISKER (Kofferdieb in der Eisenbahn, vielleicht von trillen für drehen)

Für Eisenbahn erfand der Ganove diese Wörter:

DERECHBARSEL (von jiddisch Derech für Landstraße und jiddisch Barsel für Eisen)

FEURIGER, FEURIGER WAGEN (nach dem Feuer in der Dampflokomotive)

LANGRASSLER (vielleicht vom zigeunerischen Grai für Pferd bzw. Grasni für Stute)

II. Die Sprache

RE(I)CHEW (vielleicht vom jiddischen Racheim für Mühle)
ROLLER (Roll – altes Wort für Rad, Roller, früher – Karren)
RUTSCH, RUTSCHER (vom jiddischen ruzen für laufen)
ZASTER (altes Wort für Eisen)
KNOCHENTONNE (vielleicht, weil durch die früheren Eisenbahnfahrten die Knochen in der Tonne – für Eisenbahn – »durchgerüttelt« wurden)
RASSEL (wahrscheinlich nach dem früheren »rasselnden« Geräusch der Eisenbahn während der Fahrt)

Den Eisenbahnwagen nannten Ganoven:
RUTSCHER (s. o.).

Für mit der Eisenbahn fahren kannte der Ganove diese Wörter:
RUTSCHEN (siehe oben: Rutsch)
MIT DEM SCHAUFER oder SCHOFER HALCHENEN (Schofer – jiddisch für Horn bzw. Lokomotivpfeife, leitet sich vielleicht vom jiddischen Schoof für Schaf ab; HALCHENEN bzw. HALCHENEN – jiddisch für gehen)
Mit dem SCHOFER AGGELN (Schofer – s. o., aggeln – fahren vom jiddischen ogal für rund; Agolo-Wagen)
Mit HALBER KRAFT FAHREN (für ein Trinkgeld an den Schaffner ohne Fahrkarte mit der Eisenbahn fahren)

Eisenbahnarbeiter konnte in der Gaunersprache heißen:
RUTSCHER (von Rutsch für Eisenbahn, s. o.).
Für den Bahnhofsvorsteher wurde dieses Gauner-Wort geschaffen:
LANGRASSLERSBINK (Langrassler – vielleicht vom zigeunerischen Grai für Pferd bzw. Grasni für Stute, s. o.; Bink bzw. Pink – altes deutsche Wort für Mann, leitet sich von dem alten Wort Pink für Penis ab, vgl. pinkeln für urinieren).
Eisenbahnlokomotive konnte unter Ganoven heißen:
FONKESCHÜTT (Fonke – altes Wort für Feuer; schütt = schütten)

MERKOF(F)ESCH oder MERKOWESCH (die) (von jiddisch Merkowo für Wagen).
Die Eisenbahndampfpfeife war:
SCHAUFER, SCHOFER, SCHOIFER (s.o. von Schofer – jiddisch Horn)

Die Eisenbahnreise konnte bezeichnet werden als:
LOHMFAHRT (Lohm vom jiddischen lowon für weiß).

Für Eisenbahnreisegeld verwendete man:
RUTSCHPICH (von Rutsch für Eisenbahn, s. o., und Pich für Geld, Münzen – vielleicht vom jiddischen pochus für klein oder wenig).

Soweit einige Ausdrücke zum Eisenbahn-Rotwelsch, wie es auf den Bahnhöfen und in den Eisenbahnwaggons vom fahrenden Volk – den Sandlern, Dieben und anderen Leuten – entwickelt wurde (siehe dazu W. Polzer, 1922, und S. A. Wolf, 1985). Für Hinweise danke ich auch Herrn Martin Schüssler, einem Historiker aus Pforzheim, der sich mit Rotwelsch beschäftigt hat.

GEHEIMSPRACHEN (O-SPRACHE UND ROTWELSCH) FRÜHERER UND HEUTIGER KELLNER

Auch Kellner verwenden mitunter geheimnisvolle Wörter, um Informationen, die andere nicht verstehen sollten, weiterzugeben. Dazu gehört auch eine Zeichensprache, auf die ich etwas später eingehen will, und bereits im Jahre 1714 wird von einer Wiener Kellnersprache berichtet. Allerdings bezieht sich diese Geheimsprache auf Kellner, die einen eher schlechten Ruf hatten. Ihre Sprache enthält Wörter aus dem Rotwelsch, also der Sprache des fahrenden Volkes und des Jiddischen. Die betreffenden Kellner selbst nannten ihre Sprache »jenische Sprache« und die Leute, die sie nicht verstanden »Widische«. Jene, die diese Sprache kannten,

II. Die Sprache

wurden als »purbescheid« bezeichnet. Es heißt über diese Sprache, dass es etliche Kellner (jedoch nicht alle) gibt, welche ihre Schelmereien dadurch verbergen, dass sie sich der jenischen Sprache, des Rotwelschen, bedienen. In dieser Sprache bedeutet zum Beispiel das Wort CHARLES Wein, PLEMPEL Brot und FLOSSERT das Wasser. Wenn ein Kellner seinen »Buben« fragt, ob der das FLOSSET GEDESSET habe, so heißt das soviel wie, ob er Wein unter das Wasser gemischt habe. Der Autor dieses Berichts fügt dem hinzu, dass in der kaiserlichen Residenzstadt Wien die Kellner, die die Gäste betrügen, in der Minderzahl sind, dass der Großteil der Wiener Kellner vielmehr galant, fleißig und höflich ist. Aber unter ihnen gibt es eben »Unkraut« (zitiert in: F. Kluge, Rotwelsch, Straßburg 1901, S. 175f.).

Aber auch in dem Büchlein »Der Spittelberg und seine Lieder« von K. Giglleithner und G. Litschauer aus dem Jahre 1924 auf Seite 41 gibt es einen hübschen Bericht über Kellner und Kellnerinnen, die in den Schenken des Wiener Spittelberges die Gäste betrogen und sich dabei einer Geheimsprache bedient haben. Es heißt da: »Wenn man in eine solche Kneipe hineintrat und nur gewöhnliches Bier begehrte, so erhielt man es durch den Kellner (!) und niemand bekümmerte sich um einen weiter ... Verlangte man aber einen Kracher (ein Krug Hornerbier), da kam gleich ein Mädchen mit demselben, setzte sich zum Gast, erlaubte sich alle möglichen Scherze und trank mit, und ihre Kameradinnen tranken auch mit. Und am Ende betrug die Zeche mehrere Gulden: es lagen oft mehrere Stöpseln von den Bierkrügen, welche man geleert haben sollte, auf dem Tisch, als wirklich getrunken wurden.« Weiter ist zu lesen: »Auch eine eigene Sprache hatte man in diesen Kneipen, deren man sich darum bediente, um nicht von jedermann verstanden (!) zu werden und daher die Gaunerei ungehindert treiben zu können.« Als Beispiele für diese Kellnersprache werden diese Wörter genannt:

Rotwelsch – die alte Sprache

KALFROSCH für Wirt, TIEFLING für Kellner, MISCHL für Mädchen, GALACH für Geistlicher, CONTRAFUSSBAIS für Theater, HENAS für Freundschaft, KACHELN für reden, MESCHBOCHUM für Geheimpolizei, GWETSCH für öffentliche Polizei und KLINGENFETZER für Musikant.

Interessant ist, dass es in Wien so etwas wie eine Kellnersprache gab, die große Ähnlichkeiten mit der alten Musikantensprache hatte. Ich sprach darüber mit Herrn Kierlinger aus Nußdorf, wo er mit seiner Familie einen Heurigen betreibt. Herr Kierlinger erzählt dazu: »Früher haben sich Kellner miteinander so unterhalten, dass der Gast sie nicht verstanden hat. Dabei haben sie die erste Silbe nach hinten gegeben und vorne ein O angehängt. Zum Beispiel haben sie für ›blöder Trottel‹ OTTELTRO ODERBLÖ gesagt. Wir haben Kellner gehabt, die haben perfekt diese Sprache gesprochen. Auch mein Onkel konnte diese Sprache perfekt. Jeder Kellner hat damals diese Kellnersprache gekonnt. Brille wird heißen OLLEBRI und Sessel OSSELSE.« Über diese Sprache schrieb ich eine Kolumne in der »Kronenzeitung«. Darauf erhielt ich von dem freundlichen Herrn Dr. Helmut Kernbichler einen Brief, in dem dieser mich kritisierte und meinte, dass »blöder Trottel« in der echten alten Kellnersprache eigentlich ODABLE OTTLTRE heiße. Dazu schreibt er: »Wir haben die Sprache nach dem Krieg (ich Jahrgang 38) gesprochen. Das haben die Russen nicht verstanden.« Er übersetzte diesen Satz gleich in die »O-Sprache«: »ORWE OBNHE ODE OCHSPRE OCHNE OMDE ORGKRE (OCHNE ORJEONGGE 38) OGEOCHNGSPRE. OSDE OBNHE ODE OSSENRE OTNE OVEONDNGSTE.«

Bei dieser Sprache wandert bei den einzelnen Wörtern der erste Wortteil zurück, und vorne kommt ein »o«, wobei die Selbstlaute am Beginn des schon verdrehten Wortes durch ein O und die zum Schluss durch ein E ersetzt werden. So heißt Trottel eben OTTELTRE und aus Koberer (das Rotwelschwort für Wirt) wird Oberke.

Es handelt sich hier also um eine komplizierte Sprache, die nicht so ohne weiteres zu erlernen ist.

II. Die Sprache

Sehr behilflich war mir bei der Erkundung dieser Sprache Herr Gerhard Tötschinger, dem ich hier sehr danken möchte und der mich auf ein interessantes Buch hinwies. Dieses Buch wurde verfasst von Frau Christina Zurbrügg und trägt den geheimnisvollen, aus der Musikanten- und Kellnersprache stammenden Titel »Orwuse on Oanwe« (Servus in Wean). Der Untertitel des Buches ist »Dudlerinnen in Wien«, es ist 1996 in Wien erschienen. Dieses Buch handelt von drei Wienerliedsängerinnen, die es als sogenannte Dudlerinnen, also Jodlerinnen, zu einiger Berühmtheit gebracht haben. Eine von ihnen ist Trude Mally aus Ottakring. Auf Seite 123 erzählt sie über die alte Sprache der Musikanten und Kellner. Diese Sprache hätten, wie Frau Mally meint, die Musikanten und Kellner gesprochen, um von den Gästen nicht verstanden zu werden. Das Prinzip dieser Sprache, wie sie Frau Mally noch gesprochen hat, ist das der geschilderten O-Sprache, allerdings werden bei ihr nicht alle Wörter eines Satzes in diese Sprache »verdreht«. Zum Beispiel: »Er ogtse, er ist a Otteltre, osthe ochtre, das ist ein Ottltre.« Das heißt soviel wie: »Er ist ein Trottel, hast recht, das ist ein Trottel.« Es werden demnach nur die wesentlichen Wörter wie »reden«, »recht« und »Trottel« in dieser O-Sprache gesprochen.

Auch Herr Albert Lirsch schrieb mir zur Kellnersprache. In seinem Brief hielt er fest, dass die Kellnersprache mit der Musikantensprache identisch sei. Ich beschäftigte mich darauf auch mit der Musikantensprache (s. nächstes Kapitel). Dabei sah ich, dass diese Sprache eng mit dem Rotwelsch, der Sprache des alten fahrenden Volkes verwandt ist, aber auch Elemente der genannten O-Sprache enthält.

Es gibt auch Zeichensprachen, die Kellner erfunden haben und jeweils neu erfinden, um vor allem schnell Informationen weiterzugeben.

Über eine solche Zeichensprache erzählte mir Frau Wimmer, deren Onkel Oberkellner im Café Zentral in Wels gewesen ist. Er hieß Franz Nemecek. Übrigens hat Frau Wimmers Vater dem Onkel den Smoking, den er als Kellner benötigte, geschneidert. Da der Gastraum des Kaffeehauses sehr weitläufig war, kam Herr Nemecek auf eine eigentümliche Zeichensprache. Um die Dame, die am Ende des Saales den Kaffee zubereitete, schnell davon zu informieren, was er wolle, hatte der Ober bestimmte Zeichen erfunden. Einen »kleinen« oder »großen Kaffee« zeigte er mit dem Abstand zwischen Daumen und Zeigefinger an. Wenn es ein »Schwarzer« sein sollte, zeigte er auf sein schwarzes Mascherl. Sollte es ein »Brauner« sein, so zeigte er auf sein Hinterteil.

Von einer Zeichensprache im Schweizerhaus im Wiener Prater erzählte mir auch der Kellner Herr Gerhard. Mit seinem Kollegen Gerd, mit dem er dort zusammenarbeitete, verständigte er sich ebenso mit Zeichen. Wenn Herr Gerhard zum Beispiel bei der Bierschank im Garten des Schweizerhauses stand und neue Gäste sich an einen der Tische setzten, für die er und sein Kollege Gerd zuständig waren, so deutete dieser ihm mit den Fingern den Wunsch der Gäste. Zeigte er ihm drei Finger, so wusste Gerhard, dass drei Krügerl Bier zu bringen sind. Auch für das Seidel Bier gab es ein Zeichen. Auf diese Weise konnte Gerd ihm schnell deuten, was zu servieren ist. Herr Gerhard meint dazu: »Der Gast hat gar nicht gewusst, wie ihm geschieht, er war überrascht, dass das Bier schon da ist. Wenn jemand vom Nachbartisch aus das sieht, wundert er sich. Diese Zeichensprache haben wir zwei im Lauf der Jahre erfunden.«

Durch Zeichensprache weisen Kellner ihre Kollegen auch auf die Nummern von Tischen hin. Oder auch durch bloße Blicke können Kellner die Kollegen auf üble oder knausernde Gäste aufmerksam machen.

DIE ALTE MUSIKANTENSPRACHE

Ich besitze vier maschingeschriebene Seiten mit einem Vokabular der Musikantensprache, der sogenannten »Fezadewarei«, aus dem

II. Die Sprache

Jahre 1993. Als Autoren scheinen vier Musikanten auf, deren Namen sind, wie ich mit Mühe entzifferte: Johann Würrer aus Wien, Franz Milani aus Klosterneuburg, Franz Jäger aus Groß Ebersdorf und Johann Salomon aus Enzersfeld. Diesen vieren, die ich bei einem Heurigen kennengelernt habe, sei herzlich gedankt. Beispielsweise sollen hier ein paar Wörter festgehalten werden:

Betrunken – ANGSCHWÄCHT

reden – DEWAN

Kaffee – SKOFFO

Musikant – FEZER ODER KLINGENFETZER

Blechpass – GRÖBLING

Hornist – GURGLER

Kapellmeister – HUSLAFEZA

Flügelhornist – KLINGERFEZA

Wirt und Wirtin – KOBERA – KOBERIN

Kapellmeister – LUFTMISCHER

Trompeter – SCHMETTARER

Polizist – SPENGLER

Trinker – SCHWÄCHER

gehen – STROMA

Förster, Jäger – GREANSTEIGLER

Rechtsanwalt – GSCHEITERL

Zahnarzt – HAGLPARAS

Zähne – HAGL

Arzt – MARODENPARAS

Schneider – FLECKERLPARAS

Bürgermeister, Präsident u.ä. – OBERPANI

Begräbnis – OBAUSCHOLEREI

Sänger(in) – JAMMERER (JAMMERIN)

Trommel – PUMPERA

Darmluft – SCHUNTAWIND

große Notdurft – SCHUNT ABTRAGEN

Füsse – TRITTLING

WC groß – SCHUNTASTRANZ
Pissoir – FLESSLSTRANZEN
Vorgeiger – VORHUSLA
Geiger – WINSLER
Polizist – ZAMBERA
Große Trommel – TSCHUNDERA
Kleine Trommel – KLEMPERN
Bassflügelhorn – SCHNURIFETZN oder FEUERWEHRCELLO
Horn – BRETZN, GURGEL ODER MODAEISEN (?)
Akkordeon – QUETSCHEN ODER PRESS
Klarinette – SAUZECHN, SCHLUDERN ODER WOAZSTINGL
Querflöte – ENGELBLASEN
Schlagwerk mit allem Zubehör – FELDSCHIEDE.

Bei meiner Beschäftigung mit dieser Musikanten- bzw. Kellnersprache fiel mir auch ein Aufsatz in der Zeitschrift »Der Vierzeiler« 2, 2000 von Herbert Krienzer auf. Der Aufsatz ist übertitelt mit »Irlas Koarl is quant!« (Der Wein ist gut!) Der Autor Krienzer bezieht sich dabei auf den verstorbenen Heimatliedforscher Günther Meißl, der ihm von einer Tanzmusikkapelle in der Gegend der Leiser Berge erzählte, die bis vor circa dreißig Jahren diese Musikantensprache, die DEWAREI, noch sprach. In dem Vokabular, das Krienzer bringt, sind diese Wörter, sie ähneln den oben genannten, nicht uninteressant:

DEWAN (reden), DEWAREI (Geheimsprache der Musikanten), HUSLER (Kapellmeister), KOARL (Wein), KUTTNPFORZER (Pfarrer), OBERPANI (Bürgermeister), QUANT (gut), TRALLING (männlicher Geschlechtsteil), KOWARA – KOWARIN (Wirt – Wirtin), FETZER (Musikant).

In der O-Sprache sind diese Wörter festgehalten: Esimo (Musik), Eterlo (Liter), Exnbo (weiblicher Geschlechtsteil), Ederbro (Bruder). Das Rezept der letzten Wörter beruht auf einer Vertauschung der Wortteile, wie z. B. der-bru (von Bruder), wobei vorne ein »e« hinzu gefügt wird und hinten statt des Selbstlautes »u« ein »o« angefügt wird, also: »Ederbro«. Hier vermischt sich also Rot-

II. Die Sprache

welsch mit einer etwas anderen O-Sprache als der oben besprochenen.

Zur Musikantensprache, wie sie im Weinviertel gesprochen wurde, gehören noch diese Sätze und Wörter:

der/die/das – IRLAS

die guten Musikanten kommen schon – IRLAS QUANTEN FETZER STROMAN SCHO ON

das Mädchen ist schön – IRLAS MISCHERL IS QUANT

hübsche Mädchen – QUANTEN MISCHERLN

der Musikant hat einen Rausch – IRLAS FETZER GNEISST AN SCHWOCH

das Essen ist gut – IRLAS MONTSCH IS QUANT

ankommen – ONSTROMAN

Bassist – GRÖBLING

Begleiter – NOCHEHOCKA

Bursch – BINKL

essen – MONTSCHN

das Essen – MONTSCHEREI

heiraten – GREANA

Hochzeit – GREANAREI

Hinterteil – SCHUNTA

Posaune – HUNGERSENGST

Rausch – SCHWOCH

raufen – KNIFFA

schlafen – DUAMA

Schlafzimmer – DUAMASTRANZN

schön, gut – QUANT

Schweinsbraten – BRATLING

spielen, blasen – SCHOLLERN

(Quelle: http://www.blasmusikforum.at – Österreichs größte Blasmusikcommunity »Blasmusikforum« »Aktuelles aus der Welt der Blasmusik« DEWAREI – Musikantensprache).

(Siehe dazu auch B. Gamsjäger 2004).

Über eine Musikantensprache, die mit der Kellnersprache verwandt sein dürfte, wird auch von dem Dorf Kofferen in der Nähe der kleinen Stadt Linnich westlich von Köln in Deutschland berichtet. Kofferen, das auch als Musikantendorf bezeichnet wird, war bekannt für seine Musikkapellen, die bei kirchlichen Festen, Jahrmärkten und auch sonst auftraten. In der Geheimsprache dieser Musikanten finden sich unter anderem diese Wörter, die an das Rotwelsch, die Sprache des fahrenden Volkes erinnern: Achel (Essen), Dorem (Herberge), Fakelei (Büro), Foksem (Gold), Härich (Gaststätte), Kober (Mann), kochem (klug), Lächem (Brot), Pichler (Trompeter) und Kochem schmusen (geheim reden) (siehe dazu: Leo Schmitz, Jahrbuch des Kreises Düren, 2000).

Sowohl bei den Wörtern, wie sie im niederösterreichischen Weinviertel als auch in der Nähe von Köln verwendet werden, handelt es sich zum Teil um Wörter, die schon im 16. Jahrhundert im »Liber vagatorum« genannt werden, wie zum Beispiel Fetzer mit Klingen für Leiermann, stromen für herumstreifen, acheln für essen, Lechem (Brot) und Fuchs (Gold). Interessant ist das Wort Koberer für Wirt, in diesem dürfte das vulgärlateinische Wort »coponus«, der »Wirt«, stecken (siehe oben). Und im Wort »Fetzer« für Musikant ist das lateinische Wort »facere« für machen enthalten (siehe dazu mein Buch »Herrschaften wünschen zahlen«, Böhlau 2008).

III.

Zinken

Zeichen und Zinken
von fahrendem Volk und Ganoven

EINLEITENDE GEDANKEN

Die folgenden Betrachtungen beziehen sich auf Inschriften, Zeichen und sogenannte Zinken, die von fahrendem Volk, Ganoven und ähnlichen Leuten, die Gunst des Augenblicks nutzend, auf öffentlichen Mauern angebracht wurden, um anderen etwas mitzuteilen. Das Wort »Zinken« leitet sich vom althochdeutschen »Zinko« ab, das soviel wie »Zacken« oder »Spitze« heißt.

Gezinkt wurde mit Kohle, Rötel, Kreide und Bleistift, oder man ritzte die Zeichen einfach in die Mauer.

Die Personen, die diese geheimnisvollen Symbole und Inschriften angebracht haben, gehören zur Kultur der Fahrenden, die Gegenstand dieses Buches sind. Beispielhaft werde ich zeigen, daß diese Zinken und Zeichen ebenfalls auf einer alten Geschichte beruhen.

GRAFFITI IN POMPEJI

Klassische Graffiti sind seit der Antike überliefert. Besonders spannende sind uns aus dem in der Lava des Vesuvs 79 n. Chr. untergegangenen Pompeji bekannt.

Sie geben uns vor allem einen Einblick in das Leben der »kleinen« Leute, für die die Landstraßen und Spelunken eine wichtige Rolle spielten. Aus der Fülle der aus dem Aschenregen erhaltenen

III. Zinken

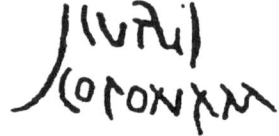

Abb. 7: Futui coponam. *Ich habe die Wirtin gevögelt*

Apelles cubicularius Caesar(is) cum Dextro pranderunt hic iucundissime et futuere simul. *Apelles, Kammerdiener des Kaisers, hat hier mit Dexter aufs angenehmste gefrühstückt und gevögelt*

Graffiti seien ein paar hier zitiert. Besonders »wild« sind jene, die in Bordellen angebracht wurden. Etwa: »Flic ego bis futui« – Hier habe ich zweimal gevögelt. »Futui coponam« – Ich habe die Wirtin gevögelt. »Dionysos qua hora licet chalare« – Dionysos darf jederzeit vögeln.

»Facilis hic furtuit« – Facilis hat hier gebumst, und »Jucundus male calat« – Oucundus vögelt schlecht. (s. Abb. 7–9).

DIE GAUNERZINKEN

Von Zinken und Zeichen der Fahrenden und Ganoven wird bereits aus der Zeit des Dreißigjährigen Krieges berichtet. So haben Banden durch »Mordbrennerzeichen« ihre Mitglieder und Sympathisanten davon informiert, daß zu einer bestimmten Zeit ein Haus überfallen, ausgeraubt und gegebenenfalls in Brand gesteckt werden sollte (vgl. Abb. 10, 11).

Aus dem Ende das 17. Jahrhunderts ist ein Mordbrennerzeichen überliefert, das an der Außenwand einer einsam gelegenen Wald-

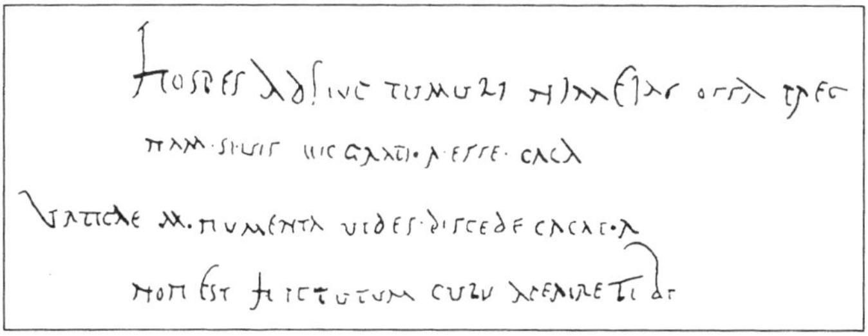

Zeichen und Zinken von fahrendem Volk und Ganoven

```
Hospes adsive tumuli ni meas (?)ar orra tpec
nam siusr uic grati. a esse caca
Urticae M. numenta vides discede cacat.a
non est h ictutum culu aperieti ar
```

Abb. 8: Hospes adhuc tumuli ni meias ossa prec(antur); nam* si vis (h)uic gratior esse, caca! Urticae monumenta vides; discede, cacator! Non est hic tutum culu(m) aperire tibi.
Fremder, die Gebeine bitten dich, nicht an diesen Grabhügel zu pinkeln und, wenn du dieser hier noch gefälliger sein willst, kack nicht! Du siehst das Grabmal** der Urtica. Verschwinde, Kacker! Hier ist es für dich nicht sicher, deinen Hintern zu öffnen!

* wohl Verschreibung für nec.
** Wie berechtigt die Sorge war, daß Vorüberkommende an einem Grab ihre Notdurft verrichten, zeigt die Entschlossenheit des neureichen Trimalchio, zum Schutz davor sogar einen Wächter aufzustellen.

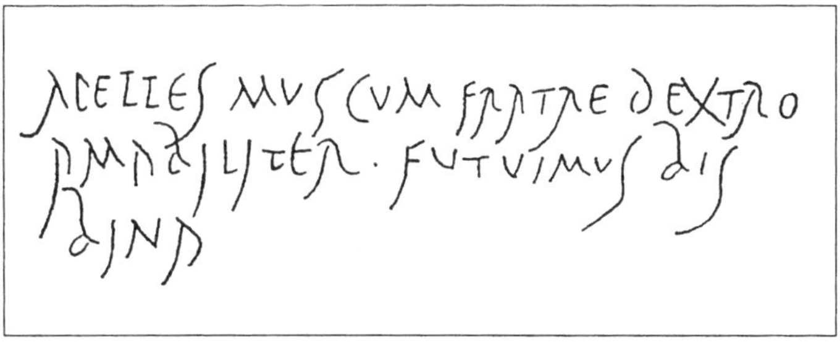

```
Acelies mus cum fratre Dextro
amabiliter. futuimus ais
bina
```

Abb. 9: Apelles Mus cum fratre Dextro. Amabiliter futuimus bis bina(s).
Apelles Mao mit seinem Bruder Dexter. (Hier) haben wir zweimal liebenswürdig je zwei Mädchen gevögelt.

kapelle in Thüringen angebracht war. Die erste Zeile dieser Bildschrift ist die Nachricht, daß das vierte in Pfeilrichtung liegende Haus in der Nacht des letzten Mondviertels überfallen werde. In der zweiten Zeile findet man die Bestätigung der Kenntnisnahme durch Gleichgesinnte, die diese durch Anbringung ihrer Namenszinken – ein Vogel, ein Würfel, ein Schlüssel, ein Topf und eine Kette – bekundeten (Viertler, 1976, S. 206) (s. Abb. 12).

Die meisten Zinken waren und sind wohl Mitteilungszinken, mit denen man andere davon verständigte, wo man stehlen oder sich vor der Polizei verstecken könne. Ein Pfeil gab die Richtung an, in die man zieht, und die Zahl der Striche verwies auf die Zahl der Genossen, Frauen und Kinder. Dem wurde meist das Datum oder der Namenszinken beigefügt (s. Abb. 13).

Wollte ein Gauner, der mit seiner »Chawrusse« (s. o. chawer – Freund) versprengt oder aus dem Zuchthaus entlassen war, seine Rückkehr anzeigen, so zeichnete er an einer zentralen Stelle seinen Zinken samt Datum auf, in der Hoffnung, daß seine Kameraden sich zu diesem Zeitpunkt einfinden würden (Avé-Lallemant, 1858, II. Teil, S. 207).

Der allgemeine Diebszinken war ein Schlüssel, durch den ein Pfeil ging. Und es gab Bettler-Zinken für Hochstapler, die sich als Adelige ausgaben (a. a. O.).

Auch Spieler, die mit falschen Würfeln oder gezinkten Karten unterwegs waren, teilten dies durch spezielle Zeichen ihren Freunden mit.

MODERNE ZINKEN VON GAUNERN

Auch heute noch gibt es Zinken dieser Art, obwohl man meinte, diese wären schon längst vergessen. So wurden 1984 im 7. Wiener Gemeindebezirk zwei Wohnungseinbrüche durchgeführt. Der Kriminalpolizei fiel bei der Besichtigung des Schadens auf, daß

Abb. 10: Beispiele für »Mordbrennerzeichen« aus: »Der Mordbrenner. Zeichen und Losungen, etwa bey Dreyhundert und Vierzig, ausgeschickt. Anno. M. D. XL«

Dieses Zeichen, bedeut, der Mordtbrenner Losung.

Dieses Zeichen bedeut, das die Mordtbrenner sind weg gegangen, so es gebrandt hat.

Dieses Zeichen bedeut, wenn das Feuer ist in der Stadt angegangen.

Dieses Zeichen bedeut, auff welche Strasse die Mordbrenner sind weg gegangen.

Dieses Zeichen, hat man zu Langen Salze und Worthausen.

Abb. 11: Mordbrennerzeichen, um 1540

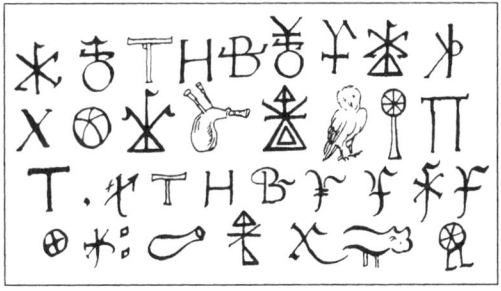

III. Zinken

links neben den beiden Wohnungstüren mit blauer Kreide und Bleistift jeweils ein »O« an die Wand gezeichnet war. Weiters fiel auf, daß in der gesamten Wohnhausanlage nur diese beiden Wohnungen derart markiert waren.

Kreuze, Kreise und Striche wiederum entdeckten Kriminalbeamte an Türstöcken von Wohnungen in Wien-Floridsdorf, in denen Einbrüche versucht worden waren. Auffällig war, daß diese Zeichen nur an jenen Wohnungen angebracht waren, die über keine Gegensprechanlage verfügten.

Auch in anderen Wiener Bezirken fand man ähnliche Zeichen (Der Kriminalbeamte, Mai 1986, S. 7f.).

Ebenso wurden aus Steyr in Oberösterreich derartige geheimnisvolle Zinken berichtet. Zu diesen gehören Kreise, Kreuze, an die Buchstaben X und Y erinnernde Zeichen u. ä. (s. Abb. 17).

Alte Traditionen leben also wieder auf – vielleicht verstärkt durch das Auftreten alter fahrender Kulturen nach dem Öffnen der Grenzen, wie aus Kreisen der Kriminalpolizei zu hören ist – und verunsichern weiterhin die »braven Bürger«.

GRAFFITI ALS HINWEISE AUF WIRTSHÄUSER UND ÄHNLICHE STELLEN

Von speziellem Interesse sind jene Zinken und Inschriften, mit denen Vagabunden und Bettler ihresgleichen anzeigen, wo und wie erfolgreich gebettelt, gegessen und geschlafen werden kann. Inschriften dieser Art sind uns bereits aus dem alten Pompeji bekannt. Auch dort gab es Leute, sogenannte »Mahlzeitjäger«, die andere davon informierten, wo man zu einem guten Essen eingeladen werden könne. Sie sind die Vorläufer jener Spezialisten, die mit Vorliebe ohne Einladung öffentliche Empfänge, Vernissagen u. ä. Feste aufsuchen, um sich dort anzuessen. Für gewöhnlich geben sie derartige Informationen auch an Kollegen weiter. Im alten

Pompeji konnte man solche Sätze an Mauern entziffern: »C. Comminus Pytrichus et L. Novius Priscus et L. Campius Primigenius ... hic fueruntcum Martiale sodale. Actiani Anicetiani sinceri. Salvio sodali feliciter« (C. und P. und P. ... sind hier gewesen mit ihrem Kameraden Martial. Echte Freunde des A. Dem Kameraden Salvius viel Glück).

Noch in der Zwischenkriegszeit waren Zinken gebräuchlich, um innerhalb des fahrenden Volkes Informationen darüber auszutauschen, wo gut zu zechen sei. Darauf verweisen Zeichen mit Würsten, abgelegenen Wirtshäusern, Wirtshaustischen mit Bechern, Stiefelknechten und ähnliches. In Gaming fand man am Einfahrtstor des Gasthofes »Zum Türkenkipfel« ein Zeichen mit einem Kipferl und einem Becher: der Wandersmann bekommt hier zu trinken.

Ein anderer, aus Laufen stammender Zinken zeigt ein Hufeisen und einen Topf: Im Gasthaus »Zum Hufeisen« kann man umsonst essen. Und in Schladming fiel ein Zinken auf, der einen Hahn und eine Gabel symbolisierte: Im Gasthof »Hahn« wird dem Vagabunden – darauf deutet die Gabel hin – Fleisch vorgesetzt. In Wirtshäusern selbst wurden von Fahrenden Zinken angebracht, mit denen sie die Nachkommenden davon informierten, wohin sie weiterzogen und wie viele Personen unterwegs waren.

Zinken dieser Art, die eine alte Geschichte haben, künden von den Überlebenstricks eines vagabundierenden Volkes, das unter anderem auf die freundliche Hilfe von Wirtsleuten angewiesen war.

Auch ist aus solchen Zinken zu erfahren, wo gut zu nächtigen ist; dazu dient z. B. ein wannenähnliches Zeichen.

Ein Zinken eines Gauners ist überliefert, der sich als Schmiedegeselle ausgibt und in einem einsamen Wirtshaus eine Bleibe gefunden hat (Streicher, 1982, S. 24).

III. Zinken

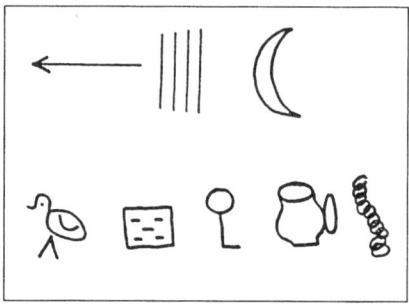

Abb. 12: Mordbrennerzeichen, gefunden auf einer Waldkapelle in Thüringen, Ende des 17. Jahrhunderts. Sie bedeuten, daß im letzten Mondviertel das vierte Haus in Pfeilrichtung überfallen werden soll. In der zweiten Zeile sind die Zeichen der durchführenden fünf Gauner festgehalten.

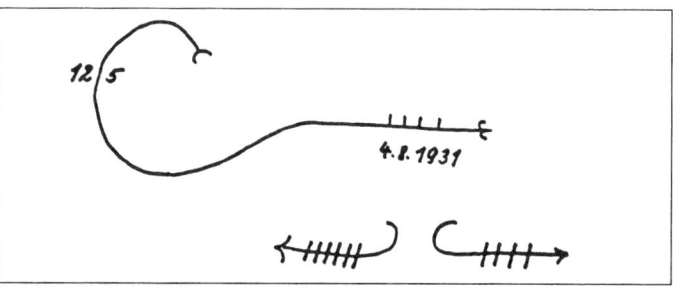

Abb. 13: Gauner-(Mitteilungs-)Zinken, beobachtet vom Gendarmerieposten Hüttenberg an einem Bildstock. Die Zinken sind reine Wegweiserzinken mit der Angabe des Datums und der Richtung (durch Pfeil). Die auf den Pfeil aufgesetzten Querstriche bedeuten die Zahl der Begleitpersonen, und zwar die durchgehenden Querstriche in der Regel die Zahl der Männer, die bis zur Hälfte reichenden Querstriche die Zahl der Frauen; bisweilen werden die beiden Zeichen auch miteinander vertauscht.

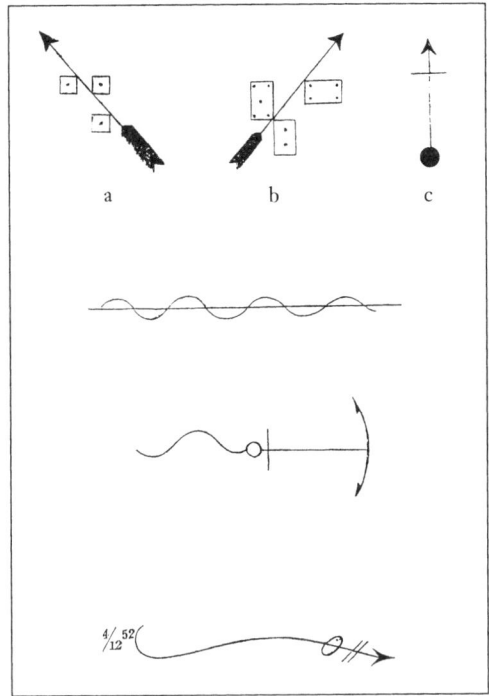

Abb. 14: Von Avé-Lallemant beschriebene Zinken für Diebe, Hochstapler, Studenten und anderes Volk

Diese auffrische Würfel reisenden Spieler (Kuwiostoßen) haben nachstehenden Zinken (Fig. a); die falschen Kartenspieler (Freischupper) den Zinken (Fig. b). Auch gibt es Zinken, die einen allgemeinen Begriff oder eine spezielle Besorgnis ausdrücken, z. B. die Befürchtung der Gefangenschaft (Fig. c).

Der Zinken, der die gelungene Tat anzeigt, ist meistens ein Strich mit einer Schlangenlinie durchwunden, deren Ende gewöhnlich auf die Richtung deutet, die die abziehenden Gauner genommen haben, oder ein Anker, dessen Kabelende dazu dient, die Wegerichtung anzudeuten. Dieser Zinken wird gewöhnlich dicht am Tore der Stadt oder des Gehöftes oder am Ausgange, den die Gauner aus dem erbrochenen Verschluß genommen haben, gezeichnet. Auch wird endlich wohl noch das Datum der Tat oder der Passage neben den Zinken gesetzt.

III. Zinken

Abb. 15: Von Avé-Lallemant beschriebene Zinken für Diebe, Hochstapler, Studenten und anderes Volk (19. Jh.)

Der allgemeine Diebeszinken ist ein Schlüssel, durch den ein Pfeil geht:

Es finden sich aber auch einzelne landsmannschaftliche Zinken, wie z. B. der Stuttgarter Zinken:

Auch für einzelne Gaunergewerbe finden sich Zinken. So kommt in der Untersuchung gegen die Kirchner ein unbekannter. wahrscheinlich aber allgemeiner Bettlerzinken vor:

Als Zinken für Hochstapler und Adelsbriefe findet sich nachstehende Figur:

Der Zinken für fechtende Studenten sind zwei Hieber mit einem Pfeil gekreuzt:

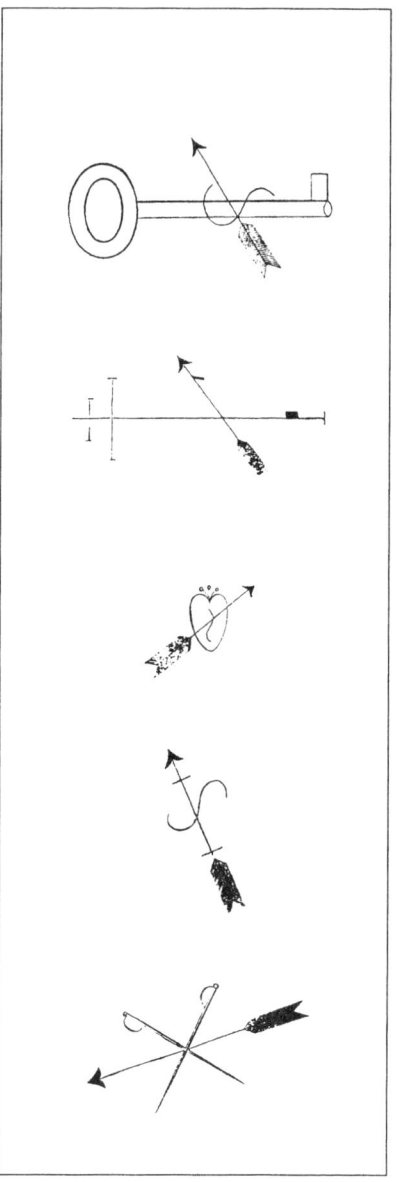

Zeichen und Zinken von fahrendem Volk und Ganoven

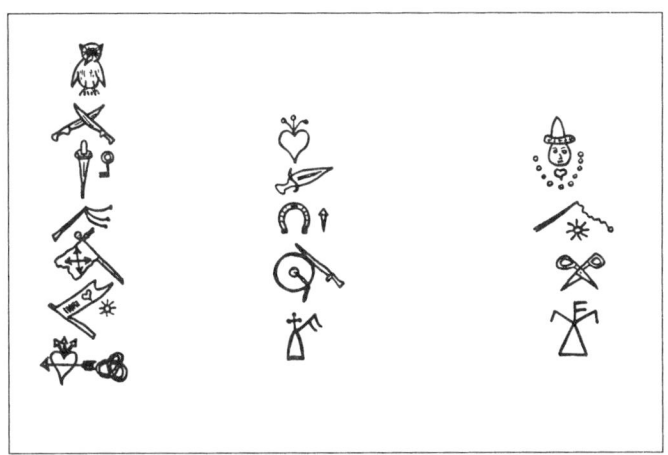

Abb. 16: Namen- und Wappenzinken aus dem 18. Jh.

Abb. 17: Moderne Gaunerzinken

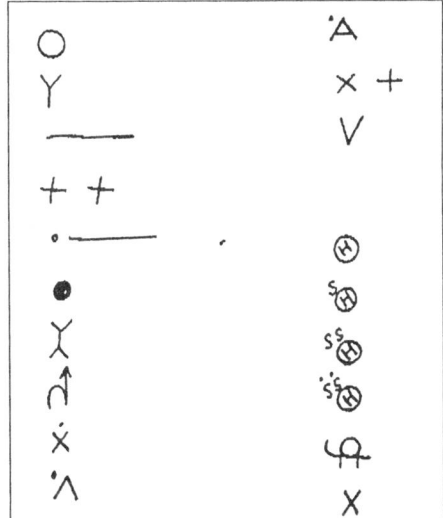

245

III. Zinken

Mitteilungszinken

Abb. 18: Verschiedene Mitteilungszinken

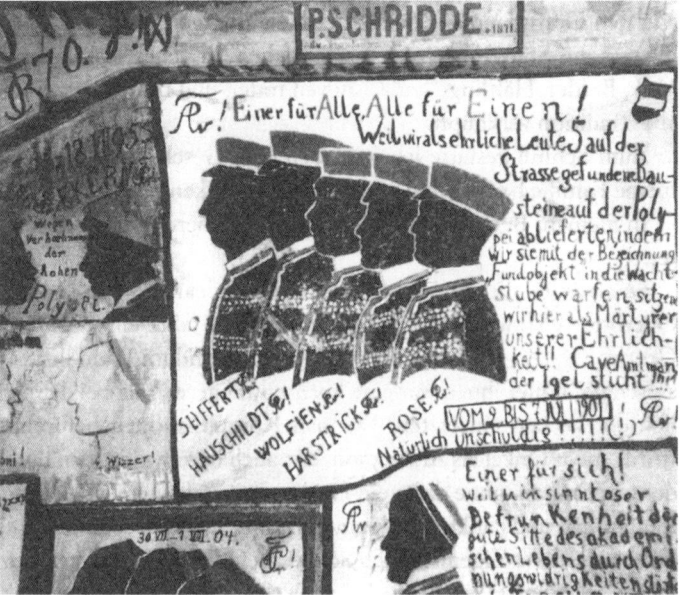

Abb. 19: Graffiti im Karzer (Studentengefängnis) in Heidelberg – aus dem 19. Jh. (aus dem Privatbesitz des Autors)

DIE ZINKEN VON BETTLERN

Eine alte Tradition besitzen die sogenannten Bettlerzinken. So verweist ein Kreuz darauf, daß man Frömmigkeit zu zeigen habe, wenn man etwas haben wolle. Ein Kreuz in einem Kreis deutet allerdings darauf hin, daß es nichts zu essen gebe. Eine wannenähnliche Zinke verkündet von der Chance, ein Nachtlager zu bekommen. Und ein »H« macht auf eine Herberge aufmerksam. Ein aus mehreren parallelen, durch einen Querstrich verbundenen kleinen Strichen bestehender Zinken warnt vor einem Polizisten, der in dem betreffenden Haus wohnt (Viertler, 1976, S. 161).

Zinken dieser Art sind auch heute noch zu entdecken, allerdings sind nicht bloß Bettler deren Urheber. Auch Handelsvertreter und Mitglieder religiöser Sekten bedienen sich spezieller Zin-

III. Zinken

ken, um ihre Mitarbeiter oder die Nachkommenden entsprechend zu instruieren.

GRAFFITI IN GEFÄNGNISZELLEN UND KARZERN

Weniger erfreuliche Orte, in denen sich Eintragungen auf Wänden finden, sind die Zellen der Gefängnisse.

Bis in die sechziger Jahre war es Häftlingen verboten, in der sogenannten Schlafzelle zu rauchen, aber dennoch vertrieben sie sich die Zeit damit. Um die Rauchutensilien entsprechend zu verbergen und auch wieder aufzufinden, bedurfte es gewisser Tricks. Auch Zinken scheinen dazu gedient zu haben, wie aus dem Bericht eines Polizeimajors Schauhuber hervorgeht: »Bei einer Zellendurchsicht fand ich etwas, das den Einfallsreichtum der Häftlinge so richtig zeigt, aber auch ihre Versuche, miteinander in Verbindung zu treten, wenn es auch nur darum geht, den Beamten ein Schnippchen zu schlagen.« Der Herr Major hatte ein Zeichen gefunden, das in Form einer Gabel in die Zellenwand eingeritzt war. Er schreibt dazu: »Die Sache ließ mir keine Ruhe, und ich suchte die Schlafzelle einmal nachts auf, und zwar zu einem Zeitpunkt, da eine Kontrolle von den Häftlingen nicht erwartet wurde. Ich suchte wieder nach dem Zinken, er war aber in der Zwischenzeit irgendwie verwischt worden. Da ich ihn aber bereits kannte, war er für mich doch noch wahrnehmbar. Bei meiner Überprüfung glaubte ich eine leichte, kaum wahrnehmbare Unruhe der Häftlinge, es waren durchwegs Autodiebe, wahrzunehmen. Meine Beharrlichkeit lohnte sich aber auch. Ich fand nämlich in der Richtung, in die der mittlere Strich zeigte, am Boden, in der Hohlkante neben der Zellenwand, eine kleine Unebenheit, es war dies eine klebende Brotrinde, die ein kleines Loch im Boden verdeckte, in dem ich sieben Zündholzköpfchen fand ...« (Schauhuber, 1965).

Die Graffiti in Gefängnissen deuten also auf Menschen hin, die nach Abwechslung, Freiheit, Liebe, Spaß und Würde schmachten.

Diese Leute haben ihre Sorgen dem kahlen Gemäuer anvertraut, das dadurch mit Leben erfüllt wurde.

Eine prächtige Sammlung dieser Inschriften stammt von dem Konzipisten der Wiener Polizeidirektion Albert Petrikovits, der sich 1923 die Mühe gemacht hat, die Zellen des Polizeigefangenenhauses in dieser Richtung hin genau zu inspizieren.

Aus dieser Sammlung seien einige Beispiele zitiert:
Als Kommunist hineingegangen
Als Anarchist hinausgegangen.

Huren von Wien!
Organisiert Euch, gründet Vereine
verlangt Euer Recht! Ihr seid Arbeiterinnen!
Was wäre Wien ohne Euch? Man müßte die
Vielweiberei einführen.

Benütze der Jugend schöne Stunden,
Wir wissen nie, wann sie wiederkehren.

Bin nicht Goethe, bin nicht Schiller,
Dicht auch nicht wie August Müller,
Schreibe nur ganz einfach hin,
Daß ich hier gesessen bin.

Dem Schlauen gehört die Freiheit.
Ehrlich währt am längsten,
Wer stiehlt, der lebt am schönsten.
Üb immer Treu und Redlichkeit
Bis an dein kühles Grab,
Und wann du hast Gelegenheit
So stehle wie ein Rab.

Bis in dieses Jahrhundert hinein konnten an den Universitäten Studenten wegen pöbelhaften Verhaltens und Trunkenheit für je-

III. Zinken

weils ein paar Tage in den universitätseigenen Karzer, den »Kerker« eingesperrt werden. Auch Marx und Bismarck gehörten zu jenen, die durch ein Urteil des Rektors der Universität in den Karzer mußten.

Die eingesperrten Studenten entwickelten geradezu eine Kultur der Gefängnisgraffiti (s. Abb. 19). Berühmt sind wegen ihrer Inschriften die Karzer von Heidelberg und Göttingen.

Nachbemerkungen

Mit den Graffiti – den Zinken, den Zeichnungen und Inschriften –, die sich auf Stätten bezogen und beziehen, in denen sich fahrendes Volk, Bettler, Häftlinge und Ganoven trafen und treffen, ist also eine alte Tradition verknüpft.

Zum Schluß gestatte ich mir noch eine Geschichte, die sich auf meine Familie bezieht und in der auch ein Zinken von Bedeutung ist.

In meinem Buch über Landärzte habe ich bereits darüber berichtet.

So erzählte mir mein Onkel, der Gemeindearzt in Schlierbach in Oberösterreich war, daß Anfang der dreißiger Jahre eines Tages eine Gruppe von Zigeunern[*] durch den Ort zog und im Wald ihr Lager aufschlug. Unter ihnen war eine hochschwangere Frau, bei der plötzlich die Wehen einsetzten. Da man Komplikationen befürchtete, wurde mein Onkel als Arzt geholt, der auch bereitwillig kam und bei der Geburt half, ohne dafür ein Honorar zu verlangen. Die Zigeuner freuten sich und dankten meinem Onkel. Einige Zeit später kam eine Gruppe anderer Zigeuner nach Schlierbach. Ihr Anführer stand eines Tages vor dem Haus meines

---

[*] Ich verwende diesen Ausdruck keineswegs abwertend. Ich will dem Wort Zigeuner einen schönen Klang geben.

Onkels, als dieser gerade weggehen wollte, und fragte ihn, ob er hier wohne. Mein Onkel bejahte. Darauf meinte der Zigeuner mit einem freundlichen Lächeln, mein Onkel sei ein liebenswürdiger und guter Mensch, er brauche keine Angst zu haben, daß man ihm etwas stehle oder ihm sonst schade. Mein Onkel fragte, warum er wisse, daß er ein guter Mensch sei. Der Zigeuner antwortete, er wisse dies, weil an seinem Haus ein bestimmter Zinken angebracht sei. Mein Onkel war ob der Dankbarkeit dieser fahrenden Zigeuner, die zweifellos seine Sympathie hatten, überrascht und erfreut.

Es hat also auch Zinken gegeben, mit denen Fahrende auf die Freundlichkeit ihrer Gastgeber und anderer Leute hinweisen wollten.

Abschließende Gedanken zur Kultur der Fahrenden

Die Welt der Fahrenden war und ist eine bunte Welt, die den Seßhaften in einer Mischung aus Staunen und Unbehagen stets faszinierte. Darauf verweisen die Lieder, die sich auf Vagabunden und ihre angeblich heitere Lebensweise beziehen. Dazu zählen aber auch die Lieder, die im Umkreis der amerikanischen Hobos, der Landstreicher der Vorkriegszeit, gedichtet und gesungen wurden. Zu dieser Kultur fühlte sich auch der große Jack London hingezogen. In seinem Buch »Abenteuer des Schienenstrangs« erzählt er von seiner vagabundierenden Lebensweise auf der Landstraße und auf den Dächern der Eisenbahnwaggons, auf denen er als blinder Passagier mitzureisen pflegte.

Auch ich konnte mich dieser Faszination nicht entziehen, als ich mich mit der Sprache der Vagabunden und kleinen Gauner sowie ihrer Geschichte zu beschäftigen begann.

Während meines oft abenteuerlichen Forschens, sowohl bei echten Vagabunden, Dirnen und anderem Volk als auch in aufregenden Büchern, spürte ich direkt den Geruch rauchgeschwängerter Kneipen, verdreckter Herbergen und freier Straßen.

Besonders hatte es mir die Sprache der Fahrenden, das Rotwelsch, angetan, bereitete es mir mit seinen mittelhochdeutschen, jiddischen, tschechischen und anderen Wörtern doch einen faszinierenden Zugang in die Tiefe der Geschichte dieser Menschen am Rande der »guten Gesellschaft«.

Und das Rotwelsch hat, wie wir gesehen haben, eine alte, bis in das Mittelalter zurückreichende Vergangenheit, die heute noch weiterlodert.

Auf der Straße trafen sie sich, die kleinen Gauner, die Landstreicher, die Hausierer, die Dirnen, die Scherenschleifer, die Handwerksburschen, die bettelnden falschen Pilger und die vagabundierenden, am Studium nicht sehr interessierten Studenten. Sie alle trugen in irgendeiner Weise zur Farbigkeit des Rotwelsch, das keine in sich abgeschlossene Sprache ist, bei.

Freilich ist die Darstellung des Rotwelsch, wie ich sie hier versucht habe, eine unvollständige. Wie dem aufmerksamen Leser wohl deutlich wurde, hat das Rotwelsch viele unterschiedliche regionale Ausprägungen, die sich laufend ändern und ergänzen. Dennoch gibt es einen faszinierenden Grundstock. Und noch etwas fällt bei der Beschäftigung mit dem Rotwelsch auf, daß es nämlich laufend Wörter an die jeweilige Umgangssprache abgibt, die wiederum manchmal in die Hochsprache übernommen werden. Das Rotwelsch ist also, wie ich am Beginn schon festgehalten habe, ein Jungbrunnen der Hochsprache.

Als ich mich im Mai 1998 im siebenbürgischen Hermannstadt aufhielt, ging ich in eine Buchhandlung, um ein deutsch-rumänisches Wörterbuch zu erwerben. Doch zu meinem Ärger hatte man nichts dergleichen lagernd. Ich schaute mich nun selbst bei den rumänischen Büchern um und fand zu meiner großen Überraschung eines, auf dem »German-Roman« stand. Ich nahm fest an, bei diesem eher schmalen Büchlein würde es sich um ein solches von mir gesuchtes Wörterbuch handeln. Ich blätterte darin und fand höchst eigenartige Wörter, die mir seltsam bekannt vorkamen. Wörter wie »Haberer« und »hackenstad« verwirrten und verwunderten mich. Beim Weiterblättern fand ich am Beginn des Buches ein Verzeichnis jener Literatur, auf die sich der Autor, ein Universitätsprofessor für deutsche Sprache in Bukarest, berief bzw. von der er abgeschrieben hatte. Meine Freude war groß, als ich unter den genannten Büchern meinen Band »Randkulturen«, dem bereits ein kleines Vokabular der Gaunersprache angefügt war, entdeckte.

Der gute Mann hatte also auch von mir Wörter übernommen. Darauf war ich besonders stolz. Freudig zeigte ich der Verkäuferin im Buchladen den Hinweis auf mein Buch. Damit sie mir auch tatsächlich glaube, daß es sich um mein Buch handle, auf das sich der Autor bezog, zeigte ich ihr noch meinen Paß. Das Buch will also offensichtlich dem rumänischen Publikum nahebringen, daß es neben der deutschen Hochsprache noch eine interessante deutsche Sprache der Vagabunden und Gauner gibt, die nicht in den Schulen gelernt und gelehrt wird.

Der Name des Autors dieses Buches ist Ioan Lazarescu. Er ist es wert, daß man ihn hier nennt. Und das Buch heißt »Dictionar de argou si limbaj colocvial German – Roman« und ist 1997 in Bukarest erschienen. Es hat mir Freude gemacht, darin zu lesen. Vor allem gefiel es mir, daß ein Professor aus Bukarest an bei uns verwendeten Wörtern des Rotwelsch Interesse hat.

Es gibt sie immer noch, die klassische Kultur der Ganoven und Bettler mit ihrer eigenen Sprache, dem Rotwelsch, welches bis heute nicht an Kraft verloren hat. Und das, obwohl seit der Mitte des vorigen Jahrhunderts die Kultur der Vaganten mehr und mehr zurückgedrängt wurde, was u. a. auch mit dem Aufkommen der Arbeiterbewegung zu tun hat. Der Arbeiter distanziert sich vom Fahrenden, denn er orientiert sich am Bürger.

Alle diese Menschen, auf die ich mich in meinen Ausführungen bezogen habe – die Vagabunden, die leichten Damen und die kleinen Ganoven –, besitzen mit ihrer Kultur und ihrer Sprache, die in den Kneipen, Parks, auf den Straßen und auch in den Gefängnissen weitergegeben wird, einen Schatz, der jeden Kulturwissenschaftler faszinieren müßte.

Das Leben dieser Menschen ist hart, aber auch farbenprächtig. Unerwartete Ereignisse bestimmen ihr Leben, denn hinter jeder Wegbiegung oder hinter jeder Hausecke harren Freude und Leid, spendenfreudige Bürger und mißmutige Polizisten.

Der Vagabund lebt für den Augenblick, denn was die Zukunft bringt, ist ungewiß. Der echte Vagabund hat daher verlernt, Pläne zu schmieden, und er genießt die Freude, sich von der Laune des Zufalls treiben zu lassen. Diese Einstellung ist es, die den guten

Abschließende Gedanken

Bürger verärgert und die es Sozialarbeitern und anderen freundlichen Leuten so schwer macht, diesen Menschen hilfreich unter die Arme zu greifen.

Obwohl der Vagabund auch heute noch für den Augenblick lebt, baut er auf einer alten Kultur mit einer besonderen Sprache auf, die eine spannende Geschichte hat.

Dies habe ich zu zeigen versucht. Diese Geschichte erzählt von Entbehrung, Unterdrückung, Kämpfen und Tod, aber auch von dem Zauber, der stets mit der Kultur der Fahrenden verbunden war.

Literaturverzeichnis

Avé-Lallemant, E Ch. B., 1858, Das deutsche Gaunertum, Wiesbaden, 1. und 2. Teil.

Bauer, W. u. a., 1986, Lexikon der Symbole, Wiesbaden.

Bergmann, K. (Hg.), 1984, Schwarze Reportagen – Aus dem Leben der untersten Schichten vor 1914: Huren, Vagabunden, Lumpen, Reinbek.

Boehncke, H. und R. Johannsmeier (Hg.), 1987, Das Buch der Vaganten – Spieler, Huren, Leutbetrüger, Frankfurt a. M.

Brant, Sebastian, 1992 (1494), Das Narrenschiff, Stuttgart.

Bumiller, C., 1993, Auf der Reise. Skizzen zu einer Geschichte des Hausierhandels im Killertal, in: Jungingen im Killertal, Beiträge zur Heimatgeschichte, Band 5.

Carlen, Louis, 1987, Wallfahrt und Recht im Abendland, Freiburg (Schweiz).

Carmina Burana, 1979, Die Lieder der Benediktbeurer Handschrift, München.

Central-Evidenz-Bureau der k.k. Polizei-Direktion in Wien, 1854, Wörterbuch der Diebs-, Gauner- oder Kochemersprache, Wien.

Cervantes, M. de, o. J., Don Quijote, Wien.

Chombart de Lauwe, P. 1-1., 1951, Methodes de recherche pour Ntude d'une Brande cité, Paris.

Chiera, E., 1941, Sie schrieben auf Ton – Was die babylonischen Schrifttafeln erzählen, Zürich.

Commersbuch der Wiener Studenten, 1880, Wien.

Der Kriminalbeamte, Mai 1986, S. 7f.

Fick, R., 1900, Auf Deutschlands hohen Schulen, Berlin.

Gamsjäger, B., Da Pink hot a Hei – die Musikantensprache, in: Sänger und Musikanten, Zeitschrift für musikalische Volkskultur, München 2004, S. 179ff.

Ders., Musikantensprache, in: R. Flotzinger (Hrsg.), Österreichisches Musikantenlexikon (online).

Gansterer, E, 1913, Meine Wanderschaft als Tischlergeselle, im Alter von 24 Jahren, handschriftl. Manuskript (Kirchberg an Wechsel).

Geher, R., 1993, Wiener Blut oder die Ehre der Strizzis, Wien.

Giglleithner, K. und G. Litschauer, Der Spittelberg und seine Lieder, Wien 1924.

Girtler, R., 1980, Vagabunden der Großstadt – Teilnehmende Beobachtung bei den Sandlern Wiens, Stuttgart.

Girtler, R., 1983, Der Adler und die drei Punkte – Die gescheiterte kriminelle Karriere des ehemaligen Ganoven Pepi Taschner, Wien.

Literaturverzeichnis

Girtler, R., 1984, 1992 (3. Aufl.), Methoden der qualitativen Sozialforschung, Wien.

Girtler, R., 1991, Vaganten, Studenten, die Kultur des Alkohols und das Ideal der Freiheit, in: Einst und Jetzt, München, S. 71ff.

Girtler, R., 1991a, Der Strich, München (3. Auflage).

Girtler, R., 1993, Der Landfahrer Paracelsus und die Kultur des fahrenden Volkes, in: Dopsch und Kramml, P. F., (Hg.), Paracelsus und Salzburg, Salzburg, S. 393ff.

Girtler, R., 1995, Randkulturen – Theorie der Unanständigkeit, Wien. Girtler, R. (Hg.), 1997, Die Letzten der Verbannten – die untergehende Kultur der altösterreichischen Landler in Siebenbürgen, Wien.

Girtler, R., 1997, Landärzte – Als Krankenbesuche noch Abenteuer waren, Wien.

Girtler, R., 2008, Herrschaften wünschen zahlen, die bunte Welt der Kellnerinnen und Kellner, Wien.

Girtler, R., 2009, »Holt's den Viechdoktor!« Die abenteuerliche Welt der alten Landtierärzte, Wien.

Grimm, J. u. W., 1960, Deutsches Wörterbuch, Leipzig.

Fleigl, E., 1987, Der Vergnügungspark, Salzburg.

Hoffmann von Fallersleben, 1854, Rotwelsch, in: Weimarisches Jahrbuch, Band I, Hannover.

Hoffmann von Fallersleben, 1856, Liber Vagatorum, in: Weimarisches Jahrbuch, Band IV, Hannover.

Homer, Ilias, o. J., übers. von J. H. Voß, Berlin.

Hufnagl, H., 1993, Vagabundenzeichen, unveröffentl. Seminararbeit, Wien.

Huonker, Th., 1990, Fahrendes Volk – verfolgt und verfemt: Jenische Lebensläufe. Hg. von der Radgenossenschaft der Landstraße, Zürich.

Jansky, F., 1991, Noppi Gadschi, Jenisch Baaln, Jenisch in Loosdorf (Österreich), Loosdorf.

Jontes, G., 1998, Österreichisches Schimpfwörter-Lexikon, Graz.

Jütte, R., 1980, Abbild und soziale Wirklichkeit des Bettler- und Gaunertums zu Beginn der Neuzeit, Köln.

Jütte, R., 1996, Rotwelsch – Vom Soziolekt zum Idiolekt, in: K. Siewert (Hg.), 1996, S. 135 f.

Kläger, E., 1908, Durch die Wiener Quartiere des Elends und des Verbrechens – ein Wanderbuch aus dem Jenseits, Wien.

Kluge, F., 1901, Rotwelsch – Quellen und Wortschatz der Gaunersprache. Straßburg.

Köhler, A., 1990, Hoffmann von Fallersleben, Wolfsburg.
Kolbenheyer, E. G., 1917–1926, Paracelsus, München, (Romantrilogie). Kopecny, A., 1980, Fahrende und Vagabunden – Ihre Geschichte, Überlebenskünste, Zeichen, Straßen, Berlin.
Kreidl, W., 1990, Karrner, in: Erziehung Heute, 4. Innsbruck.
Krienzer, H., Irlas Koarl ist quant! In: Der Vierzeiler 2, 2000.
Landmann, S., 1988, Jiddisch – Das Abenteuer einer Sprache, Berlin.
Langosch, K. (Hg.), 1979, Die Lieder des Archipoeta, Stuttgart.
Lazarescu, I., 1997, Dictionar de argou si limbaj colocvial German – Roman, Bukarest.
Liber Vagatorum, um 1510, in: H. Boehncke und R. Johannsmeier (Hg.), 1987, S. 679ff.
Lindner, R., 1990, Die Entdeckung der Stadtkultur – Soziologie aus der Entdeckung der Reportage, Frankfurt a. M.
London, Jack, 1984, Abenteuer des Schienenstranges – Mein Leben als Tramp, München.
Lorch, M., o. J., Bleisle, Pleisle oder Pleisne – die Händlersprache der Killertaler Hausierhändler (persönlich überreichtes Exemplar).
Lühr, R., 1996, Zum Sprachnamen Rotwelsch, in: Siewert (Hg.), 1996, S. 15ff.
Malinowski, B., 1954, Magic, Science and Religion, New York.
Nascher, E., 1910, Das Buch des jüdischen Jargons nebst einem Anhang: Die Gauner- oder die »Kochemersprache«, Wien.
Northoff, Th. 1993, Die Sprache an den Wänden, Wien.
Pazdera, J., (Bauernfänger, Ringwerfer und Falschspieler – geb. 1859), 1904, Wiener Gaunersprache (handschriftliche Aufzeichnung, von Professor Hermann Maurer zum Geschenk erhalten, dafür sei ihm gedankt).
Paracelsus, 1993, Vom glückseligen Leben. Ausgewählte Schriften zu Religion, Ethik und Philosophie. Herausgegeben und eingeleitet von Katharina Biegger, Salzburg.
Park, R. E., 1952, Human Communities, Glencoe, Illinois.
Perthes, C. T, 1984, Die Lage der Wandergesellen, in: K. Bergmann (Hg.), 1984, S. 16ff.
Petrikovits, A., 1922, Die Wiener Gauner-, Zuhälter- und Dirnensprache, Wien.
Petrikovits, A., 1923, Hinter Schloß und Riegel, Wien.
Pohl, H. D., 1997, Gedanken zum österreichischen Deutsch (als Teil der ›pluriarealen‹ Sprache Deutsch), in: R. Muhr, R. Schrodt, P. Wiesinger (Hg.), Österreichisches Deutsch und andere Varietäten, Wien.

Polsky, N., 1923, Forschungsmethode, Moral und Kriminologie, in: J. Friedrichs (Hg.), Teilnehmende Beobachtung abweichenden Verhaltens, Stuttgart, S. 51ff.
Polzer, W., Gaunerwörterbuch für den Kriminalpraktiker, München 1922.
Rabak, F., 1996, Blödsinn, Wien (Verlag Locus).
Rabben, E., 1906, Die Gaunersprache (chochum loschen), Hamm i. Westfalen.
Refaei, Ch., 1998, Rotwelsch, Ausdrücke aus Gefängnissen und Subkultur, Seminararbeit, unveröffentl. schreibmaschingeschr. Manuskript.
Riehl, W. H., 1983 (1903), Wanderbuch, z. Teil zu »Land und Leute«, Stuttgart, 1983.
Rochol, D., 1984, Die Centralpenne auf dem Lande, in: Bergmann (Hg.), S. 26f.
Rösch, P., 1990, Ein Teil unbewältigter Tiroler Vergangenheit, in: Erziehung Heute, Heft 4.
Rothfuss, U., 1997, Schäffer, Räuberfänger, Tübingen.
Schäffer, G. J., 1793, Abriß des Jauner- und Bettelwesens in Schwaben, nach Akten und anderen sicheren Quellen von dem Verfasser des Konstanzer Hanß, Stuttgart.
Schauhuber, J., 1965/66, Vagabundenzeichen, Zeichen, Zinken, sie sind überall zu finden, in: Jahrbuch der Exekutive Österreichs, Wien.
Scheffel, V. v., o. J., Gesammelte Werke, Stuttgart.
Scheffknecht, W., 1991, »Arme Weiber« – Bemerkungen zur Rolle der Frau in den Unterschichten und vagierenden Randgruppen der frühneuzeitlichen Gesellschaft, in: A. Niederstätter u. W. Schaffknecht, Hexe oder Hausfrau. Das Bild der Frau in Geschichte Vorarlbergs, Sigmaringendorf.
Scheffknecht, W., 1995, Scharfrichter – Eine Randkultur im frühzeitlichen Vorarlberg, Konstanz.
Schranka, E.M., Wiener Dialektlexikon, Wien 1905.
Schleich, H., 2001, Das Jenische in Tirol. Sprache und Geschichte der Karner, Laninger, Dörcher. Landeck.
Schulze, F. u. P. Ssymank, 1910, Das Deutsche Studententum, 3. Auflage, Leipzig.
Schüssler, Martin, Die Entwicklung der Gauner- und Verbrechersprache »Rotwelsch« in Deutschland von der Mitte des 16. Jh. In: Zeitschrift der Savigny-Stiftung für Rechtsgeschichte, Germ. Abteilung, 118, S. 387–419.
Schüssler, Martin, Hebräisch III, Rotwelsch 2: Deutsch-Rotwelsch, Manuskript, o. J.

Siegl, N., 1995, Kommunikation am Klo – Graffiti von Frauen und Männern, Wien.
Siewert K. (Hg.), 1996, Rotwelsch-Dialekte, Sondersprachforschung I, Wiesbaden.
Streicher, S., 1982, Die graphischen Gaunerzinken, in: Wohnsitz Nirgendwo – Vom Leben und vom Überleben auf der Straße, Berlin.
Tockert, J., 1989 (1937), Das Weimerskircher Jenisch – auch Lakersprache oder Lakerschmuß genannt, Luxembourg.
Trappmann, K., 1982, Eine andere Not – Gregor Gog, eine Biographie, in: Wohnsitz Nirgendwo, S. 223ff.
Valentinitsch, H., 1992, Fremd und arm im Zeitalter des Barock. Zur Sozialdisziplinierung von Unterschichten und Randgruppen in der Steiermark, in: Lust und Leid, barocke Kunst, barocker Alltag, hg. vom Kulturreferat der Steiermärkischen Landesregierung, S. 275ff.
Viertler, J., 1976, Die Zinke – eine geheime Bilderschrift, in: Die Kärntner Landsmannschaft, Heft
Weeber W., 1996, Decius war hier ... – Das Beste aus der römischen Graffiti-Szene, Zürich.
Wehle, P., Die Wiener Gaunersprache, Wien o. J.
Weiler, I. (Hg.), 1988, Soziale Randgruppen und Außenseiter im Altertum, Graz.
Wiepert, P., 1982, Die Monarchen auf der Insel Fehmarn, in: Wohnsitz Nirgendwo, S. 29ff.
Willard, J. E., 1984, Das Leben mit deutschen Tramps (1904), in: Bergmann (Hg.), S. 75f.
Wohnsitz Nirgendwo – Vom Leben und Überleben auf der Straße, 1982, hg. vom Kunsthaus Bethanien, Berlin.
Wolf, S. A., 1985, Wörterbuch des Rotwelschen, Hamburg.
Whyte, W. F., 1943 (1955), Street Corner Society, Chicago.
Wimmer, E., 1998, Rotwelschworte eines Landstreichers aus dem Jahre 1940, unveröffentlichter Brief an R. Girtler, Ansfelden.
Würrer. J., F. Milani, J. Salomon, F. Jäger, 1993, Fezadewarei (maschingeschr. vier lose Seiten).
Wurian, R. 2010, Das Stigma des Schinders (unveröff. Diplomarbeit).
Zurbügg, Christine, 1996, Orwuse on Oanwe (Servus in Wien), Wien.

Register der Sprache der Gauner, Dirnen und Vagabunden

A
Aasgeier 173
Abafetzer 195
abanehmen 177
abbanldn/abbankln? 192
abbauen 218
abbeutln 182
abbiegen 181, 206, 216,
abbugeln 182
abdabern 212
abdafeln 176
abergeben 200
abfelbern 183
abfetzen 205, 207
abfinkeln 184
abgebrockt werden 211, 212
abgefackt 174
abgeilen 176
Abgeilerin 194
abgezogen 200
abgneissen 181
abgschmalzen 214, 215
abhiasln 211
abi holen 190
abi kommen 190
abidrahn 180, 200, 203, 205
abifetzen 195
abigeiln 198
abihaun 205
abikrachen 190
abilassen 209, 218
abimachen 200, 205

abireissen 195
abisteign 195
abitschinailn 170
Abizahrer 170
abjankern 194
abpaschen 218
abplanken 181, 182, 214
abputzen 213
abschmieren 208, 218
abschnallen 194
abschrenken 218
abspannen 201
abspritzen 183
Abstecher 207
abstieren 206
abstoppen 181, 208
abstrampfen 212
abtäuschen 181
abtöten 207
abtreten 193
abzwicken 177
Achel 233
acheln 32, 186, 219, 233
Achelputz 186, 219
Achter 23, 213
Ackergäule 216
adraht 167
Aff, versyphilter 185
Affen 188, 191
affig sein 191
afinkeln 208
Agent 211
Agrasel 185
alch dich 175
alt 167, 182

Alte, der, die 65, 95, 101, 186, 196, 197
altfranzösisch 195
anbraten 185
anbröseln 190
anbuffen 195
andaglt 214
andirndln 171
andrahn 180
andraht sein 195
andruckn 180
anfetzen 184
anfüttern 185
angehiaselt 221
angeigen 204
angemalt 221
angesandelt 195
angestockt 182
angschütt 185
angschwächt 230
anhiaseln 221
ankluften 171
anlegen 213
anpempern 184
anrauchen 204, 207
anreißen 211
Anrempler 205
Anrieb 219
Ansage 180, 184, 209
anschaln 171
anschießen 177
anschlagen 205
ansingen 176
anspritzen 195
ansticken 203

261

Register

antauchen 194
antippeln 211
antschechert 187
Apache 208
Arretierer 177, 188
Arsch 180, 181, 186
Arsch, in den A. gehen 218
Arschbackendjango 216
Arschdecke 216
Arschenal 192
arschpudern 195
Aschermittwoch 213
Aufdrahten, er hat den A. 181
aufgehußt 180
aufgeiln 194
aufgeladen sein 203
aufgepumpt 195
aufhaun 211
aufmachen 204
Aufnahme 217
Aufquastler 169
aufschränken 207
aufstellen 190, 192, 214
aufstochern 207
Aufzuckerter 169
ausbaldowern 202
ausdippeln 184
ausfratscheln 184
ausgefackelt 149, 211
ausgschwabt 167
ausgstanden, es ist 209
ausgsteckt 195
augustiern 208
aushusten 213
auskeilen 202

auskeuln 208
auskocht 167
Ausrangierte 196
Außenkommando 219
ausschmieren 208
ausschabern 218
außestemmen 178
Außidraher 213
außidrahn 213
außihäckeln 176
Außireißer 213
auspacken 211, 213
ausspeisen 219
aussteigazen 184
Auto-Beitl 198
awackln 201

B
baaln 184
Baaz 192
Babbel 191
babbeln 176
babln 176
Babler 176, 184
Bachener 195
Bacherl 167
Balbos 179
baldowern 41, 202
Balkon 194
Ballmasematten 202
Ban 196, 204
Banaverpasser 197
Bandler 204, 213
Bandlerin 204
bandln 206
Banerne 193
Banfraß 219
Bankerer 199

Bankl reißen 192
Bär 202
Baradert 182
Barassera 204
Bärenstellung 195
Bärsch 174
Barsel 203, 223
Bau 215
Baucherl 189
Bauchschwester 196
baun 175
Bauplatz 191
Baxn 171
bedienen 180, 181, 205, 208
bedient 193
bedippern 205
begeln 182
Begerische 193
beichten 213
Beis 124, 178
Beisl 11, 36, 125, 159, 178, 179
Beisekandi 178
Beisjanker 213
Beißara 191
Beißerl 191
Beistieber 169
Beistieberin 169
Beitl 194, 198
bekaspern 184
beleimsen 205
bellnken 180, 207
bemaiern 205
Bembel 35, 187
beramschen 205
Berunjken 230
beschlagen 173

beschmieren 205
Beschnitt 200
beschocher 187
beschummeln 205
beschuppen 205
besechen 205
Beste 196
Besteck 189, 216
Bett bauen 182, 213
beule hau(e)n 212
beuli gehen 175
beulisieren 212, 218
Beute 203
biag ab 175
Bims 186
Bink 224
Binken 166, 215
Binkl 75, 118, 169, 206, 215, 232
Binklhackn 206
Binklmurrer 206
Birntreter 174
biwan 192
Bixn 193
Bixnspanner 197
Blader 168
Blasban 196
Blashütte 178, 197
blättlen 39, 198
blau 168
blau sein 187, 221
Blauer 172
blauer Montag 187
Blechpass 230
Bleispritze 203
blitzen 203
Blöden, einen B. machen 203
Blüah, in d. gehen 218

blunzenwach 187
bluzieren 181, 208
Bock 171, 178, 192 f., 213
Böck 171, 178, 197
Bordstein-Schwalbe (Bordsteinschwalbe) 196
bosni 179
Boß 81, 178, 179
Bracholder 181
Brasetl 173, 213
Braune 189
Brauner 229
Braunes 191
Bratling 232
brechln 185
Breger 177
Bretzn 213, 231
Breitfuß 188
brennen 172, 187
Breseln haben 180
Bretzen 193, 213, 231
Brief 27, 39, 183, 200
Brieferl 189
Brieftaube 208
Brösel 191
Bruch 206
Brüller 173
brunzen 192
Büchl 197
Büchsenschlosser 194
Buckl 182
Bude 178
buff mich 180
Bugl 182, 187
Buglkraxn 175
Bullen 210
Bumse 179

Bumsn 179
Bunker 182, 202, 209
Burnhäutlstrizzi 197
butterweich 212
buttn 186
Buttn 193, 215

C
Calafati 186
Caveller 168
Charles 226
Chawer 166, 182, 238
Chawrusse 166, 238
checken 190
Chelefzieher 204
Chilferer 205
chilfern 42, 91, 205, 220
Chonte 196
Claffotfetzer 169
Cola 189
Contrafußbais 227

D
dabern 183, 212
Dachl 175
Dachlingpflanzer 169
Dackerl 191
Dackn 172
Dauerwurst 215
debern 183, 195
Decke 219
Deckl 183, 197
Deckelkatz 196
Degl 188
Derech 223
Derechbarsel 223
dewan 187, 230, 231
Dewarei 231, 232

Register

Dibbler 198, 207
dibbln 199
Dierling 191
Difftel 176
dippen 77, 177
Dirne 196 ff.
Dope 189
Doppelgsperrte, das 217
Doppl 172, 215
Dorem 233
Dorothe, Tante 173
Doserer 207
Dotsch 193
Dr. Specht 193
Drahdiwaberl 214
drangln 187
Drangler 188
drauf sein 189
Dreier 215
Drescherl 167, 195
drucken 184, 189
Drucker 171
Drücker 204
Druckerl 200, 204, 207, 212
duama 232
Duamastranzn 232
Dudlerin 227
Duft 176
Duima 179
Durchlauferhitzer 195
dusema 179

E
Ecke machen 192
Eckenradl machen 200

Ederbro 231
Ei legen 207
einbraten 198
einbunkern 218
Eindibbler 207
einefahren 204
einehauen, eine Nase e. 190
einfädeln 190
einfahrn 211, 214
einfangen 198
eingejankert 212, 216
eingnaht werden 212
Einidraher 213
einidrahn 205, 211, 213
einikreuln 206
Einireißer 213
einitheatern 213
einjankern 216
einpacken 171
einschabern 35, 207
einschneiden 181, 189
Einser 216
Einserpanier 171
eintrichtern 213
eintunkn 211
Einwender 200
einwerfen 189
einzwicken 181
Eisen 35, 39, 203, 213
Eitrige 187
elf, es zählt 186
Engelblasen 231
Erholung 216
Erlat 168
Erlatin 168
Erstmaliger 217
Esimo 231

Eterlo 231
Etzesbajis 176
Exnbo 231

F
fackeln 183, 211, 220
Fahne 214
Fahnenträger 214
Fahrer 145, 194, 209
Fakei 233
Fakelei 233
Fangeisen 213
fangen 206
fang's und palisier 176
Fätschnerspink 185
Fazi 218
Fechtbrüder 132, 177
fechten 108-111, 130, 132, 176
Federant 181
Federn 181, 191
Federntandler 181
Fehlinger 35, 193
Feige 193
Feifer 215
Feitl 122, 204
felbern 183
Feldschiede 231
Felsen 216
Felserl 216, 217
Fenrich 188
Fettn 214
fetzen 78, 170, 171, 184, 223
Fetzen 172, 187, 190, 195, 198, 206
Fetzenwurst 187
Fetzer 171, 230-233
Feuerwehrcello 231

264

Feuriger 223
Feyriger 171
filzen 218
Finger, mit dem F.
 schweißen 195
Fisch 188, 202
Flaaspink 174
Flaassiann 174
flach 173, 178
flach sein 173
Flachgeist 178
Flesslstranzen 230
Flossert 226
Flosset gedesset 226
Flamminger 169
Flammo 186
flanieren 175
Flatterfahrer 205
Flattern 223
Fleck 173, 178, 204
Fleckerl 172
Fleckerlparas 230
Fleddern 223
Fleppn 120, 183, 197
Fleppe 15, 111, 166, 183,
 197, 211
Fliagn 184
Flick 167
Flieder 172
Fliege machen 218
Flieger 218
Flins 172
Flinz 172
flitzen 212
flodan 192
Flöh mit Goiserer 196
Flohdecke 216
Flöhfang 172
floslen 192

flosseln 207,
Flossen 192
Floßhart 188
Flößling 39, 188
flössln 192
Fluckhart 188
Flug machen 218
fochln 183
Foksem 233
Fonke 122, 224
Fonkeschütt 224
Fotzn 181
Frack 215
frackln 184
frank 167
frankes Spiel 200
Frankist 167
Fraß 186
Freimann 168
Frosch 211
Fuchs 32, 35, 36, 173,
 202
Fuchsener 202
Fuchserer 173
Funckart 119, 188
funckeln 189
Fünfer 215
Fünferl 172
Funk 188, 208
fünkeln 189
Funken 58, 122
Funkstangerl 188
Furchentreter 216
Fusel 187
Fut 193, 196
Futbader 194, 197
Futlapperln 194
Futparade 197
Futschlecker 185

G
Gaderling 173
Gadern 173
Gadernkeiler 173
gadschini 168
Gai 176, 197, 202
Galach 35, 227
Galch 80, 168
Galchenboß 179
Galerie 199, 201, 202
Galerist 202
Galle 168
ganefen 206
Ganeff 206
Ganewpflaster 207
ganfen 206
Gani 188
garnieren 195, 206
Garnitur 214, 217
Gashaxn 203
Gast 198
Gatschi 168
Gatscho 168
Gauner 166, 201, 221
Geburt 185
Gefängnisfraß 219
Geheime 196, 211
gehobelt 212
Geier 168, 206
geil sein 194
Gelach 168
Gelben, einen G.
 machen 208
Geldhai 173
Gelsen 216
Genew 206
genfen 206
gerade 167
gerade Geschichte 167

Register

gerade machen 183
Gerstl 172
Geschäft 194
Gescherte 166
geschmissen 211
Geschwinde 190
Gespann 182
Getzlin 187
Gfrastsackl 185
Gfrieß polieren 208
Ghazter 195
gicksen 206
Gifthund 189
Giftler(in) 189
Giftpatsch 189
Gigerer 168
Giri 168
Girigari 194
Glathart 189
Gleidenboß 197
Glewa 168
Glewaschoderer 168
Glidd 196
Glidenfetzerin 197
Glis 189
Glöckerl 194
Glücksdibbler 199
Glurn 191
Glyde 196
Gogl 198
Gosch 175
Goschn 191
grad 182
Grade 167, 181, 212, 214, 215
Gradling 176
Gral 35, 168
Grammel 168

Granat 168, 182, 199
grandig 38, 167
Gras 189
Gratgwand 219
Gratmurrer 219
grean 168, 183, 184, 203, 209
grean pfeifen 174
grean schmeulern 183
greana 232
Greanarei 232
Greane 172, 180, 198, 203, 211, 212
Greanspecht 168, 216
Greansteidl 168
Greansteigler 230
Greifenberger 204
griasln 174
grieseln 174, 179
Griesler 174
Griff 192, 204
griffeln 183
Griffling 192
grob wegfahren 214
Gröbling 230, 232
Gröscherlhacken 208
Grube 192
grundeln 179
Grünröcke 216
Gscheiterl 230
Gschicht drahn 206
Gschicht, grade 214
Gschichtl 184
Gschiß 218
Gschissene 195
Gschmierte 210
Gschutz-Kanti 193
gschutzt 166

Gschwinde 190
Gsib 169, 173, 183, 220
Gsiberl 143, 169, 220
Gsibermühl 173
gsibieren 183
Gsiwalpflanzer 169
Gspaßlaberl 194
Gsölchter 185
Gstieß 180
gstopft sein 173
Gstopfter 169
gstradi 175
Guck 197, 200, 220
Gucker 199
Guckerle 191
Guckn 191
Gugelfrantz 168
Gugelfrentzin 168
Guglhupf 193
Gulaschstrizzi 197
Gummihütte 193
Gurgel 231
Gurgler 230
Gurke geben 208
Gurke nehmen 195
Gurke rebeln 195
Gurkerl 194
gurkerln 195
Gürtelpartie 199
Gustiererin 197
Gustierkatz 197
Gusto haben 183
Gustobub 197
Gustokatz 197
gwandt 167, 171
Gwetsch 227

Register

H
Haberer 166, 182, 253
haberiert sein 182
habern 186
Habsburger 199
Hackn 170, 196, 202, 208, 209, 214
Hackn, in die 170, 198, 202
Hacknbock 197
Hacknbraut 196
Hackngeher 170, 199, 206
Hackngwand 197
hacknstad 170, 253
Hacknweisl 214
Hadern 42, 179, 200, 205, 206
Haderndippler 198
Hadernpost 206
Häfen 14, 195, 210, 215
Häfenbruder 17, 217
Häfenfraß 219
Häfenhaberer 217
Häfenwagen 211
häfenwarm 195
Haflinger 214, 217
Hagl 230
Haglparas 230
Hahn 180, 181, 188
Hahn abdrehen 177
Halbermann 172
halchenen 174, 175, 224
hamdrahn 207
Hammer 181
Hammerl 171
Hämpfert 171
Hamschicker 193, 207

Handtuch zwischen den Füßen 195
Hanf 83, 186
Hanfert 171
hängen 200
Hangerl 193
Hans 173
Hapfn 179
Harfe 218
harom 172
Haschler 189
Haserl 167, 185, 201
Hauberl 189
Haunsdaun 171
Hauptbankerer 201
Häuser, über d. H. hauen 218
Häuserrucker 168, 182
Häusl 185, 192, 219
hautschlecht 167
hazn 187
Hechling 172
Hebe 209
Hehwams 185, 211
heimtun 207
Heinrich, grüner 211
Hengst 216
Henkelmann 207
Hennas 226
hergerichtet, man ist h. 189
Hergrichter 189
Hering, gsölchter 185
Herr 189
herrichten 208
herstrahn 205
Herterich 204
herumstieben 175
herunter 190

Herzjesusuppe 187
Herzplederer 204
Herzpracker 204
Heu 220
Hex 212
Hiaf 192
Himmel 215
Hintertürl 194
hinwerfen 206
Hirbas 191
Hirsch machen 218
hobeln 194
Hoche 190
Hocher 168
Hocherkandi 179
Höh 209 f.
Höh, in der 201
Höhlenforscher 194
Holderkautz 188
Holzpyjama 192
Holzwurm 169
Hornbock 188
Hotel 197
Hotel abbruch 23
Houtz 122, 168
Huastn 191, 208
Hugo 191
Hülsn 187
Humanics 204
Hund 207, 219
Hungersengst 232
Hupferl 169
Hurcherl 218
Hurcherlstock 218
Hurenhütte 178
Husflafeza 230
Hutmacher 207
Hüttn 178
Hutzen 79

Register

Hutzin, 168
Hützin 79

I J
Internat 215
Irlas 231, 232
Jad 192, 213, 221
Jadbarsel 203, 213
Jadschabber 203
Jadschurrick 203
Jadzinken 213, 221
Jakobsbettler 68, 174
Jammerer 230
Jammerin 231
Jamri 175
Janker 202
Jari 188
Jass 168, 172
jenisch 37
jenisch fackeln 183
Jenische 12 ff., 38, 114 ff., 167
Jo 189
Jochen 188
Jogl 202, 208
Johner 174
Joint 189, 191
jonen 198, 201
Joner 89. 198, 201
Joschi 171, 172, 220
Jud 193
jung 168
Junkie 189

K
Kabas 191
Kabern 218
kacheln 227
Kadett 178
Kaffer 122, 168
Kakaostich 195
Kalfrosch 227
Kammer, braune 194
Kammesierer 80 f., 177
Kandare 192
Kandepink 179
Kandi 179
Kanone 203 f.
Kant 179
Kanten 215
Kanti vgl. Kandi
Kapazunder 168
Kapore 37, 39, 211
Kappelssiann 168
Karotte 194
Karte 197, 200
Kas 215
Käsin 215
Kasperei 220
Kassiber 143, 183, 220
Katz 167, 196
katzeln 205
Katzler 205
Katzlmacher 205
Kavalierschnupfen 196
Kawure 42, 218
Kederer 186
Keff 192
keif sein 178, 214
keilen 173, 185, 208
Keiler 173, 201
Kelef 186
Keller 42, 179, 195, 217
Keris 58, 188
Kerndl 208
Kerndlhackn 208

Ketterlpflanzer 169
Ketterlschrenzier 169
Kiberer 210
Kies 32, 35, 37, 172, 206
Kiesle 25
Kiessow-Masematten 206
Kilo 172
Kimmeltürk 178
Kimmen 178
Kimmern 177
Kimmler 185
Kimmlerhacken 208
Kipfelschmied 169
Kipfler 191
kirwas 195
Kischew 211
Kiste, in die K. hupfen 192
Kistn 172
Kit 197
Kits 197
Kitt 35, 176, 186, 189
Kitte 215
Kittchen 49, 111, 122, 215
kiwig 167
Kladern 181
Klammern 29, 164, 213
Klampfl 216
Klapperl 191
Klavier 186, 191, 204, 212
Klebeln 192
Klempern 231
Kleschn 193, 196
Klinge, über die K. 193, 207

268

Klingenfetzer 174, 227, 230
Klingafeza 230
Klirrenhackn 208
Klitsch 216
Klobesen 216
Knaller 194
Knast 214, 215
kneissen 183
Kniarer 185, 211
Knie, in die K. gehen 213
Knieschützer 188
kniffa 232
Knochen, bis in die K. glühen 195
Knochentonne 224
knotzen 188, 216
Kobel 179
Koarl 231
Kober 233
Kobera 230
Koberei 197
Koberer 125, 169, 179, 184, 197, 227, 230, 233
Koberin 179, 197, 230
kobern 169, 184
Kobernder 169
Köch 182
kochem 233
kochem schmusen 233
Kochemloschen 183
Kochemzinken 175
Kochern 36, 37
Kochl 187
Kochum 38
Koffer 192, 223, 233
Kohlenjuri 178

Kohlensack 219
Kokser 189
Koksstierer 178
Kölch 180, 196
Kölchbraut 196
Konfident 211
König, d. roten haben 195
Kopfwehkraut 167
Korlas 188
Körperkurtl 208
Kotz 217
Kowara 231
Kowarin 231
Krabbler 169, 185
Krabblerin 185
Krachat 176
krachen 190, 193, 212
Kracher 223, 226
Kracherfahrer 223
Kracherfetzer 223
Kraft, mit halber K. fahren 224
Krampfader 187
Kräuler 185
Kraut 189, 219
Krawanzer 169
Krebsenmusch 195
Kredithai 173, 199, 200
Kreis, im K. gehen 217
Kretzn 185
Krickerlpartie 219
Kriminalstudent 214
Krokodil 211
Krot 185
Krumper(l) 172
Krüpplgspiel 185
Kübel 185, 186, 191, 219
Kübelkind 186

Kugelfische 216
Kunde 13, 129 ff., 167, 174, 198, 222
Kupfermuckn 179
Kupfermucknbewohner 178
Kuraz 194
Kure 217
Kurve kratzen 218
Kurve machen 181
Kutsche 143, 220
Kuttenbrunzer 168, 219
Kutt'ngeier 168
Kuttnpforzer 231
Kuttinger 213, 219

L
Lächem 233
Lackböck 193
Laferl 175
Lahmscheiber 215
Lakrizihackn 206, 208
Länge, ewige 215
Länge, in die L. ziehen 195
Langrassler 223, 224
Langrasslersbink 224
Laschierer 170
Latschn 171
Latt'n 166
Lauf 212
Lausrechen 191
Lawine 200
Leber, von der L. ziehen 195
Lechem 169, 174, 186, 233

Lechemgeiger 174
Lechemschieber 169
Lechum 186
Leem 186
Lefrantz 168
Lefrantzin 196
legen 203
Legum 186
Legumschieber 169
Lehem 38, 77, 186
Leichenfledderer 223
Leimhengst 169
Leimsieder 169
Lein 189, 190
leiwand 167, 182
Lemoniberg 193
Leserl 183, 211
Lettn 193
Letzer 174
Lexerl 190
Liesl 212
Linienbus 211
link 174
Linke 180, 205, 206, 217, 220
Linkmichl 174
Lißmarkt 191
Loch 218
Löffel 35, 77, 82, 183, 187, 192, 193
Lohm 225
Lohmfahrt 225
losgehen 215
Losgehgeld 219
Lowadari 182
Lowe 172
Luft 186, 219
Luftschmalz 215

Luftmischer 230
Luntn 188

M
Maderer 186, 219
Madl 196
Maigga 167
Maloche 170, 183, 220
malochen 170
Malochener 183
mamsen 185
mamsern 211
Mandoline 204
mangen 176
Mann 84, 179, 185, 194, 195, 210, 224, 233
Männerstüberl 194
Manschetten 213
Marchizer 205
Marie 172
Mariedl 173
Mariedrucker 173
Marillenernte 216
Markt, auf den M. hauen 211
Maro 172, 173, 186
marod 193
Marodenparas 230
Masel 203
Maselschreiber 199
Masematte 42, 124 f., 202, 206, 207
Masn 179, 207
matern 185
Mauer, über d. M. 218
Mauer machen 182, 205, 209

maukas 193, 207
Maulpracker 181, 208
Maulpuderban 196
mauscheln 205
Maxn, eine M. legen 180
medine halchenen 174
meier gehen 212
meier sein 212, 216
mencklen 186
meps 223
Mepper 223
Merkof(f)esch 224
Merkowesch 224
Meschbochum 227
Meß 81, 172
Meter 215
Milchbub 217
Minna, grüne 211
Minöl 200
Minsch 193
Mischerl 232
Mischl 167, 227
Mischpoche 166
Mischpocke 166
Mischung 220
Mistelbacher 210
Mistkübelstierer 216
mitdibbln 202
mitspiessen 175
Modaeisen 231
Mode machen 203, 206
Mohrflebbe 211
Monarch 174
Monte la Citrone 193
Montscherei 232
montschn 232

Moos 39, 172, 200, 203
Moosanteln 196
Moosmaier 173
Morastl 185
Mosergartl 219
mosern 185
Mostschädeln 216
Motschka 188
Muffn 181
Muger 186
Mukl 168
mülli gehen 212
mülli sein 212
müllisieren 212
Murrer 188, 202, 206, 219
Mus 172
Musch 196
Mutterhaus 216

N
nachbeulisieren 212
nachdibln 212
nachhauen 204
nachrennen 217
Nafke 186, 196
nafkennen 198
Nafter 186
Nascherei 189
Naschiwaschi 199
nasch'n 175
Nase 39, 189, 190, 197
Nase, eine N. nehmen 190
Nasenbär 189
Naserer 197
Naserl 189
Nefferl 175
neger 178

Negeroni 178
Negerschweiß 188
nein, auf N. bleiben 212
Nettel 185
Neuerliche, eine N. bekommen 217
niederlegen 213
niedernieten 207
niederpfeffern 207
Nochehocka 232
nominativ machen 201
Nudel 194
Nülle 186
Nullerbär 202
Nusch 204

O
Obauschaulorei 230
Oberheh 211
Oberlichte 195
Obermann 172
Oberpani 230, 231
obihaun 200
obisteigen 217
obitreten 217
odable Ottltre 227
Ofen 39, 52, 133, 195
Oferl 189
Ohrwaschl 186
Ölmann, reden wie ein 184
onstroman 232
operieren 180
operiert werden 206
owilassen 181

P
Packerl 189

Packler 199
packln 182
Paddenzieher 204
Palatschinken 194
Pallamann 194
Palme 195
Pampam 204
Panier 171
Papierl 220
Papp 219
Papphengst 169
Pappn 191
paradieren 198
pari 181, 182, 186
Panier 171
panni 173
Partie 104, 166, 180, 202
Passer 203, 207
Passerei 207
Patrini 167
Patschen aufstellen 192
Pausierer 170
pausn 179, 181
pecken 221
Peckerl 220
Peitscherlbub 197
Pelzärmel 192
Pendel 143, 220
Pendel, in das P. hauen 193
Pennbruder 77, 155, 158, 173
Penne 111, 132, 173, 178, 222
Penner 130, 132, 149, 173
Perl 190
pest 172

Pesterschmäh 184
Pesterspruch, 184
Pestitschek 185
Pestsprüchl 183
Petites machen 205
petzen 188
Pfahler 175
pfeifen 174, 179, 213
Pfeifferl verbrannt
  haben 196
Pflanz 203
Pflanzenmoos 172
Pflanzgadern 173
Pflasterhirsch 210
Pflasterschmierer 193
Pfluger 177
Pfosten 185
picken 177, 186, 216
Piesel 125, 179
Pilcher 166, 179
Pich 225
Pichler 233
pilseln 179
Pimpel 188
Pink 118, 166, 169, 179, 194, 224
Pinkl 166
Pinkle 167
Pistolenplädderer 204
Planken 209, 214
plärren 185, 192
Platte 174, 202
Plattenbruder 138, 202
plattln 174
Platt'n 166, 202
Platz, am P. sein 191
Plauderer 168, 184, 193, 211

plaudern 98, 184, 213
pleite gehen 212
Plempe 178, 187, 188, 226
Plempel 226
Plenner 177
Plickschlaher 177
Plimpedaille 178
Plutzer 191
Polender 179
Polente 15, 210
poltern 211
Pomatschka 187, 220
Ponem 39, 124, 191
Ponum 124, 191
pracken 181, 208
Pracker 194, 204
Praterpartie 199
Praterschlampe 196
Praxn 171, 194
Press 231
prest 167
Prinzen 203-207
Privatdozentin 196
Probierspatzerl 194
Proletenhofburg 176
Promenade 212
Prügel 168, 194
pudern 194
pudlwach 188
Puff 178, 197, 203
Puffer 203
Puffn 203
Pülcher 69, 166, 174
Pulverl 189
Pulverl schmeissen 189
Pulverlschmeisser 189
Pummerin 194

Pumpera 230
Pumperer 204
Pump'n 189, 192
Purbescheid 225
püseln 179
Pustelkönig 185
Putz 122, 186
putzen 186

Q
quant 231
Quargel 216
Quastln 194
Quetsch 210, 212
Quetschen 231
Quiqui 193
quitsch gehen 212
Quitscherl 218

R
Ramsch 206
Randi 175
Ranez 175
Ranezl 175
Rantz 175
Rassel 224
Rat schicken 209
Ratschn 172
rebeln 195, 206
Redling 192
Regenwurm 187
Registrierte 196
Reiberl 202
Re(i)chew 223
Reis strahn 181
reppem 205
Rettich 110, 149, 192, 219, 220

Register

Riese 172
ringla 195
Ringwerfer 173
Rippart 173, 176
Rippe austeilen 176
Rippe geben 177
Riss 203
Ritter vom Griffl 204
Rockschränker 223
Röhre 194
Röhren 204
Röhrl 187
röhrln 195
Roiperl 190
Rolleder 180
Roller 171, 224
Rollfetzer 169
Rolln 180
Rollschuhe, auf die R. schicken 180
Roßtäuscher 168
Rotboß 22, 178
Rote 195
Rotztutt 216
Ruachler 170
Rübe 194
Rührer 194
Rundeldibbler 199
runtzen 178
rupfen 205
Rüscherl 189
Ruß 196
Rüsseln 190
Russenkind 186
Rutsch 224, 225
Rutsche legen 182, 211, 213
rutschen 224
Rutscher 224

Rutschn 181
Rutschpich 225

S
Sabl 204
Sacherl 189
Sackl 192
Sackrotz 196
Salz, im 195
salzen 181, 208
Sandhas 178
Sondier 77
Sandnettel 185
Sänftling 179
Sardellenreiter 169
Saugerl 173, 199, 200
Sauzechn 231
Schab 197, 203
Schabber 203, 218
Schahs 192
Schädel 14, 168, 204
Schäkel 219
schäkeln 219
schäkern 184, 194
Schale 169, 171, 176
Schalngasse 176
Schanneg Penk 210
schannig 172
Schar 172
Scharfe 202, 208
Scharfer 202
Schattenfelder 204
Schaufel nachlegen 181
Schaufer 224, 225
schawan 194
Scheagling 191
Schebermassel 172
Scheckkarte, eiserne 207

Schein 175
Scheinlingszwack 213, 221
Scheißhausfliege 186
Schekelfraß 186
Schelm 168
scheppern 190
Scher 172, 175, 204
Scherzl 187
Schicks 120, 167
Schickse 38
schießen, jemanden 203
Schießling 204
Schiff 218
Schimmler 218
Schinebr 187
schineglen 170
Schlaglerei 205
Schlapfn 191
Schlauch 180, 181, 192, 209
Schläuch verdrehen 181
Schlepper 81, 83, 201
Schliaferl 211
Schlichner 211
Schlick 219
Schling 191
Schlinge 87, 180, 193
Schlinglzupfer 191
Schlitz 192
Schludern 231
schlun 179
schlunzn 179
schmähfrei 184
Schmäh 63, 120, 125, 184
schmähstad 184

Schmale 217
schmalen 183
schmälern, grean 184
schmallern 184
Schmalz 214, 215, 216
Schmalzbruder 214
Schmalzfassl 214
schmalzfeig 214
Schmalzfiebler 213
Schmatzer 214
Schmauserl 195
schmeißen 185, 189, 211
Schmeißer 211
schmettern, grean 184
schmeulern 183, 184
schmeun 120 f., 183
Schmettarer 230
Schmier 38, 209 f.
Schmiere 209
Schmierer 199, 201, 209
Schminker 171
Schmuck 23, 213
Schmuhe 193
schmusen 37, 39, 121, 125, 184, 233
Schnabla 187
schnabulieren 186
Schnalle 179, 187, 194, 196
Schnallendrucker 176, 204
Schnalzn 179, 187
Schnatterer 186
Schnee 189, 218
schnegan 194
schneiden 168, 199, 200

Schnellpink 194
Schnellsiann 194
Schnitt 200
Schnoin 187
schnorren 176
Schnorrer 62, 177
Schnurifetzn 231
schnurken 218
Schnurrant 176
Schnurrer 35
schnurren 176
Schoch 175
Schocher 179
Schocherfetzer 179
schochern 187
schodern 177
Schoem, auf dem linken 217
Schofer 224, 225
Schofer, mit dem S. aggeln 224
Schoifer 225
schollern 232
schollan 185
Schöm 166
Schosa 193
Schottenfelderer 207
Schotter 172
schrangeln 208
Schrangler 207, 208
schränken 202, 206 f., 218
Schränker 208, 223
Schratzesknippler 168
Schratzerl 167
Schref 196, 197
Schrefenboß 197
Schreiling 167

Schrenkert 223
Schrentz 179
Schuach (Schuh) machen 218
schuastern 194
Schuks 167
Schulfuchser 35, 168
schumin 192
Schund 121, 180, 192
Schundara 192
Schundbus 192
Schundkant 192
Schunt 180
Schunt abtragen 230
Schunta 232
Schuntastranz 230
Schuntawind 230
schunten 192
Schuri 178
Schurnbrant 187
Schuss 190
Schuwa 178
schwächen 187
Schwächer 39, 230
schwafeln 176
Schwammerl 185
schwarteln 195
Schwartlberger 195
Schwartler 195
schwarz machen 211
schwarze Luft 176
Schwarzmolla 188
Schwechal 194
schwechn 187
schwecken 187
Schwertz 176
Schwester 196
schwimmen, jeman-

Register

den s. lassen 212
Schwirzling 188
Schwoch 232
Schwuchtel 195
Seebacher 204
sefeln 178, 192
Selfenboß 192
Semperer 184
sempern 184
Senft 179
Shit 189
Siampfl 179
Siann 167, 194
Siann ist im Salz 195
Sicherung 217
Sicht, auf die S. anzeigen 211
Sießling 188
Silberblattler 216
Silberling 81, 216
Silberkas 216
singen 185, 213
Sliverer 204
Slivererban 204
slivern 205
Skoffo 230
soachen 192
Solide 196
Sommerfrische 216
Sontz 168
Söntzin 169
Soss 192
Späh 188
Span 188
spanna 191
spannen 191
Spanner 195
Spaßkrapferln 194
Specht, Dr. 193

Speckdrossel 178
Speckjager 178
Speckjagerin 185
speiben 213
Speisekarte 214
Spekuliereisen 191
Spekulierer 191
Spengler 89, 210, 216, 230
Spiegel, im S. sitzen 201
spiessen 175
Spießer 195
Spinatwachter 210
Spitz 181, 197
spritzen 190, 194
Sprucherl 214
spucken 213
Spund 193
Spundbohrer 194
Staatsfrack 215
Stäbeling 174
Stabuler (Stabüler) 77, 177
Stachl 204
Stadtpelz 172
Stanglmatrosen 196
stanzen 176, 179, 180, 181, 198
stauben 188
Staubsauger machen 195
Staude 111, 171
Staudenscheißer 168
Staun 171
stehen 203, 212
Steher 167, 212
stempeln 212
Ster, auf die S. gehen 174

stieba 175
stieben 169, 170, 175
Stiebs 187
Stiegenläufer 206
stoaln 192
stochern 207
stocken 182
Strafe abbiegen 216
strampfen 198
Stranzen 178, 179
stranzenstad 179
Stranzierung 179
strebeln 209
streichelweich 212
Streifling 35, 171
Strich 170, 176, 180, 193, 196-198
Strichkatz 196
Strizzi 197
Stroafling 171
Strohbeißer 188
Strohbohrer 188
stroma 230
stromen 122, 174, 230, 233
Stromer 13, 122, 140, 174
Strotten 182, 209
Stubenvater 220
Stückl 215
stupfen 204
Stupferlespink 169
Sturm-Kitt 35, 176
Stuß 200
Stutzer 172
Suacherl 213
Sud 184, 188
Suderer 169, 184

sudern 184
Syffprügel 185
T
Tafel 173
Tak'n 183
talfen 176
Tante 173, 196, 201
Tapper 212
Tarzan 208
Taschenkrebs 204
Taschlzieher 204
Tatschkerlhackn 208
Taubstumm 221
Taxameterbursch 177
teigazen 184
Teil, am T. sein 203
Telach 197
Teppenpulver 220
Terich 29, 176
Teufels erster Heizer 193
Tiafe 189, 190
Tiafling 179, 203, 217
Tiefling 226
Tineff 185
tipidau 178
tipineger 178
Tippelbruder 173
tippeln 32, 125, 173, 178, 196, 198
Tippelschickse 196
Tippler 206
Toches 192
Trabant 169
Tragl 214, 215, 219
Tralling 231
Traumreiter 190
Trawanker 204

Treter 171
trickern 181
trillen 223
Trillisker 223
Trittling 23, 39, 171, 230
Tröpfler 196
Trottoirbeleidiger 210
Tschecherant 188
tschechern 125, 187
Tschako 172
Tschick 188
Tschickarretierer 177, 188
Tschicker 188
tschinailn 170
Tschinailler 170
tschineun 170
Tschocherer 207
Tschocherl 179
Tschor 35, 38, 206
Tschumpus 218
tupfen 204
Türkenban 196
Tuteln 194
tuti 167

U
überlassen 212
überzuckern 180
Ulenklemmer 223
Ulm 168
Ulmscher 168
umblasen 207
umdrahn 213
Umfaller 212
umhacken 9, 16, 181, 208

umistehen 193
umnieten 207
umsteigen 200
Untergriff 192

V
valat 178, 193
Vegele 196
Verbogener 169
verbunkern 182, 202, 209
verchecken 190
verjankern 123, 209
verkimmern 84
vermamsen 211
vermonen 205
vernadern 211
verpfeifen 211
verschiefern 203
Verschönerungsingenieur 169
verschütt 212, 216
verschüttet 182
versencken 80, 177
verwamsen 211
Verwamser 211
verwamst 211
verzunden 211
violett 168
Virginia 193
Vögel, greane 210
vollfett sein 188
Vollkoffer 185
Voltär 199
Volte 199, 201
Voppart 169
voppen 205
vorgedackelt 214

Register

Vorhusla 231
Vorlatte 214
W
Wachau 216
Wachtel 216
Waggon 213, 220
Walz 111 f.
Walzbruder 175
walzen 175
Walzer 175
Walzerkönig 175
Wams 145, 185, 211
Wand machen 205
Wappler 185, 216
warm 183
Warmer 195
Wastl 216
Weed 189
wegfahren, grob 214
Weh 185, 201
Weisel 179, 181
Weisse, das 189
Weißfuchs 173
Wellenreiter 190
Well'n 189, 190
Wetterhan 172
wetzen 194
Wickel 182
wickeln 186
Widische 225
Wilde spielen 201
Wimmerlprinz 185
Windfang 77, 172
winnig sein 194
Winsler 231
Wipplingerbrosche 191
Wisch 171
Wissulm 168
Wixer 185, 195

Woazstingl 231
Wohnungshackn 198
Wuchtel drucken 184
Wunde 193
Wunnenberg 196

Z
Zacken 204, 235
Zager 191
Zahnstocher 204
Zambera 231
Zange 213
zangerln 195
Zangler 210
Zaster 123, 224
zchockenen 198
Zehner 215
Zehnerl 172
Zeichensprache 228 f.
Zeißerl 212
Zellenfilz 216
Zenserln 180, 200
Zerreisser 168
Zeug 189, 203
Ziagl 194
Ziegel, schiarcher 185
ziehen, einen 195
Ziehharmonika 173
Ziguri 191
Zinken 235-251
zocken 198
Zocker 198
Zottelspink 179
Zuagmachte 204
Züchtler 214
Zuckerl geben 185
zumachen 190
Zumpferl 194
Zund 211, 220, 221

Zündgeber 185
zündeln 208
Zündler 208
zupfen 195
zurückspielen 209
zuwachsen 180, 198
zuwisteigen 176
Zuz 181
Zwänger 215
Zweier 215
Zweierbatzl 215
Zwiebelparlament 193
Zwiefel 172
Zwirling 191
Zylindervergolder 195

277

Bildnachweis

Abb. 1: Privatbesitz des Autors
Abb. 2: aus Kopecny, 1980
Abb. 3: aus Kläger, 1908
Abb. 4: aus Kläger, 1908
Abb. 5: aus Kläger, 1908
Abb. 6: Privatbesitz des Autors
Abb. 7: aus Weeber, 1996
Abb. 8, 9: aus Weeber, 1996
Abb. 10: aus Kluge, 1901
Abb. 11: aus Kluge, 1901
Abb. 12: aus Viertler, 1976
Abb. 13: aus Viertler, 1976
Abb. 14: aus Avé-Lallement, 1858
Abb. 15: aus Avé-Lallement, 1858
Abb. 16: aus Viertler, 1976
Abb. 17: aus Steyrerzeitung , 16.1.1992
Abb. 18: aus Viertler, 1976
Abb. 19: Privatbesitz des Autors

EIN FASZINIERENDER EINBLICK IN EINE BUNTE WELT ZWISCHEN SCHIESSBUDEN UND GROTTENBAHN

Roland Girtler

Streifzug durch den Wiener Wurstelprater
Die bunte Welt der Schausteller und Wirte

2016. 255 Seiten mit 18 s/w-Abb., gebunden
€ 24,– D | 25,– A
ISBN 978-3-205-20280-6

Anlässlich des 250. Geburtstags des Wiener Praters begibt sich Roland Girtler auf einen Streifzug durch die bunte Welt des Wurstelpraters, diesem in seiner Art weltweit wohl einmaligen Vergnügungspark.

Der Wurstelprater ist reich an Geschichte und Geschichten: Bereits kurz nach der Öffnung des ehemaligen kaiserlichen Jagdgebiets für die Bevölkerung im Jahre 1766, begannen sich Kaffeesieder und Wirte am Rande des weitläufigen Areals zu etablieren. Zahlreiche Vergnügungen folgten und lockten die Stadtbewohner an. Kinder erfreuten sich an den Puppenspielen, deren Hauptfigur der lustige Hanswurst war, der schließlich zum Namensgeber dieses Teils des Praters wurde. Roland Girtler nimmt seine Leserinnen und Leser mit in den Kosmos der Praterfamilien der »Schaafs«, der »Langs« oder der »Kobelkoffs«, und führt sie zu den Schaustellern und Artisten, den Seiltänzern, Messerwerfern und Leierkastenleuten.

Vandenhoeck & Ruprecht Verlage
www.vandenhoeck-ruprecht-verlage.com

SIEBEN BEMERKENSWERTE LEBENSLÄUFE

Roland Girtler

Allerhand Leute
Rinderzüchterin, Prinz, Bordellbesitzer, Philharmoniker, Landarzt, Wirtshausmusiker, Fährmann

2016. 225 Seiten, gebunden
€ 24,– D | 25,– A
ISBN 978-3-205-20420-6

Roland Girtler porträtiert Menschen, die auf den ersten Blick unterschiedlicher nicht sein könnten. Vordergründig haben ein Landarzt, ein Philharmoniker und ein Fährmann nämlich wenig gemeinsam. Doch ihre außergewöhnlichen Lebensläufe, geprägt von Originalität, Unangepasstheit und Selbstbewusstsein, weisen überraschende Gemeinsamkeiten auf. Der Soziologe und Feldforscher Roland Girtler, ausgestattet mit einem Gespür für Kuriositäten, ist wieder unterwegs. Bei seinen Vorträgen, im Kaffeehaus, in der Straßenbahn oder der Kirche lernt er Menschen kennen, die ihn beeindrucken. Auf den ersten Blick mögen die Politikerin und Malerin Ottilie Matysek, Gundakar Prinz von und zu Liechtenstein und der Unterweltler und Bordellbesitzer Hansl Synek zwar keine Gemeinsamkeiten aufweisen. Doch Girtler gelingt es in »Allerhand Leute« beim Porträtieren von sieben sehr unterschiedlichen Charakteren verbindende Klammern in ihren Karrieren herauszuarbeiten: Es sind bemerkenswerte Lebensläufe oder ungewöhnliche Berufe, eine ausgeprägte Do-it-yourself-Mentalität oder eine ordentliche Portion Frechheit, Durchhaltewillen oder Spontaneität, die seine Charakterköpfe verbinden und deren Strategien des Durchhaltens, Erfindens und Unterhaltens der Soziologe untersucht. Humorvoll, provokant, spannend.

Vandenhoeck & Ruprecht Verlage
www.vandenhoeck-ruprecht-verlage.com